古代歷史文化 研究輯刊

十五編

王明蓀 主編

第 5 冊

《左傳》人物稱謂文化研究

閆麗 著

國家圖書館出版品預行編目資料

《左傳》人物稱謂文化研究／閆麗 著 ─ 初版 ─ 新北市：花木蘭文化出版社，2016〔民105〕

目 2+216 面；19×26 公分

（古代歷史文化研究輯刊 十五編：第 5 冊）

ISBN 978-986-404-602-7（精裝）

1. 左傳 2. 研究考訂

618　　　　　　　　　　　　　　　　　　105002215

ISBN-978-986-404-602-7

古代歷史文化研究輯刊

十五編　第 五 冊　　　　　　　　ISBN：978-986-404-602-7

《左傳》人物稱謂文化研究

作　　者　閆麗
主　　編　王明蓀
總 編 輯　杜潔祥
副總編輯　楊嘉樂
編　　輯　許郁翎
出　　版　花木蘭文化出版社
社　　長　高小娟
聯絡地址　235 新北市中和區中安街七二號十三樓
　　　　　電話：02-2923-1455 ／傳真：02-2923-1452
網　　址　http://www.huamulan.tw 信箱 hml 810518@gmail.com
印　　刷　普羅文化出版廣告事業
初　　版　2016 年 3 月
全書字數　177890 字
定　　價　十五編 23 冊（精裝）台幣 45,000 元　　　　　　版權所有‧請勿翻印

《左傳》人物稱謂文化研究

閆麗　著

作者簡介

閆麗，女，1970 年 11 月生於吉林省長春市。2012 年 7 月畢業於東北師範大學文學院中國古代文學專業，獲文學博士學位。現任東北師範大學文學院古籍整理研究所副教授，研究方向主要爲古代文學、古典文獻學。曾著有《春秋繁露譯注》（黑龍江人民出版社，2003 年 1 月）、參編《魏晉全書》第一、二冊（吉林文史出版社，2006 年 1 月），並在《古籍整理研究學刊》、《社會科學戰線》等刊物發表多篇學術論文。

提　　要

　　「名」與「實」的關係雖然是建立在偶然的基礎上，但人物的稱謂卻有著社會、心理文化的制約。《左傳》人物的稱謂雖然只是人物社會活動的區別符號，但它的產生和使用，卻有豐富的春秋社會文化的底蘊。春秋時期的姓氏及其傳承，正是這一時期宗法制的重要組成部分，它們反映的正是男性中心社會的一大特徵：權勢的父子（嫡長子）相襲與財產的父子（嫡庶兼有）傳承，體現了父系宗親構成了宗族的主體。本書對此做了較爲深入地分析。周代對人的名稱的命名是有原則的：有信，有義，有象，有假，有類。在實踐中雖然多有突破這些原則的情況出現，但多數，乃至大多數，還是拘守著這些稱名的原則的，本書對原則的內涵作了分析，並對少數例外也有說明。名、字雖然都是人物的社會符號，卻有不同的社會功用。它們有文野之分，承載著不同的文化內涵，使用中在人們心理上的感受有很大的差別。國人稱名文化，直至當今仍然傳承著。

　　中國有悠久的「學而優則仕」的傳統，所以身居高官要職，不僅代表著本人的做事能力，更反映了該人的學問過人，「學而優」，官職所以成爲人與人之間表示尊敬的一種稱謂正本於此。在科學極不發達的周代，在社會上生活的時間越長，對社會、對自然界認識的經驗和體驗就越豐富，經驗和體驗也成爲一種財富，這正是晚生對先輩除血緣傳承以外恭敬的原因。

　　周代貴族有著殷鑒不遠的切身經驗，希望姬姓統治千秋萬代傳承下去，爲此，除「封邦建國」，以「藩屏周」以外，對周代貴族生前、身後都有約束的方法。在稱謂上的體現就是「謚」和「諱」。二者的共同點和差別，本書都有論述。

　　男尊女卑，男人中心，女人只是男人的附屬，這也是宗法制的一部分。體現在稱謂上，男性稱謂繁複細密，女性稱謂簡約粗略。當然，這和社會活動的多寡有關，社會交際的需要也是造成這一現象的原因。對稱謂上的這種差別，我們都做了詳盡的比較。

本書爲教育部人文社會科學研究規劃基金項目
（項目批准號 14YJA751026）
《春秋時期人物稱謂研究》項目資助成果

前　言

　　人物稱謂文化研究，牽涉到歷史學、社會學、禮俗、文學和語言學的諸多方面，是跨學科的研究課題。中國古代社會在相當長的歷史時期都帶有濃厚的血緣政治的特點。用通俗的話說，從有「國家」起始，中國社會就是以血緣爲核心的「家天下」社會，國家機器的搭建和家庭組織緊緊地聯繫在一起。姓氏是「家庭」結構中整體和部分的代表符號，它關涉社會結構的組成，所以史學家和社會學家很早就注意到對姓氏有關問題的研究。因爲姓氏研究對中國古代的分封制、宗法制、婚姻制度、祭祀和禮俗，以及對古典文獻的研究都十分重要。

　　姓氏以外的其它稱謂，關涉到社會的禮俗、家庭結構，也關係到人與人之間的情感心理，和社會學、文獻學聯繫密切。

一、歷史文獻中關於人物稱謂的記載

　　稱謂伴隨著人類社會的產生而產生，隨著社會的不斷發展進步，人和人之間的交往日趨頻繁和複雜，人物的稱謂也日臻豐富和完善。爲了社會交往的需求，人們開始注意稱謂的內涵和稱謂間的關係，這應該就是研究稱謂的初始。以《左傳》爲例，「秋七月，天王使宰咺來歸惠公、仲子之賵。緩，且子氏未薨，故名。」（《左傳·隱公元年》）。魯惠公死在此前一年，夫人仲子此時還健在。周天子竟在此時送達「助喪之物」，實在叫人哭笑不得：對已死者，已時過一年，再「助喪」已無意義；對活著的仲子，送「助喪之物」有咒人早死之嫌。所以《左傳》作者就在仲子的稱謂上作了改變，將仲子改稱子氏，由特指稱謂改爲泛指稱謂，以此來掩蓋周王的失禮，也沖淡了仲子身

上的晦氣。這種稱謂的變化，正反映了稱謂間的差別，人們正是利用稱謂間的差別，表達自己對事物的態度。

歷史人物爲了說明某個問題，有時要對某個人的「本份」作探求性的論說。如《左傳・閔公二年》載晉國大夫里克爲了阻止晉獻公想派太子申生出伐鄰國，以便棄置太子時，就說：「大子奉冢祀、社稷之粢盛，以朝夕視君膳者也，故曰冢子」。明白無誤地說明了太子又稱冢子的原因是其「奉冢祀、社稷之粢盛」，從源頭上解釋了「冢子」這一稱謂。

古代訓詁家在講解經典文獻時經常對一些稱謂作出訓釋，這也是對人物稱謂的一種分析。如《左傳・隱公元年》：「惠公元妃孟子」。杜預注云：「言元妃，明始適夫人也」，這是解釋「元妃」這一稱謂就是魯惠公的正室，是嫡夫人。《隱公元年》傳文：「初，鄭武公娶於申，曰武姜。生莊公及共叔段」。杜預注云：「段出奔共，故曰共叔段，猶晉侯在鄂，謂之鄂侯。」這是說，春秋時期男性稱謂中，可以包括所居地的地名。

儒學後人把《左傳》視作儒學經典之一，其原因就在於它不但用傳統的儒家視覺觀察歷史，解釋歷史事件，還注意以儒家的道德爲標準，用所謂「微言大義」來評判歷史是非，而選用人物稱謂，正是構成「微言大義」的一個組成部分。

除《左傳》之外，在其它早期文獻中也有關於人物稱謂的記載，如《儀禮・覲禮》載：天子「呼諸侯同姓大國則曰伯父，其異姓則曰伯舅，同姓小邦則曰叔父，其異姓則曰叔舅。」〔註1〕周天子稱各諸侯的稱謂是有親疏、高下等差別的。

又如《論語・季氏》：「邦君之妻，君稱之曰夫人，夫人自稱曰小童，邦人稱之曰君夫人，稱諸異邦曰寡小君，異邦人稱之，亦曰君夫人。」〔註2〕《禮記・曲禮下》：「夫人自稱於天子曰老婦，自稱於諸侯曰寡小君，自稱於其君曰小童。自世婦以下，自稱曰婢子。」〔註3〕做爲諸侯的正室，不同的人稱之，有不同的稱謂。在不同的對象面前有不同的自稱稱謂，一方面表示自我的謙

〔註1〕〔漢〕鄭玄注、〔唐〕賈公彥疏，儀禮注疏〔M〕，十三經注疏本（影印本），
　　　北京：中華書局，1980，1092。
〔註2〕〔魏〕何晏等注、〔宋〕邢昺疏，論語注疏〔M〕，十三經注疏本（影印本），
　　　北京：中華書局，1980，2522。
〔註3〕〔漢〕鄭玄注、〔唐〕孔穎達疏，禮記正義〔M〕，十三經注疏本（影印本），
　　　北京：中華書局，1980，1267。

恭，別一方面也表示自己不同於世婦以下的其它婦人的身份。

　　兩漢時期，為了適應當時文化發展的需要，先後出現了訓解先秦典籍的專書，如《爾雅》、《釋名》、《說文解字》等，這些訓詁專書對涉及人物稱謂的詞語，從不同角度，用不同的方法進行訓解，也都是時人對相關稱謂的分析成果。如：

　　　　《說文》：姪，兄之女也。〔註4〕

　　　　《釋名‧釋親屬》：姑謂兄弟之女為姪。〔註5〕

　　　　《方言》卷六：凡尊老謂之傁，或謂之艾，周秦瀧渭之公或謂

　　　之翁，南楚謂之父，或謂之父老。〔註6〕

　　這些記載給我們今天瞭解古代人物稱謂，提供了最直接的依據。遺憾的是當時這些對稱謂的分析，只停留在具體稱謂的訓解上，缺少條分屢析的貫穿。

二、關於早期人物稱謂研究的概況

　　早期歷史人物稱謂的研究起步較早。東漢的鄭眾曾著《春秋牒例章句》，此書雖已亡佚，但從《玉函山房輯佚書》中，仍可窺視概貌。《隋書‧經籍志》著錄東漢鄭玄編《春秋十二公名》一卷。《左傳》涉及人物多，為了便於讀者閱讀，晉杜預編有《春秋釋例》，將《春秋》、《左傳》中的人物名稱整理歸納。後蜀馮繼先著《春秋名號歸一圖》，較杜預之《春秋釋例》更為豐富詳實。

　　姓氏的真正研究從漢代班固的《白虎通義》開始，其中的《宗族篇》、《姓名篇》對姓氏的起源和功能等問題進行了分析。應劭的《風俗通‧氏族篇》也有關於姓氏方面的記載。宋代鄭樵的《氏族略》對早期姓氏研究成果進行了總結，並對各個具體的姓氏來源及命氏方式進行了歸納和整理。明代姓氏譜類著作眾多，如陳士元的《姓觿》收集姓氏達三千多。

　　清代對《左傳》人物姓氏名字的研究，成績令人矚目。陳廷煒的《姓氏考略》、黃本驥的《姓氏解紛》等，對古姓氏做了較多的歸納考證。王引之的《春秋名字解詁》，俞樾的《春秋名字解詁補議》等則多從春秋時期人物命名

〔註4〕　〔清〕段玉裁注，說文解字注（影印本）〔M〕，上海：上海古籍出版社，1981，616上。

〔註5〕　〔漢〕劉熙撰，篆字釋名疏證〔M〕，叢書集成本，上海：商務印書館，民國25年，83。

〔註6〕　〔清〕錢繹撰集，方言箋疏〔M〕，上海：上海古籍出版社，1983，24。

習俗上做出說明。

　　隨著西學東漸，中國的古代社會研究步入到一個新時期，姓氏名字研究在更廣闊的背景下開展起來，新的甲骨文文字資料、金石文字資料的發現，使人們的視野更爲寬廣，突破了以往傳世文獻材料的局限。王國維是第一個運用甲骨、金石資料進行先秦姓氏名字研究的學者，所著《女字說》第一次提出周代女子稱名中，和男人一樣，是有名、有字的。所著《殷周制度論》對先秦時期人物的姓氏名字作出說明，認爲「男子稱氏，女子稱姓，此周之通制也。」「同姓不婚之制，實自周始，女子稱姓，亦自周始。」〔註7〕其後，吳其昌的《金文世族疏證》、《金文世族譜》、羅福頤《三代吉金文字中所見女姓》等對後人研究先秦宗族姓氏，都具有參考價值。

　　建國以後至二十世紀七十年代，人物稱謂的研究成果寥寥，其中較有影響的是楊寬，其《試論西周春秋間的宗法制度和貴族組織》（《古史新探》，中華書局，1965年版）等文對姓氏的產生很有參考價值。

　　二十世紀八十年代至今，關於人物稱謂的研究再次爲學術界所重視，相關的文章著述漸多，研究的視角不斷豐富，研究的問題也不斷深入。其中有關周代金文人名的研究論文有盛冬鈴《西周銅器銘文中的人名及其對斷代的意義》（文史，1983年第17輯），王育成《從兩周金文探討婦女稱國規律》（考古，1982.1），曹定雲《周代金文中女子稱謂類型研究》（考古，1999.6）等，通過金文資料對周代人物的稱名進行了探討。

　　關於姓氏問題的研究論文有朱積孝《論姓氏制度的淵源及其演變的關係》（河北師範大學學報，1988.3），葛志毅《先秦賜姓制度考源》（社會科學戰線，1992.3），楊希枚《再論先秦姓族和氏族》（中國史研究，1993.1），王泉根《試釋中國姓氏學中的「姓」與「氏」》（學術論壇，1994.1），張淑一的系列文章《周代女子的姓氏制度》（史學集刊，1999.2），《周代男子的姓氏制度》（華南師範大學學報，2000.2），《周天子諸侯、卿大夫階層的姓氏特徵》（求是學刊，2000.6）等。這些文章對早期姓氏制度的淵源及發展進行了分析與考證。比較系統的研究著述有雁俠《中國早期姓氏制度研究》（天津古籍出版社 1996年版）、陳絜《商周姓氏制度研究》（商務印書館 2007年版）、張淑一《先秦姓氏制度考索》（福建人民出版社 2008年版）等。

　　有關人物名字研究的論文有朱正義的《〈左傳〉姓氏名字例釋——上古姓

〔註7〕王國維撰，觀堂集林〔M〕，北京：中華書局，1959，473～474。

名研究之一》（渭南師專學報，1990.7），對《左傳》某些氏、號、名、字及上古時期的姓氏情況作出了分析。還有李學勤《先秦人名的幾個問題》（歷史研究，1991.5），劉榮升《中國古人的名、字、號》（山西大學學報，1995.2），王紅霞《〈春秋〉稱名管見》（齊魯學刊，2004.5）等，他們對早期人物名字的含義進行論述，對名字的類型進行了歸納。有關人物名字研究的著述很少，吉常宏編著的《古人名字解詁》（語文出版社 2003 年版），收先秦至清代人名萬餘個，運用文字訓詁方法對古人名和字之間的關係進行分析，並總結出古人名、字組合的 12 種形式，包括同義相協、反義相應、連類相及、因性指實、辯物統類等等，對研究古代名、字習俗有一定意義。

對早期女性稱謂進行研究的論文有田恒金的《從〈春秋〉〈左傳〉看先秦時期女性的名字及其文化內涵》（河北師大學報，1998.3），張淑亞的《〈左傳〉婦女稱謂述略》（台州師專學報，2000.4）等，他們從不同角度對這一時期女性稱謂制度、類型、特點等做出了分析。春秋時期人物稱謂與宗法制度、分封制度、禮制以及家庭結構等密切相關。曹道衡《〈左傳〉人名與春秋卿大夫采邑制度》（文史知識，2004.11），李廷安《〈左傳〉所見諸侯婚姻中同姓婚姻的一般禁忌原則》（山東社會科學，1999.6），李曦《周代伯仲排行稱謂的宗法意義》（陝西師範大學學報，1986.1），李衡眉《周代的同姓不婚禮俗》（齊魯學刊，1988.5），李衡眉《歷代昭穆制度中「始祖」稱呼之誤釐正》（求是學刊，1995.3），秦佳慧《試論〈春秋〉〈左傳〉中的尊稱和謙稱》（浙江社會科學，2005.6），邵英《〈左傳〉》之「非禮」窺探》（西北大學學報，2006.3），李華《〈左傳〉中的稱謂表達》（甘肅社會科學，2009.5）等文，分別從社會制度、禮制風俗的角度對這一時期的稱謂現象進行了研究和有益的探索。

這一時期還有很多社會學的研究成果，如李衡眉《我國原始社會婚姻形態研究》（歷史研究，1986.2），程德祺《亂婚與群婚》（廣西民族研究，1987.4），王文錦《我國遠古的一種婚姻形態》（文史知識，1987.11），李林《「掠奪婚」遺跡在古代文獻中的反映》（宜春師專學報，1990.4），薛理勇《試論春秋媵制》（江漢論壇，1991.8），劉興均《「姪從媵」考》（四川師範大學學報，1995.2），張懷承《中國上古家庭形態探微》（湖南師範大學社會科學學報，1995.5），張淑一《先秦卿大夫家族「立後」述論》（北方論叢，2005.1），薛麗芳《春秋時期婚姻形態略論》（蘭州學刊，2009.7），邵先鋒《從春秋時期的婚姻關係看社會轉型》（管子學刊，2011.4）等。這些文章所談到的一些早期社會現象、家

庭形態等都能夠在人物稱謂中有所反映，為研究人物稱謂提供了有益的啓發。

值得特別提出的是有些著述不懼繁瑣枯燥，為後人閱讀和研究，甘做人梯，如洪業等人編纂的《春秋經傳引得》、《春秋左傳集解》後所附《人名索引》、楊伯峻等編著的《春秋左傳辭典》等，給後人的研究提供了許多方便。

總之，千餘年來，特別是近幾十年來，對《左傳》等先秦人物稱謂的研究已有一定成果，給人們的啓發也很多。但是許多問題還有待廓清，許多分歧還有待疏理，許多領域還有待我們去開拓。

三、從專書角度研究《左傳》人物稱謂的學術價值

稱謂只能是對社會事實的反映，它是描寫社會現實的某個個別方面的術語，通過對稱謂形成原委的分析，有助於認識摩爾根在《古代社會》中所說：「親屬制度以最明白的方式直接準確地反映了古代社會情況」。〔註8〕親屬稱謂是人物親屬關係的具體反映，其它稱謂也程度不同地反映了古代社會的諸多方面。考察春秋時期的人物稱謂，我們至少可以瞭解稱謂中的宗法印記；姓氏名字等在社會觀念中的作用；稱謂和婚姻制度的關係；稱謂在交際過程中的禮俗意義等，從一個角度更深入地認識這一時期的社會狀況。

有清以來的姓氏學研究成果告訴我們，姓、氏之分是與周初的分邦建國聯繫在一起的。姬姓政權採用分封的辦法對國家進行管理，分封的對象主要是姬姓宗親，再有就是姬姓姻親和少量的前朝貴族遺民。「氏」是給受封者的分宗立族的符號，這就是周初的「胙之土而命之氏」（《左傳·隱公八年》）。所以「氏」在最初是和「土」密切關聯的。但是，就周天子而言，「胙之土而命之氏」是受條件限制的，他不可能不受限制的分封下去。所以以後才逐漸出現以「官」為氏、以「字」為氏、以「邑」為氏等。利益驅動帶動了社會的發展，勢力與利益的結合，使血緣凝聚力逐漸削弱，姓的「親親」別宗作用也逐漸消失，姓、氏之分的意義也不再存在，隨之合二為一，成為只有普通區別意義的純符號。

姓氏名字以外的稱謂研究專著，目前多見於一些語法學研究的著作中。這種研究更多的是平面的敘述，缺少深入地分析。人物稱謂中，吾我爾汝之稱當然能較為準確地表達人物間的關係，這正是語法學將其列為研究對象的原因所在。但是這種表達畢竟相對簡約。人物間的複雜關係包含著彼此親疏、

〔註8〕〔美〕摩爾根著，古代社會〔M〕，北京：商務印書館，1995，412。

好惡，這種親疏好惡很難在吾我爾汝的稱謂中精準、細微地表達出來，人們是通過謙恭等稱謂來表達的。這種區別於吾我爾汝之類的稱謂，正是我們注意的內容。另外，關於稱謂研究的論文也大多是從某一角度，或論述人物的名、字、號所反映的詞彙意義，或探求其代表的附加意義，或聯繫相關的社會制度論述早期的姓與氏等。

《左傳》是保留先秦時期人物稱謂最爲豐富的典籍，以往對稱謂的各種研究，更多的都是以《左傳》中的稱謂現象作爲資料徵引。以《左傳》爲基礎，通過對《左傳》中人物稱謂做專門的、較爲全面的梳理，以求對春秋時期宗法制度、婚姻形態、社會禮俗等文化現象進行更深入的研究和印證，應該說是必要的，同時也會將人物稱謂研究往前推進一步。

稱謂研究，特別是姓氏研究，雖然歷經千餘年，也取得了可喜的成績，但時至今日許多問題仍未有一致公認的成果，許多認識還不一致；有些認識受到傳世文獻的局限，停留在對原有文獻的說明和解釋上，跳不出傳統唯心史觀的束縛。如關於「姓」產生的依據，不少學者主要都是依據《國語・晉語四》中司空季子規勸重耳接受秦穆公之女懷嬴爲妻時的一段議論：

「黃帝以姬水成，炎帝以姜水成，成而異德，故黃帝爲姬，炎帝爲姜。」〔註9〕有學者據此便認爲「姓」是「因地而別」的〔註10〕。地域是產生姓族的根據，和血緣關係不大。由此導出「姓」的「從女、生」〔註11〕是後人的附會的結論。

又「黃帝之子二十五人，其同姓者二人而已。」〔註12〕據此認爲「姓」是由血緣決定的，兩名同姓人是由同一母親所生，其餘各姓子息，是由不同母親所生。

同一記載竟產生出互相矛盾的結論，我們就有一個去僞存眞的分析辨別任務。首先，我們認爲，少典氏部落和有蟜氏部落是互爲婚姻聯盟的姓族〔註13〕，在這兩個姓族結成的婚姻聯盟中，生有炎、黃二帝，二人分別成長在姬水和姜水。二人所以姓姬、姓姜，不是因爲他們住在何處，是因爲他

〔註9〕國語（點校本）〔M〕，上海：上海古籍出版社，1978，356。
〔註10〕雁俠著，中國早期姓氏制度研究〔M〕，天津：天津古籍出版社，1996，76～77。
〔註11〕說文解字注（影印本）〔M〕，上海：上海古籍出版社，1981，612上。
〔註12〕國語（點校本）〔M〕，上海：上海古籍出版社，1978，356。
〔註13〕〔西漢〕司馬遷著，史記（點校本）〔M〕，北京：中華書局，1972，2。

們分別出生在兩個姓族部落。這裏的關鍵在於《國語·晉語》中的「少典氏」娶於有蟜氏的「娶」字。就婚姻關係而言,「娶」和「嫁」是一對相輔相成的詞,有嫁方有娶,有娶才有嫁。在婚姻聯盟中,娶和嫁是互相的:姬姓男娶(嫁)姜姓女,姜姓男娶(嫁)姬姓女。又「娶」本作「取」,《禮記·喪大記》:「取衣者亦以篋」。鄭玄注云:「取猶受也。」〔註14〕而「受」兼有給予(後作「授」)、得到二義,亦即今之娶嫁義。在兩個部落之間嫁娶中,生有黃帝、炎帝二人,並不能說成少典氏某男娶了有蟜氏某女而生有二子,一名是黃帝,一名是炎帝。這樣理解恰恰落入了男人中心的周人「以今律古」的錯誤之中。我們認為少典氏和有蟜氏兩個氏族部落互有嫁娶,分別生有姬姓的黃帝和姜姓的炎帝。至於是男娶女,還是女娶男,對理解本文並無大區別,也不是本文要關注的要點。姜、姬婚姻聯盟雙方互為嫁娶,其後代分別為姜姓和姬姓,這就是炎、黃二帝不同姓的原因。姓是血緣關係的代表符號,它並不因《國語》中「黃帝以姬水成,炎帝以姜水成,成而異德」的記載而改變。

其次,黃帝有二十五子,這二十五子決非同一母親所生。有人認為「父權制是由母權制向階級社會的過渡造成的」,〔註15〕父權制直接導致的婚姻狀態就是一夫多妻,但是這二十五子中「其得姓者十四人為十二姓」,〔註16〕一夫多妻豈能出現這種情況?我們認為這又是男權中心思想的影響。先秦兩漢時期的文獻記載是習慣以當時的社會模式看待史前社會,對傳說中的社會作出自己的主觀解說。我們不能責怪他們,但是不能盲從他們。我們認為,二十五子的母親應是不同部族的不同女子。古代史學家生活在男權中心的社會,他們當時還沒有科學的社會發展理論指導,常把「眼下」當作永恒,犯「以今律古」、倒因為果的錯誤。我們的研究是要把一些可能不確定的史實,盡可能恢復到相對清楚、確定的狀態,突破古人以文字史料為依據,強為之解說的誤區。

我們將《左傳》人物稱謂做為研究對象,是因為它在我國先秦典籍中是保存最完整、最可靠的古典文獻。它從一個角度較真實地反映了春秋時期的

〔註14〕〔漢〕鄭玄注、〔唐〕孔穎達疏,禮記正義〔M〕,十三經注疏本(影印本),北京:中華書局,1980,1579。

〔註15〕雁俠著,中國早期姓氏制度研究〔M〕,天津:天津古籍出版社,1996,81。

〔註16〕國語(點校本)〔M〕,上海:上海古籍出版社,1978,356。

歷史原貌，我們研究其中的人物稱謂，也就是對春秋時期人物稱謂的最直接的分析。

《左傳》中人物關係繁雜，人物稱謂的材料十分豐富。這些豐富的人物稱謂大體涵蓋了周代的所有人物稱謂現象，也給我們提供了豐富的研究資料。

《左傳》人物的姓氏名字研究，前人從不同角度做過不少工作，取得了可貴的成果，給我們的研究工作提供了借鑒，使我們的研究起點更高，正所謂「站在巨人肩上」，取得更好的收穫。

我們力圖以《左傳》這樣一部專書爲對象，通過對人物稱謂的形成基礎和構成的分析，以期對先秦人物稱謂形成較爲系統的認識，爲從一個側面加強瞭解先秦社會歷史制度、深入研究其思想文化有所幫助。

第一章 《左傳》人物稱謂的範疇

　　稱謂就是名稱，人物稱謂是人物的名稱。稱謂可能是依據社會交往關係命名的，也可能是依據血緣姻親關係命名的。依據社會交往關係而產生的稱謂是所謂社會稱謂，依據血緣姻親關係而產生的稱謂是親屬稱謂。

　　社會稱謂反映人物在社會生活中的相互關係，這種稱謂不僅可以反映該歷史時期人與人的相互關係，還可以由此探知民族心理和時代禮儀。如表身份的「士」，說文釋作「事也。數始於一，終於十。」按照許慎的解釋，知曉權謀策略，善於分析，綜合事物發生、發展規律的人就是「士」。用現代通行的話就是指有一技之長的，有一定知識卻未進入官員隊伍的人。《論語・子路》：「子貢問曰：『何如斯可謂之士矣。』子曰：『行己有恥，使於四方，不辱君命，可謂士矣。』」邢昺解釋為「行己之道，若有善，恥而不為。」〔註1〕孔安國對「行己有恥」的解釋是「有恥者有所不為。」邢昺則認為「士，有德之稱。」孔子所答則是「士之高行。」這是士在行為方面的標準，是對「士」行為的理想化標準。換一個角度說，只有具備這種行為標準的人，方可稱為「士」。

　　作為社會的一個階層，「士」是未獲取官職的貴族，其社會地位並不高，但其思想道德標準相對要高。《左傳・昭公七年》：「天有十日，人有十等。下所以事上，上所以共神也。故王臣公，公臣大夫，大夫臣士，士臣皂，皂臣輿，輿臣隸，隸臣僚，僚臣僕，僕臣臺。」士只在皂隸之上。與皂隸的本質差別是皂隸以下是奴僕，是被統治階級成員，而士雖然地位不高，卻是統

〔註 1〕論語注疏〔M〕，十三經注疏本（影印本），北京：中華書局，1980，2508。

治階級的成員，是統治隊伍的預備成員。《左傳・僖公二十三年》：「（鄭）叔詹諫曰：『臣聞，天之所啓，人弗及也。晉公子有三焉，天其或者將建諸，君其禮焉。男女同姓，其生不蕃。晉公子，姬出也，而至於今，一也。離外之患，而天不靖晉國，殆將啓之，二也。有三士，足以上人，而從之，三也。晉、鄭同儕，其過子弟固將禮焉，況天之所啓乎！』」其三人者，為狐偃、趙衰和賈佗，都是重耳流亡時的重要助手，重耳當時是個流落在外、身無官職的流浪者，其助手更談不上職務，此又是其證。正因如此，在春秋時期，大夫在天子面前有時自謙稱「士」，《左傳・襄公二十六年》：「晉韓宣子聘於周。王使請事，對曰：『晉士起將歸時事於宰旅，無他事矣。』」孔穎達《正義》：「諸侯大夫入天子之國，禮法當稱士。」很明顯這是一種自謙的稱謂。由統治階級的預備成員又引申指當時社會上道德修養高尚的人，如《論語・子張》中：「子張曰：『士見危致命，見得思義，祭思敬，喪思哀，其可已矣。』」邢昺對此解釋說：「為士者見君有危難，不愛其身，致命以救之，見得利祿，思義然後取，有祭事思盡其敬，有喪事當盡其哀，有此行者，其可以為士矣。」〔註2〕

社會稱謂從不同角度可以作出不同的劃分類別，以《左傳》所見和所表達的意義，我們可以將其分為身份稱謂、職務稱謂、性別稱謂、長幼稱謂等四類。這些稱謂從社會交際角度分析，又可以歸納為表敬、表自謙、和習慣稱謂等。

社會稱謂數量多，情況複雜，指向有的並不十分明晰，但它畢竟承載了親屬之外的人際關係，一定程度地反映了當時的社會面貌和人們的社會心理，有分析和研究的必要。

家庭是社會的細胞，傳統的中國社會是個以血緣關係為紐帶組成的家庭核心社會，在此基礎上產生的親屬關係和親屬稱謂，恰是這種社會形態的反映。如「媵」稱謂，它既反映了男性中心社會中男性在婚姻關係當中的特權，也反映了家庭核心社會中壯大家族成員力量的用心：姪、娣隨嫁，增加了孕育家庭成員的機率，可以壯大家庭後備力量；加強了不同血緣的家庭之間聯繫的紐帶，從而增加了家庭的同盟軍。這樣認識春秋時期的「媵」制才較為全面、客觀。如果從歷史發展的角度考察，「媵」有可能是群婚、亞群婚在周代的一種遺跡。

〔註2〕論語注疏〔M〕，十三經注疏本（影印本），北京：中華書局，1980，2531。

　　稱謂中從指向的具體與否又可分為確指稱謂和泛指稱謂。確指稱謂指向具體，指向對象明晰，不易產生混誤。如《左傳・隱公元年》：「（魯）惠公元妃孟子。孟子卒，繼室以聲子。」這其中的稱謂除惠公外，指向都十分明晰，是確指稱謂。泛指稱謂指向範圍較為寬泛，在特定語境中很難確定具體對象。如《左傳・隱公元年》：「太叔完聚，繕甲兵，具卒乘，將襲鄭，夫人將啓之。」這裏的太叔、夫人等稱謂指向寬泛，離開具體語境是不能看出所指何人。

　　對人物的稱謂從不同角度可以做出不同的分類，我們只是從稱謂所表達的人物對待事務的態度角度，對《左傳》人物稱謂做出一些分析。

　　所謂「範疇」，《現代漢語詞典》給出的解釋是：（1）人的思維對客觀事物的普遍本質的概括和反映。（2）類型，範圍。〔註3〕我們這裏是指類型、範圍而言。前面我們已經談到，從稱謂類型角度分析，可以從兩個方面入手考察，即人物在社會中的相互關係和個人在社會結構中的位置；人物在姻親血緣延續中的位置，與血親、姻親之間的關係。前者所形成的稱謂叫社會稱謂，後者所形成的是親屬稱謂。所謂「人物稱謂範疇」是指此而言。

第一節　人物社會稱謂

一、表敬稱謂

　　所謂表敬稱謂，就是對說話對方表示尊敬的稱謂，除某些人稱代詞外，這種稱謂多是由表示尊敬的名詞或較高的身份名稱擔當。在人物的社會活動中人和人的交往是經常發生的，社會的交往，對對方表示出尊敬，是一種必要的禮貌和交往手段，所以《左傳》中人物稱謂的表敬稱謂內容就顯得十分豐富。

　　所謂「尊敬」，包括對對方的恭敬、親切，也包括談話方的自我謙恭。

　　《左傳》中，對身份顯赫、地位尊貴的人為了表現出敬意，在交往中往往有以下種種稱謂。

（一）對位尊者的表敬稱謂

1. 對君王的表敬稱謂

（1）天子

〔註 3〕現代漢語詞典〔M〕，北京：商務印書館，2005，304～305。

天子，意即天之子嗣，是上天的後代繼嗣者，又是上天任命的統治者，是周王廷最高統治者專用的稱謂，它與「王」的稱謂並行。孔穎達在解釋《禮記·曲禮下》之「君天下曰天子」時說：「四海難伏，宜尊名以威臨之也。不言王者，以父天母地，是上天之子，又為天所命，子養下民，此尊名也。」〔註4〕王，《說文》釋作「天下所歸往」，又說「一貫三為王」，〔註5〕三即指天地人，貫通者就是王。所以王是聯繫天地人的人，這是從功用角度稱名。天子則是從出身的角度稱名。既然是上天之子，其權利、地位是上天賜予，其地位就是唯一的，不可懷疑的。這就是楚君可稱王，卻不敢稱天子的原因。《左傳》中凡稱「天子」者都是周王：

> 富辰諫曰：「不可。臣聞之：大上以德撫民，其次親親，以相及也。……今天子不忍小忿以棄鄭親，其若之何？（《左傳·僖公二十四年》）

周王因鄭不聽周王之請而怒，欲伐鄭，卿士富辰諫止。這裏的「天子」用作敬稱，指周襄王。

（2）王

《左傳》中以「王」稱對方，主要是稱呼周天子。按照許慎的解說，「王」是連貫天、地、人三方的人，而周王朝的統治者自認為作為統一的王朝，周天子是敬天保民的唯一統治者，所以無論是周王廷的卿大夫還是各諸侯及其臣隸，都向周天子稱臣，而稱天子為王。如：

> （周內史）過歸，告王曰：「晉侯其無後乎！王賜之命，而惰於受瑞，先自棄也已，其何繼之有？」（《左傳·僖公十一年》）

晉惠公登上君位後，一方面沒有處理好和秦國的關係；一方面又誅殺了和自己有嫌隙的大夫，這就引起國內政局的動蕩。周襄王想用「賜命」的方式穩定晉國局勢，但晉惠公對周王的使者卻怠慢有加。內史過回到周王朝後，面呈晉惠公的怠慢態度，並由此推斷出晉惠公是自棄而沒有前途。這是內史過在向周襄王彙報，「王賜之命」中的「王」是對周襄王的敬稱。

> 管仲辭曰：「臣，賤有司也，有天子之二守國、高在。若節春秋來承王命，何以禮焉？陪臣敢辭。」（《左傳·僖公十二年》）

齊大夫管仲在拜見周襄王時的一段告白，他委婉地回絕了周王要用上卿

〔註4〕禮記正義〔M〕，十三經注疏本（影印本），北京：中華書局，1980，1260。
〔註5〕說文解字注（影印本）〔M〕，上海：上海古籍出版社，1981，9下。

之禮宴請他，推辭說，在齊國只有王室任命的國、高二氏方有資格享有接受周天子給予的上卿等級的款待。我管仲如受此禮，將讓周王無法再以禮待國、高等上卿。這是齊國大夫當面尊稱周天子爲「王」。

楚國的諸侯從熊徇起，僭稱王，所以在春秋諸侯中，只有楚國和吳國、越國的國君稱王：

> 楚子爲舟師以伐濮。費無極言於楚子曰：「晉之伯也，邇於諸夏，而楚辟陋，故弗能與爭。若大城城父，而寘大子焉，以通北方，王收南方，是得天下也。」王説，從之。故大子建居于城父。（《左傳·昭公十九年》）

楚臣費無極勸說楚王擴建城父的城牆，並讓太子建居於此，以便和北方交通，擴大自己的影響。這個「王」就是費無極對楚莊王的敬稱。

吳越等國依仗遠離中原，可以妄自尊大，所以也先後稱王，這在《左傳》中均有出現，但作爲尊稱的未見。

但是「王」在多數情況下不易辨清是表示普通意義的標示身份的名詞，還是表對其尊敬的名詞。所以「王」作爲表尊敬的詞，在《左傳》中並不典型，也不普遍。

（3）公

在《左傳》中，「公」可以指稱諸侯。據《禮記·王制》：「王者之制祿爵：公、侯、伯、子、男，凡五等。」孔穎達疏：「公、侯、伯、子、男五等，謂虞夏及周制。」〔註6〕由此可知「公」本爲周天子對各路諸侯的封爵之最高等級，後就用這最高等級的爵號稱各路諸侯。

> 陳氏雖無大德，而有施於民。豆、區、釜、鍾、之數，其取之公也薄，其施之民也厚。公厚斂焉，陳氏厚施焉，民歸之矣。（《左傳·昭公二十六年》）

晏嬰對齊侯分析了國內的形勢，陳氏家族推行對民厚施政策，齊國公室卻厚斂百姓。「公」指齊侯（景公）。

（4）君

《儀禮·喪服》：「君，至尊也。」鄭玄注：「天子、諸侯及卿大夫有地者皆曰君。」〔註7〕所以「君」應是大夫以上，據有土地的各級統治者。從字形

〔註 6〕禮記正義〔M〕，十三經注疏本（影印本），北京：中華書局，1980，1321。
〔註 7〕儀禮注疏〔M〕，十三經注疏本（影印本），北京：中華書局，1980，1100。

結構分析，「君」字從手執丨從口，意即手執權柄，可以發號施令的人。董仲
舒釋「君」爲「能使萬民往之，而得天下之群者。」〔註8〕在春秋時期是指君
主，即諸侯國的主要掌權人——諸侯。以後擴展爲統治國家的官僚群體，即
「有地者」。

用稱「君」來表示尊稱，在《左傳》中比較普遍，它主要用在諸侯之間，
以及卿大夫對國君，也用在卿大夫之間，如：

> 齊侯舉矢曰：「有酒如澠，有肉如陵。寡人中此，與君代興。」
（《左傳‧昭公十二年》）

齊景公和晉昭公宴後作投壺遊戲。晉昭公想通過此遊戲證明自己是諸侯
之長，齊景公想通過投壺證明自己完全可以取而代之，「與君代興」即此義。
這是齊君對晉君的敬稱。

> 楚人伐宋以救鄭。宋公將戰，大司馬固諫曰：「天之棄商久矣，
> 君將興之，弗可赦也已。」弗聽。（《左傳‧僖公二十二年》）

楚國爲救鄭國來討伐宋國，宋國大司馬公孫固勸宋公不要同楚國開戰，
否則對宋國不利，但宋公不聽。這裏「君」是宋臣對國君的敬稱。

國家與國家之間也可以用表示尊敬的稱呼：

> 魯人告于齊曰：「寡君畏君之威，不敢寧居，來修舊好。禮成而
> 不反，無所歸咎，惡於諸侯。請以彭生除之。」（《左傳‧桓公十八
> 年》）

這是魯國對齊國的敬稱。

> （屈完）對曰：「君若以德綏諸侯，誰敢不服？君若以力，楚
> 國方城以爲城，漢水以爲池，雖眾，無所用之。」（《左傳‧僖公四
> 年》）

齊侯率領諸侯的軍隊攻打楚國，楚王派屈完爲使來到齊侯軍中求和，齊
侯傲慢地向屈完顯示軍隊的強大，屈完也毫不示弱地向齊侯表明態度。從外
交的禮儀出發，屈完稱齊侯爲「君」。

從《左傳》對「君」的使用情況分析，用於諸侯的敬稱是佔有主要比例
的，還有一部分是對卿大夫的敬稱。如：

> 萇弘謂劉子曰：「客容猛，非祭也，其伐戎乎？陸渾氏甚睦於楚，

〔註8〕〔漢〕董仲舒撰，〔清〕蘇輿義證，春秋繁露義證〔M〕，北京：中華書局，
1992，133。

必是故也。君其備之！」（《左傳・昭公十七年》）

萇弘、劉子均爲周景王大夫。萇弘稱劉子爲「君」。

> 楚屈瑕將盟貳、軫。鄖人軍於蒲騷……（楚）鬭廉曰：「鄖人軍
> 其郊，必不誡。且日虞四邑之至也。君次於郊郢，以禦四邑。我以
> 銳師宵加於鄖，鄖有虞心而恃其城，莫有鬭志。若敗鄖師，四邑必
> 離。」（《左傳・桓公十一年》）

杜預注：「君謂屈瑕也。」楚大夫鬭產稱屈瑕爲「君」。

無論是諸侯，還是大夫，他們都可以說是「有地者」（有各自的封國或封邑），但是下面的用例卻是較爲特殊：

> 南蒯之將叛也，盟費人。司徒老祁、慮癸僞廢疾，使請於南蒯
> 曰：「臣願受盟而疾興，若以君靈不死，請待間而盟。」（《左傳・昭
> 公十四年》）

楊伯峻注：「孔疏引《氏族譜》……謂司徒、服虔以爲姓，馬宗璉《補注》則云『此司徒蓋即小司徒，季氏家臣爲之』，亦有據。慮癸又爲一人。馬宗璉又云：『蓋老祁、慮癸二人皆爲司徒也。』二人服虔以爲皆季氏家臣。」〔註9〕這是季氏家臣之間對稱「君」，「君」逐漸成爲尊稱，而失去了當初標示「有地者」地位的意義。

在《左傳》中由於周天子有「王」代稱，所以用「君」指稱天子的情況就不見了。我們上引諸例，大體印證了這種分析。楊伯峻先生在《春秋左傳注》中認爲桓公十一年之稱楚司馬屈瑕爲君之類的「君」是「一般敬稱之詞」〔註10〕是可以商榷的。因爲屈瑕是眞確的「有地者」。

《左傳》中還有用「大君」稱周王的，如《左傳・襄公二十一年》：「欒盈過於周，周西鄙掠之。辭於行人曰：『天子陪臣盈得罪於王之守臣，將逃罪……大君若不棄書之力，亡臣猶有所逃。若棄書之力，而思黶之罪，臣，戮餘也，將歸死於尉氏，不敢還矣。敢布四體，唯大君命焉！』」杜預注：「大君，謂天王。」這裏欒盈雖然面對的是周靈王的行人，實際上是對周王說的，所以稱「大君」。

楚國的臣下對楚國的君主有其獨特的稱謂——君王。這是將諸侯常用的稱謂「君」和楚君自視天下第一的僭越稱謂「王」合二爲一的結果，如《左

〔註 9〕楊伯峻編著，春秋左傳注〔M〕，北京：中華書局，1980，1364。
〔註10〕楊伯峻編著，春秋左傳注〔M〕，北京：中華書局，1980，131。

傳‧文公元年》：「江芈怒曰：『呼！役夫！宜君王之欲殺女而立職也。』」此
「君王」當指楚成王。做為敬稱者，如：

> 王召奮揚，奮揚使城父人執己以至。王曰：「言出於餘口，入於
> 爾耳，誰告建也？」對曰：「臣告之。君王命臣曰：『事建如事餘。』
> 臣不佞，不能苟貳。奉初以還，不忍後命，故遣之。既而悔之，亦
> 無及已。」（《左傳‧昭公二十年》）

楚平王因大子建有叛逃的打算便命奮揚殺掉大子建，但奮揚將此消息透
露給大子建，使平王的算計落空，平王執捕奮揚，奮揚以平王當初的囑託為
己辯解。奮揚當面稱平王為君王。

楚國諸侯自詡為「王」，實際上只是一國之「君」，在第三者看來，楚君
的最佳稱謂就是「君王」。

2. 對臣僚的表敬稱謂

（1）執政

執政，指掌握政權的人。《左傳‧襄公三十一年》：「鄭人遊於鄉校，以論
執政。」指議論掌權者。用作表示尊稱的有：

> 自是以來，晉之百役，與我諸戎相繼于時，以從執政，猶殽志
> 也。豈敢離遏？今官之師旅無乃實有所闕，以攜諸侯，而罪我諸戎！
> （《左傳‧襄公十四年》）

這是西戎首領戎子對晉國范宣子說的一番話。范宣子責備西戎忘恩負
義，不把晉國放在眼裏。戎子極力辯解，強調自己一直追隨晉國。這裏戎子
所稱執政，是將晉君看作諸侯之統領，是一種敬稱。

> 子產曰：「君之羈臣，苟得容以逃死，何位之敢擇？卿違，從大
> 夫之位，罪人以其罪降，古之制也。（罕）朔於敝邑，亞大夫也；其
> 官，馬師也，獲戾而逃，唯執政所寘之。得免其死，為惠大矣，又
> 敢求位？」（《左傳‧昭公七年》）

鄭國的罕朔在殺死大夫罕魋之後逃到晉國。晉中軍主帥韓宣子問子產，
晉國應該怎麼安排罕朔的官職，子產於是說了上面那些話。這是鄭子產稱晉
國中軍主帥為「執政」。

（2）主

主，既可為「一家之主」，如《詩經‧周頌‧載芟》：「侯主侯伯，侯亞侯

旅。」毛傳:「主,家長也。」〔註11〕也可爲「主人」,如《禮記·檀弓下》:
「賓爲賓焉,主爲主焉。」〔註12〕賓、主相對文。還可爲「首領」義,如《尚
書·武成》:「(商王)爲天下逋逃主,萃淵藪。」孔穎達疏:「主,魁首也。」
〔註13〕又可爲「君主」義,如《禮記·曲禮下》「主佩倚,則臣佩垂。主佩垂,
則臣佩委。」鄭玄注:「君臣俛仰之節。」〔註14〕用作表敬稱謂的,如:

> (荀偃卒)宣子盥而撫之,曰:「事吳敢不如事主!」猶視。欒
> 懷子曰:「其爲未卒事於齊故也乎?」乃復撫之曰:「主苟終,所不
> 嗣事于齊者,有如河!」乃暝,受含。(《左傳·襄公十九年》)

晉國的荀偃死時,晉國和齊國的戰事還未平息,因此死未瞑目。晉大夫
欒盈安慰他一定替他完成伐齊之事。荀偃爲晉國正卿,地位高於欒盈,因此
欒盈稱之爲主。楊伯峻在《襄公十八年》注云:「《晉語八》云:『三世仕家君
之,再世以下主之。』其意三代爲大夫家臣者,稱大夫爲君;一代或二代爲
大夫家臣者則稱爲主。但就《左傳》而論,則不盡如此。成公以前,於大夫
俱稱君。襄公而後,則對大夫屢稱主。」〔註15〕楊注並稱,家臣之於大夫、
兒子之於父親、妻子之於丈夫都可稱主。這是晉國的大夫對正卿荀偃稱「主」。

> 趙孟曰:「誰當良臣?」(和)對曰:「主是謂矣。主相晉國,於
> 今八年,晉國無亂,諸侯無闕,可謂良矣。和聞之,國之大臣,榮
> 其寵祿,任其大節。有菑禍興,而無改焉,必受其咎。今君至於淫
> 以生疾,將不能圖恤社稷,禍孰大焉?主不能禦,是吾以云也。」
> (《左傳·昭公元年》)

這是秦國的醫生和對晉卿趙孟的一席話,醫和認爲,晉君貪於女色而生
疾,其良臣將首獲其禍,而趙孟做爲正卿,正是此人。醫和稱晉卿趙孟爲「主」。

> 欒桓子娶於范宣子,生懷子……桓子卒,欒祁與其老州賓通,
> 幾亡室矣。懷子患之。祁懼其討也,愬諸宣子曰:「盈將爲亂,以范
> 氏爲死桓主而專政矣……其謀如是,懼害於主,吾不敢不言。」(《左
> 傳·襄公二十一年》)

欒祁本爲宣子之女,嫁給欒桓子爲妻,生懷子。桓子死後,祁與州賓有

〔註11〕 毛詩正義〔M〕,十三經注疏本(影印本),北京:中華書局,1980,601。
〔註12〕 禮記正義〔M〕,十三經注疏本(影印本),北京:中華書局,1980,1304。
〔註13〕 尚書正義〔M〕,十三經注疏本(影印本),北京:中華書局,1980,184。
〔註14〕 禮記正義〔M〕,十三經注疏本(影印本),北京:中華書局,1980,1256。
〔註15〕 春秋左傳注〔M〕,北京:中華書局,1980,1036。

染。因怕其劣跡被懷子揭發，便誣稱其欲加害宣子。這是女兒稱自己的父親為「主」。

> 越圍吳，趙孟降於喪食。（家臣）楚隆曰：「三年之喪，親昵之極也，主又降之，無乃有故乎？」（《左傳·哀公二十年》）

趙孟服其父簡子之喪，已順喪食。逢吳國被越國圍困，有滅亡的可能，自己又不能親力救助，故在喪食的基礎上，又降等級，所以家臣楚隆問其故。楚隆稱趙孟為「主」。

從上述各例中不難看出，被稱為「主」的，無論稱說者為何人，其稱說的對象，一定不是地位低的人，而是正卿，是地位只次於君的官員。就是說，大夫以下，在春秋時期不能稱「主」。

（3）大夫

在《左傳》中，大夫一職是指給王庭、諸侯等公室服務的官員，它包涵了各種等級、從事各種職務的官員，是各級、各類官員的統稱。在一定的語言環境中，它可以表示敬稱：

> 宋穆公疾，召大司馬孔父而屬殤公焉，曰：「先君舍與夷而立寡人，寡人弗敢忘。若以大夫之靈，得保首領以沒；先君若問與夷，其將何辭以對？請子奉之，以主社稷。寡人雖死，亦無悔焉。」（《左傳·隱公三年》）

宋穆公為宋宣公之弟，當年宣公將君位讓與穆公，而沒有給自己的兒子，穆公始終不忘，在臨死前讓其臣孔父扶持殤公，即宣公之子即位，其中大夫即指孔父，是一種親切、尊敬的稱謂。這是國君對本國臣屬稱「大夫」。

> 齊侯曰：「大夫之許，寡人之願也；若其不許，亦將見也。」（《左傳·成公二年》）

這一年齊頃公帥師攻打魯國，晉郤克等借魯國之請，趕到與齊師會面。齊頃公派人求戰，這正是郤克等人求之不得的，齊侯才說了這樣一番話。這裏的「大夫」是指晉國郤克等人。這是國君對異國臣屬稱「大夫」。

> 子重使謂子反曰：「初隕師徒者，而亦聞之矣。盍圖之！」對曰：「雖微先大夫有之，大夫命側，側敢不義？側亡君師，敢忘其死？」王使止之，弗及而卒。（《左傳·成公十六年》）

子重和子反平日有隙，借子反與晉軍交戰失利之機，逼迫子反傚仿楚將子玉而自殺。子反表示，縱使沒有子玉的先例，你讓我死，我也不敢貪生而

自陷不義之地。「大夫命側」即你命我死。這個敬稱是出現在大夫和大夫的對話中。這是臣屬對臣屬稱「大夫」。

「大夫」作爲敬稱，是可以出現在國君或國君的使者對本國的卿大夫、對來使或與外國的大夫交往中，也可以出現在一國大夫對另一國大夫的交往中，還可以出現在本國大夫之間。「大夫」作爲官職，本來位在卿之下，士之上，到了後代，凡是從事官差的朝廷、地方官吏，都可泛稱爲大夫。

（4）執事

執事一詞本指供使喚的人，作爲敬稱，指驅使人的人，以此表示尊敬對方：不能或不配直接與對方對話，只好與對方的辦事員接觸、對話。

> （魯僖）公使展喜犒師，使受命于展禽。齊侯未入竟，展喜從之，曰：「寡君聞君親舉玉趾，將辱於敝邑，使下臣犒執事。」（《左傳·僖公二十六年》）

齊國藉口魯國與別的國家結盟，發動對魯的戰爭，並侵佔了魯西部邊境的部分地區。魯使展喜以犒賞齊師的名義，勸說齊國撤軍。在大國面前，展喜對齊侯曉以道義，最終說服齊國撤軍。展喜在外交辭令中把勸止齊國入侵說成「犒執事」。這是弱國對強國以「執事」對稱。

> 賓（秦使西乞術）答曰：「寡君願徼福于周公、魯公以事君，不腆先君之敝器，使下臣致諸執事，以爲瑞節，要結好命，所以藉寡君之命，結二國之好，是以敢致之。」（《左傳·文公十二年》）

秦國使者到魯國出使，並獻上寶玉作爲見面禮，魯國作爲弱國不敢接受，秦使講了這麼一番話：寶玉只是結成秦魯二國友好的信物，請魯國笑納。

> 敝邑以侯宣多之難，寡君是以不得與蔡侯偕。十一月，克減侯宣多，而隨蔡侯以朝事于執事。（《左傳·文公十七年》）

這是鄭國的子家寫給晉侯的信裏的內容，因爲晉侯懷疑鄭國和楚國勾結，不肯和鄭伯見面，所以子家在信中進行了解釋。「執事」一詞作爲敬稱的用語也是出現在外交辭令中。

從以上諸例中我們可以看出，作爲普通名詞的「執事」，當用作敬稱時，是出現在國與國的交往中。其次，執事一詞的語義是「對稱表敬辭，猶『左右』」。〔註16〕，它在實際辭令中所指的是談話對方的最高統治者，不一定是

〔註16〕春秋左傳詞典〔M〕，北京：中華書局，1985，600。

談話對方本人。

（5）從者

「從者」是對外國的官員或外交使者的一種稱呼。它可以指聽話人，也可以包括聽話人的下屬。

> （鄭子產）使子羽辭（楚公子圍），曰：「以敝邑褊小，不足以容從者，請墠聽命。」（《左傳・昭公元年》）

子產不願讓子圍等入鄭城，欲除地爲墠，以行迎聘之禮。這裏的「從者」指楚國的使者公子圍等人。

> 主人辭曰：「亡人之憂，不可以及吾子；草莽之中，不足以辱從者。敢辭。」（《左傳・昭公二十年》）

衛國發生內亂，齊侯仍使公孫青聘於衛。衛侯客氣地表示不敢當面辱見公孫青等一行人。

「從者」所表示的意義、用法和「執事」類似，都是用不直指的方法，指稱談話的對方，以表達尊敬，是用迴避對方的方式，表達對對方的尊敬，意思是說，我沒有資格直接面陳我的意見，只配和你的隨從人員說話。

3. 對子嗣的表敬稱謂

（1）王孫

王孫應指周王之孫、從孫、再從孫。但《左傳》中未見此用例。楚君僭稱王，曰楚王，所以楚臣對楚君之孫、從孫也敬稱「王孫」，用做表敬稱謂的如：

> （楚平王之孫）勝自屬劍，子期之子平見之，曰：「王孫何自屬也？」（《左傳・哀公十六年》）

（2）公子

一般所謂「公子」是指諸侯之子。《左傳・隱公元年》：「惠公元妃孟子。」孔穎達疏云：「陳哀公元妃鄭姬生悼，大子偃師，二妃生公子留，下妃生公子勝。」可知，諸侯之子爲公子。諸侯之女也可以稱公子，《左傳・桓公三年》：「凡公女，嫁于敵國，姊妹，則上卿送之，以禮於先君；公子，則下卿送之。於大國，雖公子，亦上卿送之。」爲了更清晰，有時稱「女公子」。如《左傳・莊公三十二年》：「初，公築臺，臨黨氏，見孟任，從之。閟。而以夫人言，許之，割臂盟公。生子般焉。雩，講於梁氏，女公子觀之。」可知「公子」之稱是個較爲寬泛的稱謂。有時爲了區別諸侯的一般子嗣和嫡長子，將嫡長

子稱「世子」，其餘子嗣稱「公子」。總之，「公子」爲諸侯之子是確定的。諸侯之子，地位不一般，在交談時，稱對方爲「公子」也是一種恭敬。

> （晉重耳）及楚，楚子饗之，曰：「公子若反晉國，則何以報不
> 穀？」（《左傳·僖公二十三年》）

晉公子重耳在外流亡，來到楚國，楚成王一面招待他，一面又要求他回國執政後報答他，楚王對稱重耳爲公子。諸侯之子，無論男女皆可稱公子，只是女性常在「公子」前加「女」字以別，如《左傳·莊公三十二年》：「雩，講於梁氏，女公子觀之。圉人犖自牆外與之戲。」杜預注：「女公子，子般妹。」以公子的身份與人交往，在一定的語言環境中，公子就可成爲表示敬稱的用語了。

（3）孺子

「孺子」一稱，意義較爲寬泛，《釋名·釋長幼》：「兒始能行曰孺子。孺，濡也，言濡弱也。」〔註17〕它可以指稱各種身份的後生：

> 宣子曰：「孺子善哉！吾有望矣。」（《左傳·昭公十六年》）

楊伯峻注：「子皮死於昭十三年，子蠆嗣位，未滿三年喪，故宣子稱爲「孺子」，非以其年幼也。」〔註18〕

晉卿韓起在鄭國爲他舉行的宴會上，對已故的鄭大夫子皮的兒子嬰齊稱「孺子」。

> 僖子不對而泣，曰：「君舉不信群臣乎？以齊國之困，困又有
> 憂，少君不可以訪，是以求長君，庶亦能容群臣乎！不然，夫孺子
> 何罪？」（《左傳·哀公六年》）

這是齊臣僖子稱被廢的幼君爲「孺子」。

> 季孫至，入，哭，而出，曰：「秩焉在？」公鉏曰：「羯在此矣。」
> 季孫曰：「孺子長。」公鉏曰：「何長之有？唯其才也。且夫子之命
> 也。」（《左傳·襄公二十三年》）

這是魯大夫公鉏稱孟莊子之子秩爲「孺子」。

從實際用例看，「孺子」一稱是年長者對後生的稱謂。它對被稱「孺子」者的年齡並沒有絕對限制，長、幼差異只是相對的概念。至於是否服喪、嫡

〔註17〕〔漢〕劉熙撰，篆字釋名疏證〔M〕，叢書集成本，上海：商務印書館，民國二十五年，75。
〔註18〕春秋左傳注〔M〕，北京：中華書局，1980，1376。

庶之別，並不一定是稱「孺子」的必備條件。總之，它只是年長者對後生的一個親切稱呼。

（4）公孫

> 既免，復踞轉〔註19〕而鼓琴，曰：「公孫！同乘，兄弟也，胡再不謀？」（鄭公孫宛射犬）對曰：「曩者志入而已，今則怵也。」皆笑，曰：「公孫之亟也！」（《左傳·襄公二十四年》）

「公孫之亟」意謂「公孫你也太性急了」，這是晉國甲士對宛射犬的評價，宛射犬是鄭公孫。

（5）童子

《詩·衛風·芄蘭序》：「刺惠公也。」孔穎達疏：「未成年人之稱，年十九以下皆是也。」〔註20〕

> 范匄趨進，曰：「塞井夷竈，陳於軍中，而疏行首。晉、楚唯天所授，何患焉？」文子執戈逐之，曰：「國之存亡，天也，童子何知焉？」（《左傳·成公十六年》）

作為父親的范文子對年幼的兒子范匄稱「童子」。在父親的眼中兒子永遠是孩子，所以稱「童子」的未必是年幼者。范匄能參加晉楚兩國的戰爭，可知他並不年幼。

4. 用親屬稱謂表恭敬

親屬稱謂本指有血緣或姻親關係的人之間的稱謂。實際生活中，親屬稱謂的使用並不局限於這種關係。為了表示親近，有時也把親屬稱謂用在沒有宗親、姻親關係的人之間。如《禮記·覲禮》言，天子謂「同姓大國曰伯父，其異姓則曰伯舅。」〔註21〕

（1）伯父、叔父

> 王使詹桓伯辭於晉，曰：「……伯父圖之！我在伯父，猶衣服之有冠冕，木水之有本原，民人之有謀主也。伯父若裂冠毀冕，拔木塞原，專棄謀主，雖戎狄，其何有余一人？」（《左傳·昭公九年》）

周天子派使臣詹桓伯責備晉侯的臣下和周爭奪土地，這裏三次以「伯父」

〔註19〕「踞轉」，當作「居幹」，詳〔清〕洪亮吉著，春秋左傳詁〔M〕，北京：中華書局，1987，570。

〔註20〕毛詩正義，十三經注疏本（影印本），北京：中華書局，1980，326。

〔註21〕儀禮注疏，十三經注疏本（影印本），北京：中華書局，1980，1092。

稱晉侯。周王室和晉國均爲姬姓，從歷史血緣關係上講，王室和晉國是宗親，是叔侄關係。但是從周王分封諸侯到魯昭時代，已有二百五十多年，宗親關係已經淡之又淡。所以這裏的「伯父」不必坐實理解，可視做敬稱。

諸侯對大夫也可以敬稱「伯父」：

> （鄭厲公）使謂原繁曰：『傳瑕貳，周有常刑，既伏其罪矣。納我而無二心者，吾皆許之上大夫之事，吾願與伯父圖之。且寡人出，伯父無裏言。入，又不念寡人，寡人憾焉。』」（《左傳·莊公十四年》）

鄭厲公稱大夫原繁爲伯父。

> 夫齊，甥舅之國也，而大師之後也，寧不亦淫從其欲以怒叔父，抑豈不可諫誨？（《左傳·成公二年》）

周天子拒絕接見晉國送來齊國俘虜的使者，因爲齊國和姬姓國有姻親關係，周天子不贊成晉國攻打齊國的戰爭。「叔父」一詞，指稱晉景公。楊伯峻《僖公二十四年》注說：「天子稱同姓諸侯曰叔父或伯父。」《昭公三十年》行文可証。〔註22〕

（2）伯氏、叔氏

和伯父、叔父稱謂相近似的是伯氏、叔氏，即將表行次的詞之後的父，改爲氏：

> 王曰：「伯氏，諸侯皆有以鎮撫王室，晉獨無有，何也？」（《左傳·昭公十五年》）

周景王稱晉大夫荀躒爲伯氏。

> 王曰：「叔氏，而忘諸乎！叔父唐叔，成王之母弟也……女，司典之後也，何故忘之？」（《左傳·昭公十五年》）

周景王稱籍談（晉大夫）爲叔氏。

由上述二例可以看出，伯氏之與伯父、叔氏之與叔父，意義略有差別，稱說者相同，都是周天子；稱說對象不同，伯氏、叔氏是指同姓諸侯國的大夫，伯父、叔父則專指同姓諸侯本人。

（3）伯舅、舅氏

周天子對異姓諸侯則決不稱伯、叔父，而稱「伯舅」：

> 王使宰孔賜齊侯胙，曰：「天子有事於文、武，使孔賜伯舅胙。」

〔註22〕春秋左傳注〔M〕，北京：中華書局，1980，428。

齊侯將下拜。孔曰：「且有後命——天子使孔曰：『以伯舅耋老，加勞，賜一級，無下拜！』」（《左傳·僖公九年》）

周襄王派宰孔賜給齊桓公祭神之後的胙肉，並稱齊桓公爲「伯舅」。

按《儀禮·覲禮》：「同姓大國則曰伯父，其異姓則曰伯舅。同姓小邦則曰叔父，其異姓小邦則曰叔舅。」〔註23〕從《左傳》的實際用例看，同爲姬姓確實是稱×父，至於伯叔之分，緣於邦國的大小，似乎並無根據。因爲前面我們所徵引的二例中，同一個晉國諸侯就有伯父、叔父兩種不同稱呼。在這一點上，楊伯峻先生的看法有道理。《左傳》的人物稱謂中叔舅用作敬稱的用例並不多。但將「舅氏」用作敬稱的用例不少：

公子（重耳）曰：「所不與舅氏同心者，有如白水！」（《左傳·僖公二十四年》）

咎犯是重耳的舅父，在陪同重耳流亡各諸侯國時，爲了輔助重耳實現政治理想，曾多次冒犯重耳。在秦國的支持下重耳就要回國執政，咎犯主動辭行，重耳發誓要與舅氏同心。這個「舅氏」之稱並不等於叔舅。因爲晉國即使在晉文公之前也是個有影響的大國。其次，重耳對咎犯稱「舅氏」不同於周天子對異姓諸侯的稱謂：重耳當時連諸侯還不是，僭稱之說還不可能存在，咎犯更無當諸侯的想法和可能。所以舅氏之稱，除了異姓長幼之間的關係外，並無其它身份的條件，和叔舅不同。「×父」與「×氏」稱謂雖然都是表敬稱謂，因「父」爲男性的美稱，有無「父」字綴於後，其恭敬程度有別。

（4）伯、仲、兄弟

伯仲叔季本是兄弟排序之稱，在特定的語境中，爲了表示說話者和談話對方如同同父血緣般的親昵關係，也用來敬稱本不是同血緣的對方：

王子朝使告于諸侯曰：「……昔先王之命曰：『王后無適，則擇立長。年鈞以德，德鈞以卜。』王不立愛，公卿無私，古之制也。穆后及大子壽早夭即世，單、劉贊私立少，以間先王。亦唯伯仲叔季圖之！」（《左傳·昭公二十六年》）

這是王子朝被逐奔楚後，對各諸侯的告白，希望各諸侯幫助他主持公道，「亦唯伯仲叔季圖之」是希望你們兄弟們考慮此事。所以杜預注：「伯仲叔季，總謂諸侯。」

〔註23〕儀禮注疏，十三經注疏本（影印本），北京：中華書局，1980，1092。

與之相似的是「兄弟」在一定的語境中，也可以表示敬稱：

> 至於幽王，天不弔周，王昏不若，用愆厥位。攜王奸命，諸侯
> 替之，而建王嗣，用遷郟鄏——則是兄弟之能用力於王室也。(《左
> 傳·昭公二十六年》)

這還是王子朝對諸侯的告白，他認爲，自周幽王過後，二王並立，後依
靠晉侯的力量才廢掉攜王，建立王嗣，這都是因爲你們兄弟們肯替王室出力。

兄弟用作敬稱，不限於同姓諸侯間，異姓諸侯間也可以使用。如：

> (晉侯)使士匄告於齊曰：「寡君使匄，以歲之不易，不虞之不
> 戒，寡君願與一二兄弟相見，以謀不協。請君臨之，使匄乞盟。」
> (《左傳·襄公三年》)

晉悼公派臣士匄出使齊國，對齊侯講了這番話，傳達晉侯想和齊國等諸
侯見面商議互相合作的事。這裏的「一二兄弟」是指包括齊國在內的幾個國
家，意爲「諸位兄弟」。

(二)用美稱表尊敬

1. 子

「子」本爲男子的美稱。《史記·魯仲連鄒陽列傳》：「夷維子爲執策而從。」
張守節《正義》：「子，男子之美號。」〔註24〕《穀梁傳·宣公十年》：「其曰
子，尊之也。」范甯注：「子者，人之貴稱。」〔註25〕這樣的用例在《左傳》
中較爲普遍：

> 晉侯賞桓子狄臣千室，亦賞士伯以瓜衍之縣，曰：「吾獲狄土，
> 子之功也。微子，吾喪伯氏矣。」(《左傳·宣公十五年》)

宣公十二年，楚國軍隊攻打鄭國，荀林父在解救鄭國時失敗，晉侯要殺
掉他，士伯勸諫才得以保全性命。這裏晉侯賞賜士伯土地以表彰他，「子」在
這裏是表示尊敬的稱謂，是諸侯對大夫稱「子」。

> 頓首於宣子，(穆嬴對趙盾)曰：「先君奉此子也而屬諸子，……
> 今君雖終，言猶在耳，而棄之，若何？」(《左傳·文公七年》)

晉襄夫人穆嬴對晉卿趙盾稱「子」。襄公死後，晉卿趙盾主張廢太子而立
襄公弟雍。所以穆嬴找趙盾說理。穆嬴對趙盾是有所逼，也有所求，所以敬

〔註24〕 史記〔M〕，北京：中華書局，1959，2464。
〔註25〕 春秋穀梁傳注疏〔M〕，十三經注疏本（影印本），北京：中華書局，1980，
2414。

稱趙盾「子」。

> （晉悼）公跣而出，曰：「寡人之言，親愛也；吾子之討，軍禮也。寡人有弟，弗能教訓，使干大命，寡人之過也。子無重寡人之過也，敢以為請。」（《左傳・襄公三年》）

晉悼公對晉將領魏絳稱「子」。晉悼公之弟「亂行」，中軍司馬魏絳殺死其御者以為戒，結果激怒了晉悼公，揚言要殺死魏絳。魏絳力陳嚴肅軍紀的必要，並要以死謝悼公，悼公後悔自己衝動，說了不該說的話，有請求魏絳原諒的意思，所以敬稱之為「子」。

> 叔向（對趙孟）曰：「何害也？匹夫一為不信，猶不可，單斃其死。若合諸侯之卿，以為不信，必不捷矣。食言者不病，非子之患也。」（《左傳・襄公二十七年》）

這是大夫對大夫敬稱「子」。

> 楚人（對晉人）曰：「子言晉、楚匹也，若晉常先，是楚弱也。且晉、楚狎主諸侯之盟也久矣，豈專在晉？」（《左傳・襄公二十七年》）

這是楚大夫對晉大夫敬稱「子」。

> 鄭昭公之敗北戎也，齊人將妻之。昭公辭。祭仲曰：「必取之。君多內寵，子無大援，將不立。三公子皆君也。」弗從。（《左傳・桓公十一年》）

鄭大夫祭仲對當時的鄭公子，也就是後來的鄭昭公稱「子」。

> 先友曰：「衣身之偏，握兵之要，在此行也，子其勉之！偏躬無慝，兵要遠災，親以無災，又何患焉？」（《左傳・閔公二年》）

晉臣先友敬稱晉太子申生為「子」。

> （伯州犁）曰：「此子為穿封戍，方城外之縣尹也。誰獲子？」
>
> 囚曰：「頡遇王子，弱焉。」（《左傳・襄公二十六年》）

楚將伯州犁稱被俘的鄭皇頡為「子」，這是表示客氣。

從上述用例可以看出，作為敬稱時的「子」，無論是諸侯之間、大夫之間，還是諸侯對大夫，下級對上級都可以使用。「子」和普通的對稱代詞、名詞比較，帶有一定的敬稱意味，但是這種尊敬不是高等級的尊敬，而是一般意義上的尊敬。這種尊敬更多是出於一種禮貌，一種客氣。所以「子」在表對稱這一點上和「女」、「爾」等是有感情色彩上的差別的，它是一種客氣的表達。

它可以用在地位較高的人身上，也可以用在地位較低的人身上，甚至還可以用在囚徒、俘虜身上。

2. 吾子

稱人「吾子」有表親切的意思。

> 義而行之，謂之德、禮。無禮不樂，所由叛也。若吾子之德，莫可歌也，其誰來之？盍使睦者歌吾子乎？（《左傳·文公七年》）

這是晉國郤缺對正卿趙宣子說的一番話，他勸說趙宣子應將佔有的衛國土地歸還給衛國，以顯示德行。這裏的「吾子」帶有親切而又尊敬之意。

> （魯襄）公薨之月，子產相鄭伯以如晉，晉侯以我喪故，未之見也。子產使盡壞其館之垣而納車馬焉。士文伯讓之，曰：「敝邑以政刑之不修，寇盜充斥，無若諸侯之屬辱在寡君者何，是以令吏人完客所館，高其閈閎，厚其牆垣，以無憂客使。今吾子壞之，雖從者能戒，其若異客何？以敝邑之爲盟主，繕完、葺牆，以待賓客。若皆毀之，其何以共命？寡君使匄請命。」（《左傳·襄公三十一年》）

晉大夫士匄顯然是批評子產等人「盡壞其館之垣而納車馬」的行爲，但涉及晉鄭兩國關係，說話還是用外交辭令，客氣地稱子產「吾子」。這是兩國大夫間的對話。

> （晉）張侯曰：「自始合，而矢貫余手及肘，余折以御。左輪朱殷，豈敢言病？吾子忍之！」（《左傳·成公二年》）

齊晉鞌之戰中，晉軍主帥郤克負傷，其御者解張勉勵他「忍之」。這是主帥的車夫對主帥的對話。

從上述用例中我們不難發現，「吾子」多出現在褒揚、囑託等語境中和勸勉、規誡的環境中，表示委婉親切、禮貌親和的色彩，用現在的俗話說就是有套近乎的意味。《儀禮·士冠禮》：「冠者母不在，則使人受脯於西階下。戒賓曰：『某有子某，將加布於其首，吾子之教之也。』」賈公彥對此疏解時云：「吾子，相親之辭。吾，我也。子，男子之美稱」，〔註26〕就是這個意思。

「吾子」是「子」的一種派生，它要比「子」親切，顯得更柔和，更有禮貌。

〔註26〕儀禮注疏〔M〕，十三經注疏本（影印本），北京：中華書局，1980，957。

3. 二三子

用作敬稱的「二三子」表示談話對方不止一人，而是幾個人，是你們幾位的意思，帶有禮貌地稱謂對方的色彩。

> 楚少宰如晉師，曰：「寡君少遭閔凶，不能文。聞二先君之出入此行也，將鄭是訓定，豈敢求罪於晉？二三子無淹久！」（《左傳·宣公十二年》）

這是楚官對晉國說的一番外交辭令，二三子指的是晉國的軍隊將領們。

> 公遊於匠麗氏，樂書、中行偃遂執公焉。召士匄，士匄辭。召韓厥，韓厥辭，曰：「昔吾畜於趙氏，孟姬之讒，吾能違兵……而況君乎？二三子不能事君，焉用厥也？」（《左傳·成公十七年》）

二三子指拘捕晉厲公的大夫樂書、中行偃等人。意為你們兩位拘捕厲公，哪還用我韓厥助力。

（三）國家間的表敬稱謂

自稱自己國家為「小國」是自謙，稱談話對方的國家為「大國」是一種尊敬：

> 齊侯使請戰，曰：「子以君師辱於敝邑，不腆敝賦，詰朝請見。」對曰：「晉與魯、衛，兄弟也。來告曰：『大國朝夕釋憾於敝邑之地。』寡君不忍，使群臣請於大國，無令輿師淹於君地。能進不能退，君無所辱命。」（《左傳·成公二年》）

此「大國」指晉國的對立方齊國。在春秋時期，晉、齊均為大國，晉國當面稱齊國為大國，完全是一種外交辭令。

二、自謙稱謂

禮是調節社會各種關係，維護宗族統治的重要手段，所以周代統治階級十分注重禮儀。《禮記·曲禮上》說：「毋不敬，儼若思，安定辭。」〔註27〕唐代孔穎達將其概括為「肅心、謹身、慎口」，〔註28〕把禮儀視作思想、行動和言論必須遵循的準則。「禮者自卑尊人，雖負販者必有尊也。」〔註29〕在人際交往的稱謂上，自謙是「禮」，尊敬也是「禮」，在交往過程中使用已經形

〔註27〕禮記正義〔M〕，十三經注疏本（影印本），北京：中華書局，1980，1229。
〔註28〕同上，1230。
〔註29〕同上，1231。

成的習慣定式也是「禮」。在這部分我們還是分析人物的稱謂禮俗問題。

（一）天子、諸侯的自謙稱謂

1. 天子自稱「余一人」

> 天子曰：「天降禍於周……不皇啟處，於今十年。勤戍五年，余一人無日忘之。閔閔焉如農夫之望歲。」（《左傳·昭公三十二年》）

> 夏四月己丑，孔丘卒。公誄之曰：「旻天不弔，不憖遺一老。俾屏余一人以在位，煢煢余在疚。嗚呼哀哉尼父！」（《左傳·哀公十六年》）

前一例是周敬王自稱「余一人」，後者是魯哀公引《詩·十月之交》、《詩·節南山》之文弔孔子。後者用「余一人」按理實為不當，所以子贛批評哀公在對孔丘「生不能用，死而誄之，非禮也；稱一人，非名也，君兩失之。」這是魯君僭稱「余一人」。

周王還可以自稱「我一人」：

> 天子曰：「……今我欲徼福假靈於成王，修成周之城，俾戍人無勤，諸侯用寧，蟊賊遠屏，晉之力也。其委諸伯父，使伯父實重圖之，俾我一人無徵怨于百姓，而伯父有榮施，先王庸之。」（《左傳·昭公三十二年》）

「余一人」、「我一人」意為「我自己」。

在服喪期間，天子自稱時另有別稱，如《左傳·僖公九年》：「九年春，宋桓公卒，未葬而襄公會諸侯，故曰子。凡在喪，王曰小童，諸侯曰子。」按照《左傳》的記載，「小童」一稱是周王在服喪時的特有稱呼。但《禮記·曲禮下》卻有如下記載：「公侯有夫人，有世婦，有妻，有妾，夫人……自稱於其君曰「小童」。孔穎達疏云：「與夫言自謙為小童。」〔註 30〕二者稱謂相同，所指卻各異。另據《禮記·曲禮下》：「天子未除喪曰予小子」〔註 31〕，與文獻亦有出入。

2. 天子的自謙用語——「不穀」

做為自謙稱謂的「不穀」，文獻中的記載頗有分歧：

《禮記·曲禮下》：「（諸侯）其在東夷、北狄、西戎、南蠻，雖大曰『子』，

〔註30〕 禮記正義〔M〕，十三經注疏本（影印本），北京：中華書局，1980，1267。
〔註31〕 同上，1260。

—31—

於內自稱曰『不穀』」〔註 32〕。《老子‧三十九章》:「貴以賤爲本,高以下爲基,是以侯王自謂孤寡、不穀。」〔註 33〕楊伯峻《春秋左傳注》:「蓋不穀爲天子自貶之稱,故襄王避叔帶之難,自稱爲不穀,《傳》所謂『天子凶服降名,禮也。』(僖二十四年)。王子朝立爲王出奔,亦自稱不穀(昭二十六年),亦由此故。楚子僭稱王,尤不敢襲用「余一人」之自稱,而從天子降名之例曰不穀,《曲禮》以爲蠻夷曰不穀,實誤。」〔註 34〕《爾雅》等著作則進一步解釋了「不穀」稱謂的含義:《爾雅‧釋詁》:「穀,善也。」不穀,意即不善。〔註 35〕章炳麟《新方言‧釋言》謂不穀合音爲僕。

綜上,我們認爲,不穀這一稱謂,其意無論是「不善者」,還是「僕」都有自謙之意;而從《左傳》用例分析,周王「降名」自稱,實屬普通用法。楚王稱不穀是僭稱周王的「降名」。如此,楊伯峻先生的分析應予肯定。

《左傳》中「不穀」一稱共出現 21 次,其中周王直接自稱用 3 次;齊王以替周王行道爲口實時稱 2 次(見僖公四年傳);這兩次應算在周王自稱範圍內。其餘 16 次均爲楚王僭稱。其具體情況如下:

> 冬,王使來告難,曰:「不穀不德,得罪于母弟之寵子帶,鄙在鄭地氾,敢告叔父……」天子凶服、降名,禮也。(《左傳‧僖公二十四年》)

周襄王被其母弟趕出京城,到鄭國避難,《左傳》稱其「鬪母弟之難也。」再加上「凶服」,即服喪,所以「降名」而自稱不穀。

> 王子朝使告於諸侯曰:「……茲不穀震盪播越,竄在荊蠻,未有攸底。若我一二兄弟甥舅獎順天法,無助狡猾,以從先王之命,毋速天罰,赦圖不穀,則所願也。」(《左傳‧昭公二十六年》)

周王子朝出兵討晉,結果被晉打敗,大夫呂伯盈借機逐王,王子朝奔楚,布告諸侯討伐之,周王自稱不穀。周天子在罹難時,自稱不穀也是常例。

春秋時期,地處偏遠的楚國諸侯常常不把周天子放在眼裏,自己則常號令諸侯,以伯主自居,所以在自我稱謂上也用天子的稱謂,如:

> 楚子疾,告大夫曰:「不穀不德,少主社稷。生十年而喪先君,

〔註 32〕同上,1265。
〔註 33〕任繼愈著,老子新譯〔M〕,上海:上海古籍出版社,1985,146。
〔註 34〕春秋左傳注〔M〕,北京:中華書局,1980,292。
〔註 35〕徐麗華注,爾雅今注〔M〕,上天津:南開大學出版社,1987,8。

未及習師保之教訓而應受多福，是以不德，而亡師於鄢，以辱社稷，
爲大夫憂，其弘多矣……」（《左傳·襄公十三年》）

這是楚共王對本國大夫自稱不穀。

楚自武王後逐漸強盛，以王自居，楚國國君都僭稱不穀。楚王派使者對
交戰對方晉國將領說話也代稱不穀。如：

楚子使工尹襄問之以弓，曰：「……識見不穀而趨，無乃傷乎？」
（《左傳·成公十六年》）

楚王對交戰的對方自稱不穀。

春秋時期的另一大國齊國，特別是齊桓公，常打著替天子行事的旗號發
動對不聽招呼的諸侯的征伐，此時也自稱不穀，以示自己在替天子從事。

齊侯曰：「豈不穀是爲？先君之好是繼，與不穀同好如何？」
（《左傳·僖公四年》）

由上引各用例我們可以總結出以下結論：

周天子因禍難而降名「不穀」，只是天子自貶之稱。楚王自恃強大，也不
便襲用「余一人」這一天子專用自稱，而僭用天子降名之稱。齊桓公借用替
王室征伐的機會，偶而僭用不穀。上引諸例中，楚國可視爲「南蠻」，但楚王
不但「於內自稱不穀」，對外也稱不穀，這和《禮記·曲禮下》的記載不符，
我們只能從實際情況出發，認爲《左傳》反映的是眞實的。

漢代的鄭玄在解釋《禮記·曲禮下》「於內自稱不穀」時說：「與民言之
謙稱，穀，善也」。〔註36〕由此我們可以明確：不穀是謙稱，是周天子「降名」
時的謙稱。個別諸侯也僭用自稱。

3. 諸侯的自謙用語──「寡人」

《禮記·曲禮下》：「諸侯見天子，曰臣某侯某。其與民言，自稱曰寡人。」
鄭玄注云：「謙也，於臣亦然。」孔穎達疏云：「寡人者，言己是寡德之人。」
〔註37〕所以「寡人」是諸侯的自謙用語，它用於諸侯對天子以外的人的自稱，
諸侯用「寡人」，是一種自謙。

佚之狐言於鄭伯曰：「國危矣，若使燭之武見秦君，師必退。」
公從之。辭曰：「臣之壯也，猶不如人；今老矣，無能爲也已。」公
曰：「吾不能早用子，今急而求子，是寡人之過也。然鄭亡，子亦有

〔註36〕禮記正義〔M〕，十三經注疏本（影印本），北京：中華書局，1980，1265。
〔註37〕禮記正義〔M〕，十三經注疏本（影印本），北京：中華書局，1980，1266。

不利焉。」（《左傳・僖公三十年》）

鄭臣佚之狐向鄭伯推薦燭之武，讓他說服齊國退兵，遭到拒絕後，鄭伯因沒有早用燭之武這個人才而懇切地道歉。這裏鄭伯對麾下大夫稱自己「寡人」。

公怒，乃止。辭使者曰：「君命寡人同恤社稷之難，今問諸使者，曰『師未及國』，非寡人之所敢知也。」齋（《左傳・隱公五年》）

在這裏魯隱公對宋國使者自稱「寡人」。

（晉侯）遂使（韓簡）請戰，曰：「寡人不佞，能合其眾而不能離也。君若不還，無所逃命。」秦伯使公孫枝對曰：「君之未入，寡人懼之；入而未定列，猶吾憂也。苟列定矣，敢不承命。」（《左傳・僖公十五年》）

這是晉侯派韓簡向秦君請戰，大夫韓簡代晉君稱寡人。秦君派公孫枝回答晉使也代秦君稱寡人。

（吳）王拜稽首，曰：「寡人不佞，不能事越，以爲大夫憂，拜命之辱。」（《左傳・哀公二十年》）

這是吳王對晉卿趙孟家宰楚隆自稱寡人。

鄭伯聞之，見虢叔，曰：「寡人聞之：哀樂失時，殃咎必至。今王子頹歌舞不倦，樂禍也。夫司寇行戮，君爲之不舉，而況敢樂禍乎！奸王之位，禍孰大焉？臨禍忘憂，憂必及之，盍納王乎？」虢公曰：「寡人之願也。」（《左傳・莊公二十年》）

這是鄭、虢二君互相自稱寡人。

衛侯曰：「可也。衛車當其半，寡人當其半，敵矣。（《左傳・定公九年》）

這是衛君在沒有具體對話對象時自稱。由以上諸例我們不難發現，《曲禮》所言「其與民言，自稱寡人」並不十分確切。實際上在「不與其民言」的情況下，只要是諸侯自稱，都可以稱寡人。

有時國君派遣使臣對外交涉時，該受派使臣也可代君稱「寡人」，這應看作是使臣在轉述國君的意見：

楚子使與師言曰：「君處北海，寡人處南海，唯是風馬牛不相及也，不虞君之涉吾地也，何故？」（《左傳・僖公四年》）

諸侯自稱自己的妻子爲「寡妻」：

詩曰：「刑於寡妻，至於兄弟，以禦於家邦。」（《左傳‧僖公十九年》）

杜預注：「寡妻，嫡妻。」指諸侯的嫡妻。

4. 諸侯的另一自謙用語──「孤」

《禮記‧曲禮上》：「諸侯……其在凶服曰適子孤。」鄭玄注云：「凶服亦謂除喪。」〔註38〕「孤」即服喪期間的諸侯自稱。

> （晉平公）既葬，諸侯之大夫欲因見新君。叔孫昭子曰：「非禮也。」弗聽，叔向辭之，曰：「大夫之事畢矣，而又命孤。孤斬焉在衰絰之中。其以嘉服見，則喪禮未畢。其以喪服見，是重受弔也，大夫將若之何？」皆無辭以見。（《左傳‧昭公十年》）

這是晉昭公在服喪期間自稱孤。諸侯往災禍之中，也可以稱孤，即所謂「列國有凶，稱孤。」〔註39〕「凶」即包涵服喪，也包涵各種災害和不幸事件。所以《說文》釋「惡也」，即兇險、不吉利等情況：

> 晉侯使郤乞告瑕呂飴甥，且召之。子金教之言曰：「朝國人而以君命賞。且告之曰：『孤雖歸，辱社稷矣，其卜貳圉也』。」眾皆哭。（《左傳‧僖公十五年》）

晉惠公被秦俘獲後獲釋歸國，面對國人稱孤。

> 宋大水……（宋公）對曰：「孤實不敬，天降之災，又以為君憂，拜命之辱。」（《左傳‧莊公十一年》）

宋國鬧水災，往災害面前，宋閔公自己以為「不能事鬼神，政不修」〔註40〕，所以自稱孤。

> 大夫逆於清原，周子曰：「孤始願不及此。雖及此，豈非天乎！抑人之求君，使出命也，立而不從，將安用君？二三子用我今日，否亦今日，共而從君，神之所福也。」（《左傳‧成公十八年》）

周子是後來的晉悼公，此時還未正式即位，但父親屬公剛死，有凶服在身，所以自稱「孤」。

> 鄭伯肉袒牽羊以逆，曰：「孤不天，不能事君，使君懷怒以及敝邑，孤之罪也。敢不唯命是聽？」（《左傳‧宣公十二年》）

〔註38〕禮記正義〔M〕，十三經注疏本（影印本），北京：中華書局，1980，1266。
〔註39〕春秋左傳集解〔M〕，上海：上海人民出版社，1977，154。
〔註40〕史記〔M〕，北京：中華書局，1959，1624。

這是鄭襄公向楚莊王投降，自己已經成為楚國的階下囚，所以自稱「孤」。

《禮記・玉藻》：「凡自稱，小國之君曰孤。」〔註41〕如《左傳・文公十三年》：「邾子曰：『苟利於民，孤之利也。天生民而樹之君，以利之也。民既利矣，孤必與焉。』」邾為魯國的附庸小國，在沒有任何「凶」事的條件下，其君亦自稱「孤」。

（二）對位尊者的自謙稱謂

1.「臣」類

臣，指戰俘。《說文》：「臣，牽也。」〔註42〕楊樹達對此解釋說：「臣之所以受義於牽者，蓋臣本俘虜之稱……囚俘人數不一，引之者必以繩索牽之，名其事則曰牽，名其所牽之人，則曰臣矣。」〔註43〕《禮記・少儀》：「臣則左之，車則說綏。」鄭玄注云：「臣謂囚俘。」〔註44〕先秦時期，戰爭中的俘虜常被沒為奴隸，所以臣又指奴隸。《韓非子・五蠹》：「雖臣虜之勞，不苦於此矣。」〔註45〕臣和虜同義，又指封建君主時代侍奉君主的官員。朱駿聲釋「臣」為「事君者」〔註46〕，正是此意。如《左傳・襄公九年》：「君明臣忠，上讓下競。」在封建君主時代，除去最高統治者以外的所有卿大夫及更低下的官吏，對最高統治者來說都是服侍者，都是臣。由此推而廣之，一切有隸屬關係的上下級，也都有依附關係，下級對上級也是服侍者，也是臣。「臣」便取得了服從者、服侍者、低下者的意義，於是臣就具有了表示謙恭意味自稱的意義。

> 公疾，問後於叔牙。對曰：「慶父材。」問於季友。對曰：「臣以死奉般」。（《左傳・莊公三十二年》）

這是大夫對國君、也是弟弟對兄長自稱「臣」。

> 齊莊公朝，指殖綽、郭最曰：「是寡人之雄也。」州綽曰：「君以為雄，誰敢不雄？然臣不敏，平陰之役，先二子鳴。」（《左傳・襄公二十一年》）

〔註41〕禮記正義〔M〕，十三經注疏本（影印本），北京：中華書局，1980，1485。

〔註42〕說文解字注〔M〕，上海：上海古籍出版社，1981，118。

〔註43〕轉引自《漢語大字典》〔M〕，湖北、四川辭書出版社，1987，2801。

〔註44〕禮記正義〔M〕，十三經注疏本（影印本），北京：中華書局，1980，1514。

〔註45〕陳奇猷校注，韓非子集釋〔M〕，上海：上海人民出版社，1974，1041。

〔註46〕朱駿聲著，說文通訓定聲〔M〕，武漢：武漢市古籍書店影印，1983，822。

這也是大夫對國君自稱「臣」。

> 東郭偃臣崔武子。棠公死，偃御武子以弔焉。見棠姜而美之，使偃取之。偃曰：「男女辨姓。今君出自丁，臣出自桓，不可。」（《左傳·襄公二十五年》）

這是崔武子的家宰東郭偃對大夫崔武子自稱「臣」。

> 臣，小人也，不知紀年。臣生之歲，正月甲子朔，四百有四十五甲子矣，其季於今三之一也。（《左傳·襄公三十年》）

這是參與築城的老年苦役對晉悼夫人自稱「臣」。

在朝廷給天子諸侯辦事、服務的人是臣，這種人對天子、諸侯稱「臣」，是稱自己的職位。這種用法的泛化，擴展爲一切下位者在比自己地位、職務高的人面前都可自謙稱臣，臣於是有了下對上的自謙的意義。

在實際交際中，「臣」還有若干變化：

> 僖子不對而泣，曰：「君舉不信群臣乎？以齊國之困，困又有憂，少君不可以訪，是以求長君，庶亦能容群臣乎！不然，夫孺子何罪？」（《左傳·哀公六年》）

「群臣」是表示自我謙稱的多數，可以理解爲我們這些人，我們這些下人。

> 范文子立於戎馬之前，曰：「君幼，諸臣不佞，何以及此？君其戒之！」（《左傳·成公十六年》）

「諸臣」意義與「群臣」的意義相近，「諸臣」即「眾臣」。

> 子西、孫伯曰：「得臣將死，二臣止之，曰：『君其將以爲戮。』」（《左傳·僖公二十八年》）

「二臣」指子丙、孫伯二人言。意即我們二人、我們兩個下人。

> 子反不能決也，曰：「君若辱在寡君，寡君與其二三臣共聽兩君之所欲，成其可知也。不然，側不足以知二國之成。」（《左傳·成公四年》）

二三臣，指子反等若干名臣屬，意爲我們幾個臣屬。除了上述這些，還有「陪臣」、「下臣」、「守臣」、「圉臣」、「累臣」等，意義也都是略有謙卑的自稱。使用「下臣」的用例如：

> 齊侯未入竟，展喜從之，曰：「寡君聞君親舉玉趾，將辱於敝邑，使下臣犒執事。」（《左傳·僖公二十六年》）

這實際是魯大夫展喜的外交辭令，用自己的謙卑表達對入侵者的一種「禮貌」。

> 王以上卿之禮饗管仲，管仲辭曰：「臣，賤有司也，有天子之二守國高在，若節春秋來承王命，何以禮焉？陪臣敢辭。」（《左傳·僖公十二年》）

這是齊國卿士對周王高規格接待的謙讓。

「老臣」可用於年紀較為長大者自稱：

> 叔侯曰：「虞、虢、焦、滑、霍、楊、韓、魏，皆姬姓也，晉是以大。若非侵小，將何所取？……如是可矣，何必瘠魯以肥杞？且先君而有知也，毋寧夫人，而焉用老臣？」（《左傳·襄公二十九年》）

這是大夫叔侯在晉悼夫人面前自稱「老臣」。這個自稱應該是年歲稍長者才可以用。

《禮記·曲禮下》：「列國之大夫入天子之國……自稱曰陪臣某。」孔穎達疏：「陪，重也，其君已為王臣，己今又為己君之臣，故自稱對王曰重臣。」〔註47〕楊伯峻又注：「大夫臣於諸侯，大夫之家臣臣於大夫，故家臣於諸侯亦曰陪臣」〔註48〕，如：

> 告于吳王曰：「寡君之老無恤使陪臣隆，敢展謝其不共。黃池之役，君之先臣志父得承齊盟，曰：『好惡同之』。今君在難，無恤不敢憚勞。非晉之所能及也，使陪臣敢展布之。」（《左傳·哀公二十年》）

這是趙襄子無恤的家臣楚隆對吳王說的一段話，楚隆稱自己為「陪臣」。楊伯峻注云：「趙無恤，晉之正卿，故稱『老』，楚隆又無恤之臣，故自稱『陪臣』。」

與之相似的還有「守臣」一稱，亦可做自稱：

> 晉人來治杞田，季孫將以成與之。謝息為孟孫守，不可。曰：「人有言曰：『雖有挈缾之知，守不假器，禮也。』夫子從君，而守臣喪邑，雖吾子亦有猜焉。」（《左傳·昭公七年》）

這裏的「守臣」是季孫的家臣謝息自指。又《禮記·玉藻》：「諸侯之於

〔註47〕禮記正義〔M〕，十三經注疏本（影印本），北京：中華書局，1980，1267。
〔註48〕楊伯峻編著，春秋左傳注〔M〕，北京：中華書局，1980，342。

天子曰某土之守臣某。」〔註 49〕在《左傳》中實際的用例與《禮記》記載不同。如：

> 凡諸侯之大夫違，告於諸侯曰：「某氏之守臣某，失守宗廟，敢告。」（《左傳‧宣公十年》）

這是諸侯的大夫對諸侯稱「守臣」。但我們在《左傳》中還注意到，「守臣」一稱並不只用作自稱，還可以用作第三方的習慣性稱謂。如：

> 欒盈過於周，周西鄙掠之。辭於行人曰：「天子陪臣盈，得罪於王之守臣，將逃罪。罪重於郊甸，無所伏竄，敢布其死。昔陪臣書能輸力於王室，王施惠焉。其子鷹不能保任其父之勞。」（《左傳‧襄公二十一年》）

這是欒盈在周王廷的禮儀官面前，稱自己的君主晉平侯爲「守臣」。

另外還有「外臣」（《禮記‧雜記》：「訃於他國之君曰君之外臣、寡大夫某」或「訃於他國之君曰君之外臣某死」，〔註 50〕這是一國之臣對外國國君或外國國君的使者的謙稱）、「刑臣」（是宦者對國君的謙稱，意即司馬遷所謂「刑餘之人」）等自謙稱謂。如：

> 郤至見客，免胄承命曰：「君之外臣至從寡君之戎事，以君之靈，間蒙甲胄，不敢拜命。敢告不寧君命之辱，爲事之故，敢肅使者。」（《左傳‧成公十六年》）

這是晉卿郤至在楚共王的使者面前自稱「外臣」。

> 賓媚人致賂，晉人不可……（賓媚人）對曰：「……今吾子求合諸侯，以逞無疆之欲……子實不優，而棄百祿，諸侯何害焉？不然，寡君之命使臣，則有辭矣。」（《左傳‧成公二年》）

晉楚鞌之戰，楚師大敗。晉國的主帥郤克開出的停火條件是：「必以蕭同叔子爲質」、楚國要「盡東其畝」等苛刻條件，楚使賓媚人當郤克之面分析利害，自稱「使臣」。

> （寺人披）對曰：「臣謂君之入也，其知之矣。若猶未也，又將及難。君命無二，古之制也。除君之惡，唯力是視。蒲人、狄人，余何有焉？今君即位，其無蒲、狄乎？齊桓公置射鉤，而使管仲相，君若易之，何辱命焉？行者甚眾，豈唯刑臣？」（《左傳‧僖公二十

〔註 49〕禮記正義〔M〕，十三經注疏本（影印本），北京：中華書局，1980，1485。
〔註 50〕禮記正義〔M〕，十三經注疏本（影印本），北京：中華書局，1980，1549。

四年》）

寺人披想要面報晉文公關於呂、郤欲焚公宮的情報，遭到文公的拒絕。寺人披分析利害，自稱「刑臣」。

> （楚共）王曰：「雖然，必告不穀。」（知罃）對曰：「以君之靈，纍臣得歸骨於晉，寡君之以為戮，死且不朽。若從君之惠而免之，以賜君之外臣首，首其請於寡君，而以戮於宗，亦死且不朽。若不獲命，而使嗣宗職，次及於事，而帥偏師以修封疆。雖遇執事，其弗敢違，其竭力致死，無有二心，以盡臣禮，所以報也。」（《左傳·成公三年》）

所謂「纍臣」，即累罪之臣，這是知罃在楚王面前自稱。

2.「婢妾」類

《說文》：「妾，有罪女子，給事之得接於君者。」〔註 51〕妾就是指古代的女性奴隸。如《左傳·襄公十年》：「盜入於北宮，乃歸，授甲，臣妾多逃。」地位低下的女子也稱妾，貴族正室以外的妻子，社會地位相對低下也稱妾。如《左傳·成公十六年》：「范文子謂欒武子曰：『季孫於魯，相二君矣。妾不衣帛，馬不食粟，可不謂忠乎？』」

女性自謙時，常常用「妾」：

> 既而文公見之，與之蘭而御之。辭曰：「妾不才，幸而有子，將不信，敢徵蘭乎。」（《左傳·宣公三年》）

這是鄭文公賤妾燕姞自稱「妾」。又：

> 齊侯歸，遇杞梁之妻於郊，使弔之。辭曰：「殖之有罪，何辱命焉？若免於罪，猶有先人之敝盧在，下妾不得與郊弔。」（《左傳·襄公二十三年》）

這是在「妾」前加一個「下」字，自謙的意思更濃厚。

如果丈夫故去，其妻則自稱未亡人，如：

> （文）夫人聞之，泣曰：「先君以是舞也，習戎備也。今令尹不尋仇讎，而於未亡人之側，不亦異乎！」（《左傳·莊公二十八年》）

杜預注：「婦人既寡，自稱未亡人。」

另外，《禮記·曲禮下》中有「自世婦以下自稱曰婢子」的記載〔註 52〕，

〔註 51〕 說文解字注（影印本）〔M〕，上海：上海古籍出版社，1981，102 下。
〔註 52〕 禮記正義〔M〕，十三經注疏本（影印本），北京：中華書局，1980，1267。

在《左傳》中就有妻子對丈夫謙稱「婢子」的情況，如：

> 穆姬聞晉侯將至……曰：「上天降災，使我兩君匪以玉帛相見，而以興戎。若晉君朝以入，則婢子夕以死；夕以入，則朝以死。唯君裁之。」（《左傳·僖公十五年》）

這裏穆姬在自己丈夫秦穆公面前就自稱「婢子」。

3. 小人

「小人」可以指地位低下或見識淺陋、缺少道德修養的人。如《左傳·宣公十二年》：「其君之舉也，內姓選於親，外姓選於舊。舉不失德，賞不失勞。老有加惠，旅有施舍。君子小人，物有服章。貴有常尊，賤有等威，禮不逆矣。」杜預對「君子小人」注云：「尊卑別也。」這是從地位方面區別君子、小人。又《左傳·襄公九年》：「君子勞心，小人勞力，先王之制也。」這是從知識、見識方面區別君子、小人。又《左傳·襄公二十六年》：「楚王是故昧於一來。不如使逞而歸，乃易成也。夫小人之性，釁於勇，嗇於禍，以足其性，而求名焉者，非國家之利也。」這是指只好追求個人私利，不顧全大局的人，等等。而作為自稱，就顯然是一種自謙。如：

> 荀罃之在楚也，鄭賈人有將寘諸褚中以出。既謀之，未行，而楚人歸之。賈人如晉，荀罃善視之，如實出己，賈人曰：「吾無其功，敢有其實乎？吾小人，不可以厚誣君子。」遂適齊。（《左傳·成公三年》）

鄭國商人對荀罃自稱「小人」。自稱「小人」者未必是見識淺陋者，這只是一種禮貌。

從《左傳》的用例考查，用做「自謙」稱謂的「小人」，多用在地位低下者面對地位較高的人。

4. 自稱幼名

除上述表示自謙的稱謂以外，在人際交往中稱自己的幼名，也是一種謙恭。如《左傳·成公四年》：「晉侯享齊侯，齊侯視韓厥。韓厥曰：『君知厥也乎？』齊侯曰：『服改矣。』」在晉侯招待齊侯的宴會上，齊侯看見了兩年前在鞌之戰上追逐齊侯，要生擒他的晉帥韓厥，韓厥反問齊侯：「你認識我韓厥嗎？」韓厥以稱名的方式表示謙敬。這一點將有專文論述，這裏不再重複。

「禮者自卑尊人」，這包涵了兩層意思：禮的內容就是自卑和尊人；自卑也就等於是尊人。自我謙卑是對別人尊敬的一種形式。所以《禮記·曲禮上》

又說：「敖不可長，欲不可從，志不可滿，樂不可極。」〔註53〕這就是「自卑」的具體內容，表現在言語上就是不傲慢、多有謹慎，不誇誇其談，自我謙虛。這就是禮在言語上的體現，《左傳》在這方面做得很是嚴格。

（三）其它的自謙稱謂

1. 用所居之地自稱

> 宋殤公之即位也，公子馮出奔鄭，鄭人欲納之。及衛州吁立，將修先君之怨于鄭，而求寵於諸侯，以和其民，使告於宋曰：「君若伐鄭，以除君害，君為主，敝邑以賦與陳、蔡從，則衛國之願也。」宋人許之。（《左傳·隱公四年》）

文中「敝邑」是衛國自謙稱謂。

> 子產相鄭伯以如晉，晉侯以我喪故，未之見也。子產使盡壞其館之垣而納車馬焉。士文伯讓之，曰：「敝邑以政刑之不修，寇盜充斥，無若諸侯之屬辱在寡君者何，是以令吏人完客所館，高其閈閎，厚其牆垣，以無憂客使。今吾子壞之，雖從者能戒，其若異客何？以敝邑之為盟主，繕完葺牆，以待賓客。若皆毀之，其何以共命？寡君使匄請命。」對曰：「以敝邑褊小，介於大國，誅求無時，是以不敢寧居，悉索敝賦，以來會時事。逢執事之不閒，而未得見，又不獲聞命，未知見時……」（《左傳·襄公三十一年》）

鄭國的子產、晉國的士匄，都自稱自方為「敝邑」，由此可知，小國可以自稱「敝邑」，大國也可以稱「敝邑」。它只是一種自我謙虛，無涉國家的大小。

2. 年長者的自謙稱謂

年長的大夫或其夫人，有自己的一套特殊的稱謂。《禮記·曲禮上》說：「大夫七十而致事……自稱曰老夫。」〔註54〕實際生活中，年齡界限並沒有《曲禮》那樣嚴格，大約年長者都可稱「老夫」，如：

> （知罃）曰：「女成二事而後告余。余恐亂命，以不女違。女既勤君而興諸侯，牽帥老夫以至於此。」（《左傳·襄公十年》）

楊伯峻注云：「老夫，知罃自稱。魯宣公十二年晉、楚邲之戰，曾經參戰，

〔註53〕同上，1230。
〔註54〕禮記正義〔M〕，十三經注疏本（影印本），北京：中華書局，1980，1232。

其時必已成年，至此又歷二十四年，計其年當在五十以上，故自稱『老夫』。」
〔註55〕

　　　　天王使劉定公勞趙孟於潁……（趙孟）對曰：「老夫罪戾是懼，
　　焉能恤遠？」（《左傳・昭公元年》）

　　鄭大夫趙孟在這裏自稱老夫。老年女性一般則自稱「老婦」，這一稱謂在
《左傳》中未曾出現。

3. 臣下謙稱自方君主、大夫

　　卿大夫等在對方面前稱自己的君主爲「寡君」，如：

　　　　齊侯使來告成三國。公使眾仲對曰：「君釋三國之圖以鳩其民，
　　君之惠也。寡君聞命矣，敢不承受君之明德。」（《左傳・隱公八年》）

　　這是魯大夫在齊國使者面前稱魯隱公爲寡君。而卿大夫在對方面前稱自
己的同事，則稱「寡大夫」，如：

　　　　楚公子圍聘于鄭，且娶於公孫段氏……令尹命大宰伯州犁對
　　曰：「君辱貺寡大夫圍，謂圍將使豐氏撫有而室。圍布几筵，告於莊、
　　共之廟而來。」（《左傳・昭公元年》）

　　這是楚國的大宰伯州犁在鄭大夫子羽面前稱令尹子圍爲寡大夫。

三、習慣稱謂

　　習慣稱謂，是指交談雙方以外的第三方，即不是說話人，也不是聽話人，
是談話涉及到的人，所以有人將其稱爲他稱。爲了表示對談話涉及到的人尊
敬，往往習慣用該人的身份等稱謂表示。

　　在先秦漢語中，他稱代詞發育不完備，所以各類名詞代替他稱代詞的情
況就十分普遍。這就決定了我們要討論的習慣稱謂較之謙稱和敬稱，要複雜
而繁複。我們這裏所談的內容，不是《左傳》人物他稱的全部，而是由於禮
俗而涉及到的表示第三方的習慣稱謂，所以我們名之爲「習慣稱謂」。

（一）對位尊者的習慣稱謂

1. 對君王的習慣稱謂

（1）王

　　　　十三年春，齊侯使仲孫湫聘于周，且言王子帶。事畢，不與王

〔註55〕楊伯峻編著，春秋左傳注〔M〕，北京：中華書局，1980，976。

言。歸，復命曰：「未可。王怒未怠，其十年乎？不十年，王弗召也。」（《左傳‧僖公十三年》）

齊侯的使者在朝聘周襄王之後，並未談及出奔到齊國的王子帶的事。回國後向齊桓公解釋說，是因為襄王的怒氣太盛，看樣子，不過個十年時間，周王是不會讓他回去的。「王怒未怠」、「王弗召」中的「王」是對周襄王的習慣稱謂。

（衛甯武子）對曰：「臣以為肄業及之也。昔諸侯朝正於王，王宴樂之，於是乎賦湛露，則天子當陽，諸侯用命也。諸侯敵王所愾而獻其功，王於是乎賜之彤弓一，彤矢百，玈弓矢千，以覺報宴。今陪臣來繼舊好，君辱貺之，其敢干大禮以自取戾。」（《左傳‧文公四年》）

衛武子聘問魯文公。魯竟用待諸侯之禮待之，所以他認為不符合禮儀，便以不作答的方式對待。魯君派人私下打聽衛武子這樣做的原因，衛武子做了如是回答：做為衛君的使者，我不敢接受魯君的超規格待遇。這裏的「王」是對周天子的習慣稱謂。

在春秋時期，除了周天子稱王，因而在一定的語境中周王可作習慣稱謂外，楚國、吳國的諸侯也稱楚王，在一定的語境中，楚王也可以做習慣稱謂：

（楚靈王）遂以諸侯滅賴。賴子面縛銜璧，士袒，輿櫬從之，造於中軍。王問諸椒舉，對曰：「成王克許，許僖公如是。王親釋其縛，受其璧，焚其櫬。」（《左傳‧昭公四年》）

楚大夫椒舉以楚成王親自解開捆縛許僖公的繩子，送回許公的璧玉，燒毀他預備的棺材的先例，建議楚靈王要善待降者。這是楚大夫稱楚王的習慣稱謂。

（吳公子光）告鱄設諸曰：「上國有言曰：『不索，何獲？』我，王嗣也，吾欲求之。事若克，季子雖至，不吾廢也。」鱄設諸曰：「王可弒也。母老、子弱，是無若我何。」（《左傳‧昭公二十七年》）

吳公子光（即後來的吳王闔廬）欲讓鱄設諸殺掉吳王僚，鱄設諸同意去執行殺僚的任務，所以說：「王可弒。」這是吳王用作習慣稱謂。

「王」用作習慣稱謂是有條件的：被稱者在春秋時期一定是稱作「王」的天子和少數諸侯。周天子稱王，楚國的諸侯稱王，吳國的諸侯稱王，只有這三類人稱王。其中吳王，在春秋時期地處偏遠，和中原各國的交往又不多，

《左傳》中關於吳王的記載不多，用作習慣稱謂的就少之又少了。

直接稱「某王」也可做習慣稱謂：

> （鄭人）叔詹曰：「楚王其不沒乎！爲禮卒於無別，無別不可謂禮，將何以沒？」諸侯是以知其不遂霸也。（《左傳·僖公二十二年》）

楚成王救鄭後，鄭文夫人親迎楚成王，成王向鄭文夫人出示俘虜及首級以誇示自己的戰功。所以叔詹認爲楚王非禮，將沒有善終。這裏的「楚王」就是楚成王的習慣稱謂。

> （楚）巢牛臣曰：「吳王勇而輕，若啓之，將親門。我獲射之，必殪。是君也死，疆其少安！」（《左傳·襄公二十五年》）

這是楚將巢牛臣在陣前對吳王率領的軍隊的分析及對策：開城門，誘吳王親率兵攻門，必射殺之。

對已故的周王、楚王等可以習慣稱爲「先王」。

> 臧文仲曰：「國無小，不可易也。無備，雖眾不可恃也。《詩》曰：『戰戰兢兢，如臨深淵，如履薄冰。』又曰：『敬之敬之，天惟顯思，命不易哉！』先王之明德，猶無不難也，無不懼也，況我小國乎！君其無謂邾小。蜂蠆有毒，而況國乎！」（《左傳·僖公二十二年》）

魯僖公輕視邾國的出兵，臧文仲用詩經中的話提醒他，先代周王尚且被勸誡自律自省，更何況我們小國呢。這裏的先王是對已故的先代周王的習慣稱謂。

（2）天子

> 王使宰孔賜齊侯胙，曰：「天子有事于文、武，使孔賜伯舅胙。」（《左傳·僖公九年》）

周襄王的使者在齊侯面前稱襄王「天子」。

> 范獻子謂魏獻子曰：「與其戍周，不如城之。天子實云，雖有後事，晉勿與知可也。從王命以紓諸侯，晉國無憂是之不務，而又焉從事？」（《左傳·昭公三十二年》）

晉國的臣僚相互談話時，涉及到周王稱「天子」。

（3）君

> 臧哀伯諫曰：「……武王克商，遷九鼎于雒邑，義士猶或非之，而況將昭違亂之賂器於大廟，其若之何？」公不聽。周內史聞之曰：

「臧孫達其有後於魯乎！君違，不忘諫之以德。」（《左傳・桓公二年》）

新繼位的宋莊公爲取得各諸侯國的支持，把郜國的大鼎送與魯桓公，魯桓公將受賄得來的大鼎放置在太廟裏，這是不合於禮的，臧哀伯勸誡他。周朝的內史因此誇獎臧哀伯。「君違」是指魯桓公違背周禮，「君」指周內史和臧哀伯以外的魯桓公。

十月，晉陰飴甥會秦伯，盟於王城。……秦伯曰：「國謂君何？」（《左傳・僖公十五年》）

晉惠公被秦國俘獲，晉大夫陰飴甥前往交涉。秦穆公問晉使者：晉惠公他在國內還有無威信？這個「君」指被俘的晉惠公。

（驪）姬謂大子曰：「君夢齊姜，必速祭之。」（《左傳・僖公四年》）

驪姬在大子申生面前稱晉獻公爲「君」。

周內史叔興聘于宋……退而告人曰：「君失問，是陰陽之事，非吉凶所生也。吉凶由人，吾不敢逆君故也。」（《左傳・僖公十六年》）

周內史稱宋襄公爲「君」。叔興是背著宋襄公和別人談話時稱宋襄公爲「君」，就有敬稱的意思了。用「君」這個敬稱，基本上是指稱諸侯，指稱者的身份並沒有限制。可以是諸侯稱另一個諸侯，也可以是大夫、姬妾稱諸侯。

直接稱「某君」也是習慣稱謂：

子貢曰：「衛君之來，必謀於其眾。其眾或欲或否，是以緩來。其欲來者，子之黨也。其不欲來者，子之讎也。若執衛君，是墮黨而崇讎也，夫墮子者得其志矣。」（《左傳・哀公十二年》）

這裏的衛君指的是衛國的國君。

對已故的國君可以習慣稱爲「先君」。

（宋穆）公曰：「（奉馮）不可。先君以寡人爲賢，使主社稷。若棄德不讓，是廢先君之舉也，豈曰能賢？光昭先君之令德，可不務乎？吾子其無廢先君之功。」（《左傳・隱公三年》）

宋穆公決心光復先君（宣公棄立其子而立穆公）之令德，棄立自己的兒子馮而立宣公的兒子，由此殤公立。

在對方面前還可以習慣地稱自己的君主爲「寡君」：

（哀公）使子貢對曰：「盟，所以周信也，故心以制之，玉帛以

奉之，言以結之，明神以要之。寡君以爲苟有盟焉，弗可改也已，
若猶可改，日盟何益？」（《左傳・哀公十二年》）

　　大宰嚭曰：「寡君願事衛君，衛君之來也緩，寡君懼，故將止之。」
（同上）

這是魯國子貢對吳大宰嚭稱魯哀公爲「寡君」，大宰嚭對子貢稱吳君爲「寡君」。稱自方的君主爲「寡君」，不受對話雙方條件的限制，不論國家大小、對話人地位、職位的高低，都可以稱自己的君主爲寡君。「寡君」稱呼大致是「寡人」的活用。寡人稱呼是自謙，寡君稱呼也是自謙、客氣的稱呼。只是「寡人」不能用作第三方的習慣稱謂。但是《左傳》中所用的「寡君」多在外交辭令中出現，實際謙虛的意思已經所剩不多。

「大君」也是「君」的派生稱謂：

　　欒盈過於周，周西鄙掠之。辭於行人曰：「天子陪臣盈得罪於王
之守臣，將逃罪。罪重於郊甸，無所伏竄，敢布其死。昔陪臣書能
輸力於王室，王施惠焉……大君若不棄書之力，亡臣猶有所逃。若
棄書之力，而思慮之罪，臣，戮餘也，將歸死於尉氏，不敢還矣。
敢布四體，唯大君命焉！」（《左傳・襄公二十一年》）

根據杜預注，大君爲「天王」。「君」多指諸侯，「大君」爲君的上級，即天子。欒盈對周之行人稱周天子爲「大君」。

（4）公

　　（宋）戴氏、皇氏欲伐公，樂得曰：「不可。彼以陵公有罪，我
伐公，則甚焉。」（《左傳・哀公二十六年》）

宋大夫戴、皇二氏想要攻殺樂啓，以便擁戴樂得接續宋景公之位，樂得不同意這樣做，認爲樂啓欺凌宋景公有罪，自己如去攻殺啓，就更加有罪了。「我伐公」之「公」，當指樂啓而言。這是宋國「大子」對另一「大子」稱「公」。

　　范鞅逆魏舒，則成列旣乘，將逆欒氏矣。趙進曰：「欒氏帥賊以
入，鞅之父與二三子在君所矣。使鞅逆吾子。鞅請驂乘。」……僕
請，鞅曰：「之公。」（《左傳・襄公二十三年》）

「之公」意即往晉平公那裏。這是晉大夫對御者稱平公爲「公」。

不但諸侯可稱「公」，大夫也可以稱「公」：

　　鄭伯有耆酒，爲窟室，而夜飮酒，擊鐘焉。朝至，未已。朝者
曰：「公焉在？」其人曰：「吾公在壑谷。」皆自朝布路而罷。（《左

傳·襄公三十年》）

楊伯峻注：「公謂伯有。伯有家臣尊其主稱伯有爲公，朝者亦因其稱問焉。」
〔註56〕所以，「公」不一定指諸侯，他還可以指其它地位尊貴者，如卿、大夫
等。

直接稱「某公」也是習慣稱謂：

> （楚人觀從）曰：「蔡公召（子干、子晳）二子，將納之，與之
> 盟而遣之矣，將師而從之。」（《左傳·昭公十三年》）

杜預注：「詐言蔡公將以師助二子。」觀從是對蔡人假稱蔡公召集軍隊協
助二子要舉兵。說話雙方是觀從和蔡人，蔡公成了第三方。

直接稱「某侯」也是習慣稱謂：

> 宰孔先歸，遇晉侯曰：「可無會也。齊侯不務德而勤遠略，故北
> 伐山戎，南伐楚，西爲此會也。東略之不知，西則否矣。其在亂乎。
> 君務靖亂，無勤於行。」（《左傳·僖公九年》）

齊國組織盟會，周臣宰孔勸晉侯不要急於參加，而是趕緊回國安定國內
將有的禍亂。這裏宰孔和晉侯是說話的雙方，齊侯爲說話涉及到的第三方。

「某伯」作習慣稱謂：

> 士貞伯曰：「鄭伯其死乎！自棄也已。視流而行速，不安其位，
> 宜不能久。」（《左傳·成公六年》）

鄭悼公到晉國答謝結盟，在歡迎儀式之後，晉大夫發現鄭悼公視線遊移
不定，由此推斷其將不久於君位。這是士貞伯對晉人稱鄭悼公爲鄭伯。

「某王」做習慣稱謂。

> 叔詹曰：「楚王其不沒乎！爲禮卒於無別，無別不可謂禮，將何
> 以沒？」（《左傳·僖公二十二年》）

鄭大夫叔詹稱楚王。

> （楚）巢牛臣曰：「吳王勇而輕，若啓之，將親門。我獲射之，
> 必殪。是君也死，疆其少安！」（《左傳·襄公二十五年》）

楚大夫巢牛臣稱吳王。

2. 對臣僚的習慣稱謂

（1）大夫

〔註56〕春秋左傳注〔M〕，北京：中華書局，1980，1175。

大夫是春秋時期王庭和諸侯所置的官員，其位在卿之下，有上、中、下三等之分。地方官吏屬中、下等大夫。所以大夫之稱在《左傳》中出現的次數較多，其中多數用在敬稱之中，用作習慣稱謂的相對較少。

> （楚武夫人）鄧曼曰：「大夫其非眾之謂，其謂君撫小民以信，訓諸司以德，而威莫敖以刑也。」（《左傳·桓公十三年》）

鄧曼對武王說：大夫鬬伯比不在乎軍隊的多寡，他所關注的是國君能否以誠信撫慰百姓，用德行教導各個部門，用刑罰給莫敖樹立威勢。這是諸侯夫人在楚武王面前稱大夫鬬伯比，用做第三方稱謂。

> 叔向曰：「樂王鮒，從君者也，何能行？祁大夫外舉不棄讎，內舉不失親，其獨遺我乎？《詩》曰：『有覺德行，四國順之。』夫子覺者也。」（《左傳·襄公二十一年》）

叔向因受牽連得罪，卻拒絕了國君近臣要替他說情的建議，因為叔向認為只有「外舉不棄仇，內舉不失親」，堅持原則的祁奚祁大夫才能幫他解圍。這是大夫稱大夫用為第三方。

對已故大夫可習慣稱為先大夫。

> 晉侯許之七百乘。郤子曰：「此城濮之賦也。有先君之明與先大夫之肅，故捷。克於先大夫，無能為役，請八百乘。」許之。（《左傳·成公二年》）

城濮之戰發生在僖公二十八年，所以這裏的先君指晉文公；先大夫指參與城濮之戰的晉人夫。城濮之戰距郤克要發動的鞌之戰已經四十餘年，當年的晉君、大夫都已不在，所以郤克說是先君和先大夫。

在對方面前還可以習慣地稱自方的大夫為「寡大夫」：

> 令尹命大宰伯州犁對曰：「君辱貺寡大夫圍，謂圍將使豐氏撫有而室。圍布几筵，告於莊、共之廟而來。若野賜之，是委君貺於草莽也，是寡大夫不得列於諸卿也。不寧唯是，又使圍蒙其先君，將不得為寡君老，其蔑以復矣。唯大夫圖之。」（《左傳·昭公元年》）

這裏的「寡大夫」都是伯州犁稱自己國內的公子圍。

「寡大夫」在《左傳》中的使用並不普遍。《禮記·玉藻》：「上大夫曰下臣，擯者曰寡君之老。下大夫自名，擯者曰寡大夫。」[註57] 從我們所引《左傳·昭公元年》的文字看，所稱寡大夫者是楚公子圍。他此次到鄭國去是親

〔註57〕禮記正義〔M〕，十三經注疏本（影印本），北京：中華書局，1980，1485。

自行聘禮的，公子圍是楚國的令尹，官階並不在大宰之下，正因為這樣，他才能以令尹之身命令大宰伯州犁前往，和鄭國的接待人員子羽交涉。《左傳》記載說，這次「聘於鄭」，「伍舉為介」。介即所謂「擯者」，所以公子圍在這次外事活動中，不是「擯者」是明確的。由此可知，《禮記·玉藻》所言並不符合《左傳》所記史實。

（2）司馬

司馬一職在春秋時期為輔佐國君的六卿之一，掌軍隊事務。在《左傳》中，「司馬」一詞也可用作習慣稱謂，如：

> 宋殤公立，十年十一戰，民不堪命。孔父嘉為司馬，督為大宰，故因民之不堪命，先宣言曰：「司馬則然。」（《左傳·桓公二年》）

司馬孔父嘉頻繁的發動戰爭。宋督把戰爭的責任推給孔父嘉，是從奪兵權入手，以便對宋殤公動手。周代的司馬一職是主管國家軍賦、軍政的高級官員。《左傳》偶有作「司武」的用例。楊伯峻注云：「司武即司馬，武、馬古音同。」〔註58〕此說是。春秋時期宋國有大司馬、少司馬兩個不同的官職，並未發現有做習慣稱謂的。

（3）令尹

令尹是楚國的官員名稱，是楚國官員中的最高官職。在一定的語境中令尹也可用作習慣稱謂，而且在《左傳》中使用得比較多：

> 令尹享趙孟，賦《大明》之首章。趙孟賦《小宛》之二章。事畢，趙孟謂叔向曰：「令尹自以為王矣，何如？」對曰：「王弱，令尹強，其可哉！雖可，不終。」（《左傳·昭公元年》）

趙孟從楚令尹子圍所賦之詩看出令尹想當國君的野心，這裏的「令尹」是一種習慣稱謂。這是趙孟和叔向談話時，涉及到楚令尹子圍。

> 棄疾曰：「君三泣臣矣，敢問誰之罪也？」（楚）王曰：「令尹之不能，爾所知也。國將討焉，爾其居乎？」（《左傳·襄公二十二年》）

楚康王在大夫棄疾面前稱令尹。是諸侯稱令尹。

（4）大宰、冢宰

「大宰」，周代又稱冢宰。冢，總也。冢宰，即百官之長，是除了諸侯之外最高的官員。《周禮·天官·大宰》說：冢宰「掌建邦之六典，以佐王治邦

〔註58〕春秋左傳注〔M〕，北京：中華書局，1980，946。

國」〔註59〕，就是指這種官員。但是在《左傳》中，凡涉及到協助諸侯管理政務的高級官吏大多數都習慣稱作「大宰」。比較而言，「大宰」用作習慣稱謂較為少見：

今吳不行禮於衛，而藩其君舍以難之，子盍見大宰〔註60〕？（《左傳·哀公十二年》）

這是魯大夫對子貢的建議：既然吳國「不行禮於衛，你何不面見吳國的大宰詁問清楚吳國的用意。

「冢宰」用做習慣稱謂的如：

及享，具五獻之籩豆於幕下。趙孟辭，私於子產曰：「武請於冢宰矣。」乃用一獻。趙孟為客，禮終乃宴。（《左傳·昭公元年》）

楊伯峻注：「冢宰非鄭官名，子皮為鄭上卿，故稱之為冢宰。」〔註61〕鄭簡公設宴招待趙孟、叔孫豹、曹大夫等人。子皮告誡眾人要遵守君臣之禮。所以雖具「五獻」，也用「一獻」。趙孟所說的「請於冢宰」，即已向子皮請教過了。

（5）莫敖

「莫敖」是楚國的官職名，所以只能出現在楚國和與楚國有關的事跡當中。據初步統計，該詞在《左傳》中共出現十六次〔註62〕，用作習慣稱謂的很少，如：

鄧曼曰：「大夫其非眾之謂，其謂君撫小民以信，訓諸司以德，而威莫敖以刑也。莫敖狃於蒲騷之役，將自用也，必小羅。」（《左傳·桓公十三年》）

這裏的莫敖均為習慣稱謂。

（6）左師、右師

據《左傳·文公七年》文：「夏四月，宋成公卒。於是公子成為右師，公孫友為左師，樂豫為司馬，鱗矔為司徒，公子蕩為司城，華御事為司寇。」楊伯峻注云：「宋以右師、左師、司馬、司徒、司城、司寇為六卿。」昭二十二年傳則以大司馬、大司徒、司城、左師、右師、大司寇為序，哀二十六年

〔註59〕〔漢〕鄭玄注，〔唐〕賈公彥疏，周禮注疏〔M〕，十三經注疏本（影印本），北京：中華書局，1980，648。
〔註60〕「詁」字阮元刻本原無，唐石經本有，據增。
〔註61〕春秋左傳注〔M〕，北京：中華書局，1980，1209。
〔註62〕洪業等纂，春秋經傳引得〔M〕，上海：上海古籍出版社，1983，1264。

傳又以右師、大司馬、司徒、左師、司城、大司寇爲序，蓋因時事之不同，六卿之輕重遂因之而移易。」〔註63〕左師是協助諸侯的重要臣僚之一，用做習慣稱謂的如：

> 子羽謂子皮曰：「叔孫絞而婉，宋左師簡而禮，樂王鮒字而敬，子與子家持之，皆保世之主也。(《左傳·昭公元年》)

這是鄭國大夫子羽在參加楚公子圍「設服」後，對參與集會的各個人物的表現所做出的評價。

> 二十五年春，叔孫婼聘于宋，桐門右師見之，語，卑宋大夫而賤司城氏。昭子告其人曰：「右師其亡乎！君子貴其身，而後能及人，是以有禮。」(《左傳·昭公二十五年》)

杜預注：「右師，樂大心，居桐門。」樂大心在魯叔孫婼面前自輕同宗，所以昭子以爲「其亡也。」

（7）司徒

周代爲參與邦國大事決策的六卿之一，周代又作「司土」，是重點主持國家土地、人口的重要官員。用做習慣稱謂的如：

> 齊高子容與宋司徒見知伯，女齊相禮。賓出，司馬侯言於知伯曰：「二子皆將不免。子容專，司徒侈，皆亡家之主也。」(《左傳·襄公二十九年》)

杜預注：「子容，高止也。司徒，華定也。知伯，荀盈也。女齊，司馬齊也。」二子，指子容和司徒華定。

（8）大師、少師

周代的大師是輔弼最高統治者治理國家的高級官員，少師則是大師的副手。

> 王使劉定公賜齊侯命曰：「昔伯舅大公右我先王，股肱周室，師保萬民，世胙大師，以表東海。王室之不壞，繫伯舅是賴。」(《左傳·襄公十四年》)

此「大師」指姜尚，曾祐周先王。大師又作太師。

> 鬬伯比言於楚子曰：「吾不得志於漢東也，我則使然。我張吾三軍，而被吾甲兵，以武臨之，彼則懼而協以謀我，故難間也。漢東

〔註63〕春秋左傳注〔M〕，北京：中華書局，1980，556。

之國，隨爲大，隨張，必棄小國。小國離，楚之利也。少師侈，請
嬴師以張之。」(《左傳・桓公六年》)

此少師指隨國的少師。據《左傳・桓公八年》：「隨少師有寵」，而其性又
「侈」，所以鬭伯比建議楚君採取相應對策。

3. 對妻滕的習慣稱謂

（1）夫人

《禮記・曲禮》：「天子之妃曰后，諸侯曰夫人」。〔註64〕即諸侯之正室始
可稱夫人，滕妾則不可稱夫人。

　　　先蔑之使也，荀林父止之曰：「夫人、大子猶在，而外求君，此
必不行。子以疾辭，若何？」(《左傳・文公七年》)

此夫人指晉襄公正妻穆嬴，太子指後來的靈公夷皋，在這裏都用作習慣
稱謂。按：《禮記・曲禮下》：「天子之妃曰后，諸侯曰夫人，大夫曰孺人，士
曰婦人，庶人曰妻。公侯有夫人，有世婦，有妻，有妾。」孔穎達疏云：「夫
人之名，唯諸侯得稱。《論語》云：『邦君之妻，邦人稱之曰君夫人是也。』」
〔註65〕隱公元年，魯之聲子，非魯惠公正妻，所以《春秋》不稱其爲夫人，《左
傳》也不稱其爲夫人。

稱諸侯嫡妻還可稱作「君夫人」，用做習慣稱謂的如：

　　　（楚大夫）蓬越曰：「再敗君師，死且有罪。亡君夫人，不可以
莫之死也。」乃縊於蓬滋。(《左傳・昭公二十三年》)

「亡君夫人」，即丟失了楚平王夫人。可理解爲丟失了夫人。

在《左傳》中還有一類「夫人」是做爲詞組，而不是做爲諸侯正室的「夫
人」一類的復音詞存在的，它也可以做爲習慣稱謂出現：

　　　子犯請擊之。（晉文）公曰：「不可。微夫人力不及此。因人之
力而敝之，不仁；失其所與，不知；以亂易整，不武。吾其還也。」
(《左傳・僖公三十年》)

「微夫人之力」意爲沒有那個人的力量，杜預注云：「夫人謂秦穆公」。
這個「夫人」是詞組，即「夫」（那些、那個）和「人」的組合。這種組合在
《左傳》中並不少見：

　　　鄭人遊于鄉校，以論執政。然明謂子產曰：「毀鄉校何如？」子

〔註64〕禮記正義〔M〕，十三經注疏本（影印本），北京：中華書局，1980，1267。
〔註65〕禮記正義〔M〕，十三經注疏本（影印本），北京：中華書局，1980，1267。

　　產曰：「何為？夫人朝夕退而游焉，以議執政之善否。其所善者，吾
則行之。其所惡者，吾則改之。是吾師也，若之何毀之？」（《左傳・
襄公三十一年》）

　　「夫人朝夕退而游焉」意即住在鄉里的那些人們早晚工作回來到鄉校交
往議論。這個「夫人」表示多數。

　　「夫人」由詞組凝結成詞正當《左傳》成書之時，所以詞組、詞互見。

（2）小君（少君）

　　《禮記・曲禮》：「夫人自稱於諸侯曰寡小君」。孔穎達疏云：「君之妻曰
小君。」〔註66〕「小君」（少君）指諸侯夫人，亦可用作習慣稱謂：

　　　　秋，定姒薨，不殯於廟……匠慶謂季文子曰：「子為正卿，而小
　　君之喪不成，不終君也。君長，誰受其咎？」（《左傳・襄公四年》）

　　定姒為成公的妾，非正室，所以死後不殯於廟。但匠慶認為定姒是襄公
生母，應按夫人禮葬，所以稱之為「小君」。

　　　　大子羞之，謂戲陽速曰：「從我朝少君，少君見我，我顧，乃殺
　　之。」速曰：「諾！」乃朝夫人。（《左傳・定公十四年》）

　　少君即指衛侯夫人南子，這裏用作他指。孔穎達對此解作：「少君，猶小
君也。君為大君，夫人為小君。」〔註67〕《經典釋文》作「小君」。〔註68〕

4. 對子嗣的習慣稱謂

（1）王子

　　子嗣類多為以身份代稱謂。

　　王子，本為周王之子。楚、吳等諸侯僭稱「王」之後，吳、楚等諸侯之
子也稱「王子」，其用做習慣稱謂的如：

　　　　（楚伯州犁）上其手，曰：「夫子為王子圍，寡君之貴介弟也。」
　　下其手，曰：「此子為穿封戌，方城外之縣尹也。誰獲子？」囚曰：
　　「（皇）頡遇王子，弱焉。」（《左傳・襄公二十六年》）

　　我皇頡在戰場上遭遇王子圍，力量不敵他。此王子圍是楚康王之弟，共
王之子。王子在對話中作為第三方的習慣稱謂。

　　　　冬，王子頹享五大夫，樂及徧舞。鄭伯聞之，見虢叔曰：「寡人

〔註66〕禮記正義〔M〕，十三經注疏本（影印本），北京：中華書局，1980，1267。
〔註67〕禮記正義〔M〕，十三經注疏本（影印本），北京：中華書局，1980，2157。
〔註68〕〔唐〕陸德明撰，經典釋文〔M〕，上海：上海古籍出版社，1985，1164。

聞之，哀樂失時，殃咎必至。今王子頹歌舞不倦，樂禍也。夫司寇
行戮，君爲之不舉，而況敢樂禍乎？」（《左傳・莊公二十年》）

周惠王和王子頹鬧矛盾，鄭厲公前往調解，聽到王子頹目無惠王，敢於
僭越，就對虢叔說道：王子頹哀樂失時，殃咎必至。這是周天子的兒子稱王
子，並用做對話雙方之外的第三方稱謂。

（2）大子

又稱「世子」。「大」即「太」，指年紀長的嫡長子。「世」表示「世世不
絕」地傳承祖業。大子是可以繼承王或君位的兒子。《春秋》、《穀梁》、《公羊》
等多作「世子」，《左傳》多作「大子」。

　　子桑曰：「歸之而質其大子，必得大成。晉未可滅而殺其君，祇
以成惡。且史佚有言曰：『無始禍，無怙亂，無重怒。』重怒，難任；
陵人，不祥。」（《左傳・僖公十五年》）

秦大夫子桑對秦君建議扣留晉國太子，放了晉君以求媾和。太子是對話
中作爲第三方的習慣稱謂。

　　六月，鄭子產如陳涖盟，歸，復命。告大夫曰：「陳，亡國也，
不可與也。聚禾粟，繕城郭，恃此二者，而不撫其民。其君弱植，
公子侈，大子卑，大夫敖，政多門，以介於大國，能無亡乎？不過
十年矣。」（《左傳・襄公三十年》）

這是鄭國的子產會盟後對本國大夫說的話，陳國國內政事混亂，子產認
爲陳國一定會滅亡。這裏的「公子」在對話中爲談話的第三方，是對陳國公
子留的習慣稱謂。

（3）孺子

「孺子」也可以作習慣稱謂：

　　（晉大夫）呂甥曰：「君亡之不恤，而群臣是憂，惠之至也，將
若君何？」眾曰：「何爲而可？」對曰：「征繕以輔孺子，諸侯聞之，
喪君有君，群臣輯睦，甲兵益多。好我者勸，惡我者懼，庶有益乎。」
（《左傳・僖公十五年》）

「征繕以輔孺子」指晉國上下要備好兵賦、完繕甲兵來輔佐他（子圉）
管理好國家。楊伯峻注：「天子而下以嫡長爲後者，或非嫡長而擬用之繼位者
始得稱孺子。」〔註69〕《左傳》中「孺子」一詞計出現十餘次，均爲此意。

〔註69〕春秋左傳注，北京：中華書局，1980，362。

清代錢大昕《十駕齋養新錄》所謂「孺子貴於庶子」即此。按此，孺子當指擬要接繼君位的年輕人。這種準備接班或剛剛接班的人，大體上是年輕的晚輩，所以將其稱作「孺子」。

（4）公子

諸侯之子中，除太子以外的諸子稱公子。

> 楚子曰：「晉公子廣而儉，文而有禮。其從者肅而寬，忠而能力。晉侯無親，外內惡之。吾聞姬姓唐叔之後，其後衰者也，其將由晉公子乎？天將興之，誰能廢之？違天，必有大咎。」（《左傳·僖公二十三年》）

晉公子重耳流亡到楚國，楚成王對重耳及隨行人員做出如此分析，認為重耳很有可能成就大業。

5. 對親屬的習慣稱謂

（1）伯父

父親的長兄稱伯父。「伯父」一詞在《左傳》中出現的次數並不很少，但用作習慣稱謂的僅一次：

> （楚）王曰：「昔我皇祖伯父昆吾，舊許是宅。今鄭人貪賴其田，而不我與。我若求之，其與我乎？」（《左傳·昭公十二年》）

服虔曰：「陸終氏六子，長曰昆吾，少曰季連。季連，楚之祖，故謂昆吾為伯父也。」（孔疏引）〔註70〕「伯父」，據《釋名·釋親屬》：「父之兄曰世父，又曰伯父。伯，把也，把持家政也。」〔註71〕周天子也稱同姓諸侯為伯父。伯為長、為大之意，楚靈王稱遠祖之兄為「伯父」，正是用主持楚國政事者這一意義。

（2）叔父

「叔父」一詞，據《爾雅·釋親》：「父之晜弟，先生為世父，後生為叔父。」〔註72〕比父親年紀小的父輩稱叔父。周天子稱同姓諸侯中的小國諸侯為叔父。

> （周景）王曰：「叔氏，而忘諸乎！叔父唐叔，成王之母弟也，其反無分乎？」（《左傳·昭公十五年》）

〔註70〕春秋左傳正義〔M〕，十三經注疏本（影印本），北京：中華書局，1980，2064。

〔註71〕篆字釋名疏證〔M〕，叢書集成本，上海：商務印書館，民國25年，83。

〔註72〕徐朝華注，爾雅今注〔M〕，天津：南開大學出版社，1987，156。

這是周景王對晉大夫荀躒和籍談的談話。景王稱籍談爲叔氏。唐叔是成王的同母弟，而成王是景王先祖，景王可稱伯父或叔父。這屬於我們上面談的第二種情況。

而「父之昆弟，後生爲叔父」的用例如：

（魯隱）公曰：「叔父有憾於寡人，寡人弗敢忘。」葬之加一等。
（《左傳‧隱公五年》）

這是隱公對臧僖伯的評價。僖伯是惠公的弟弟，所以隱公稱之爲叔父。

（3）伯舅

《稱謂錄》謂母之兄。母之弟爲「叔舅」。〔註73〕周天子稱異姓大國的諸侯爲伯舅。如：

（周靈）王使劉定公賜齊侯命，曰：「昔伯舅大公右我先王，股肱周室，師保萬民，世胙大師，以表東海。王室之不壞，繄伯舅是賴。今余命女環，茲率舅氏之典，纂乃祖考，無忝乃舊。敬之哉，無廢朕命。」（《左傳‧襄公十四年》）

靈王所說的伯舅太公指太公呂尚。呂尚是姜姓，是姬姓的婚姻聯盟。和「伯舅」相類的是「舅氏」。上例中「茲率舅氏之典」，即指要遵循呂尚輔助王室的榜樣。「舅氏」和「伯舅」同指一人。

（二）氏、名等作習慣稱謂

1. 氏做習慣稱謂

鮑叔帥師來言曰：「子糾，親也，請君討之。管、召，仇也，請受而甘心焉。」乃殺子糾於生竇，召忽死之。管仲請囚，鮑叔受之，及堂阜而稅之。歸而以告曰：「管夷吾治於高傒，使相可也。」公從之。（《左傳‧莊公九年》）

這段文中的「管」指的是管仲，管是其氏。

諸御鞅言於公曰：「陳、闞不可並也，君其擇焉。」（《左傳‧哀公十四年》）

陳，指陳桓；闞，指闞止。二人都是齊國有影響的大夫。這是齊國的僕役稱齊國的大夫氏。

趙文子爲政……謂穆叔曰：「自今以往，兵其少弭矣。齊崔、慶

〔註73〕〔清〕梁章鉅撰，稱謂錄〔M〕，長沙：嶽麓書社，1991，33。

新得政，將求善於諸侯。」（《左傳・襄公二十五年》）

趙文子認爲齊國的大夫崔杼、慶封剛執掌齊國大政，爲了鞏固權力，將減少發動對外戰事，而求得與各鄰國友好。這是晉大夫稱齊大夫氏。

國人誦之，曰：「臧之狐裘，敗我於狐駘。我君小子，朱儒是使。
朱儒朱儒，使我敗於邾。」（《左傳・襄公四年》）

臧孫氏侵邾，敗於狐駘。所以國人誦而刺之。這是國人稱大夫氏。

由上述所引諸例，我們可以得出這樣的看法：作爲稱謂，氏可以出現在任何語境中，沒有稱說者、被稱說者身份地位的限制。在對話中，氏就是一個普通的，沒有感情色彩的稱謂。

在實際交際中，氏之後還可以綴以「氏」字，表示姓族類。如季孫氏、季氏、欒氏、慶氏等。如：

晉陳之族呼於國曰：「鄢氏、費氏自以爲王，專禍楚國，弱寡王室，蒙王與令尹以自利也。令尹盡信之矣，國將如何？」令尹病之。
（《左傳・昭公二十七年》）

文中鄢氏、費氏分別指楚臣鄢將師、費無極二人。

姓後也可以綴「氏」字，做習慣稱謂：

（鄭莊）公曰：「姜氏欲之，焉辟害？」（祭仲）對曰：「姜氏何厭之有？不如早爲之所，無使滋蔓。蔓，難圖也。蔓草猶不可除，況君之寵弟乎？」（《左傳・隱公元年》）

此「姜氏」指鄭莊公的母親武姜。兒子、臣下均可直呼其姓。

邾庶其以漆、閭丘來奔，季武子以公姑姊妻之……武仲曰：「子召外盜而大禮焉，何以止吾盜？子爲正卿，而來外盜；使紇去之，將何以能？庶其竊邑於邾以來，子以姬氏妻之，而與之邑……是賞盜也。」（《左傳・襄公二十一年》）

此「姬氏」指魯襄公的姑母（據楊伯峻注 [註74]）。

2. 名作習慣稱謂

名作習慣稱謂，主要是在上位的人物稱在下位的人、年長者稱年幼者。

宋（大司馬）華費遂生華貙、華多僚、華登……多僚……與貙相惡……公懼，使侍人……而使告司馬。司馬歎曰：「必多僚也，吾

〔註74〕春秋左傳注，北京：中華書局，1980，1057。

有讒子，而弗能殺，吾又不死。抑君有命，可若何？」（《左傳‧昭公二十一年》）

因同兄長關係不和，弟弟在其父宋元公面前誣告哥哥將要把流亡在外的公子華亥迎回。宋元公怕自己被取而代之，所以派人對大司馬說明要趕走華貙的意思。司馬華貙感歎這個說華貙壞話的人一定是多僚。這是父親稱自己的兒子名。

（宋平公妾）生佐，惡而婉。大子痤美而很……公囚大子，大子曰：「唯佐也能免我。」召而使請。（《左傳‧襄公二十六年》）

太子痤被讒言困，請其異母弟佐說情。這是兄長稱弟弟名。

（齊簡）公曰：「吾早從鞅之言，不及此！」（《左傳‧哀公十四年》）

齊簡公在執政初，其御者鞅就警告他：陳氏和子我氏不可同用，但簡公未聽，結果簡公被陳桓執下，所以杜預注云：「悔不誅陳氏。」這是君主稱下屬之名。

十五年，春，邾隱公來朝。子貢觀焉……子貢曰：「以禮觀之，二君者皆有死亡焉。……君爲主，其先亡乎！」……夏，五月壬申，公薨。仲尼曰：「賜不幸言而中，是使賜多言者也。」（《左傳‧定公十五年》）

子貢名賜，這是老師稱學生名。

（吳）王拜稽首……曰：「句踐將生憂寡人，寡人死之不得矣。」（《左傳‧哀公二十年》）

據《越王句踐世家》司馬貞《索隱》引《紀年》云：「於粵子句踐卒，是爲菼執」。則句踐字菼執，名句踐。這是吳王稱越王句踐名。君主之間稱名，有違當時稱謂的一般規則：平等雙方稱對方時，應以稱字爲常，這樣才符合彼此交往的禮節。但是本年「十一月，越圍吳」，吳越雙方已是敵對關係。此時，吳、越兩國只有仇恨和矛盾，禮節已經沒有了，所以吳王才直稱越王之名。

類似的還有：

甲午，齊陳恒弒其君壬於舒州。孔丘三日齊，而請伐齊三。公曰：「魯爲齊弱久矣，子之伐之，將若之何？」對曰：「陳恒弒其君，民之不與者半。以魯之眾加齊之半，可克也。」（《左傳‧哀公十四年》）

　　孔夫子稱新執齊國國政的陳桓時，直呼其名而不稱字，是因陳桓弒齊侯並奪取齊國國政，在孔子心中陳氏已經違犯君臣之禮在先，稱名是一種鄙視，也是一種批評。

　　在尊長面前談到自己的長輩、師長時也稱名：

　　　　楚師將去宋，申犀稽首於王之馬前，曰：「無畏知死而不敢廢王命，王棄言焉。」王不能答。（《左傳‧宣公十五年》）

　　申犀是無畏之子。無畏奉楚王之命出使齊國，路經宋國卻不向宋國招呼，結果被宋國殺死。楚子曾向無畏誓言「殺女，我伐之。」如今楚師將去宋，所以申犀說了上面這段話。這是兒子在國君面前稱自己的父親名。

3. 字作習慣稱謂

　　和稱名相比，稱字是帶有尊敬、客氣的感情色彩的，字用作習慣稱謂，也有這種感情色彩。

　　　　晉侯蒐于綿上以治兵，使士匄將中軍，辭曰：「伯游長。昔臣習於知伯，是以佐之，非能賢也。請從伯游。」荀偃將中軍，士匄佐之。（《左傳‧襄公十三年》）

　　伯游，荀偃的字。士匄、荀偃都是晉國的將領，據《襄公九年》傳文：「范匄少於中行偃。」所以士匄推舉荀偃任中軍將，他任副將。二人官階相仿，稱對方爲「伯游」，不稱其名，是一種尊重，符合當時的禮節，這是事情的一個方面。事情的另一個方面是，士匄是對晉侯說他如何不宜任中軍將，應由荀偃出任爲宜的。這是否符合「君前臣名」〔註75〕（《禮記‧曲禮上》）的規則呢？對此鄭玄、孔穎達的解釋對我們今天理解這一規則可以提供一點幫助。鄭玄說：「君前臣名」就是「對至尊，無大小皆相名」，孔穎達的解釋是：「成十六年鄢陵之戰，晉公陷於淖，欒書欲載晉侯。鍼曰：『書退！』鍼是書之子，對晉侯而稱書，是於君前臣名其父也。」〔註76〕按照孔氏的解釋，在國君面前，兒子稱父親也要稱名，而不稱字（欒書是欒鍼之父，而在晉君面前仍喚其父爲書）。據此，士匄在晉侯面前稱荀偃之字不是合規矩的事。但是在《左傳》中這種不合規矩的事並不少見，甚至可以說較爲常見。可見禮書中的某些規則，在實際的運用中往往有矛盾的地方。我們在談到字的時候要說到排序也可以歸到字的序列中，如此說來，下列稱呼也可視作字作習慣稱

〔註75〕禮記正義〔M〕，十三經注疏本（影印本），北京：中華書局，1980，1241。
〔註76〕同上。

謂：

> 公父定叔出奔衛。三年而復之，曰：「不可使共叔無後於鄭。」
> （《左傳·莊公十六年》）

共叔，名段。共爲封邑，叔爲字和排序。公父定叔爲共叔段之孫。

> （齊大夫闞止之家臣子方）曰：「（陳）逆爲余請，（陳）豹與余
> 車，余有私焉，事子我而有私於其讎，何以見魯、衛之士？」東郭
> 賈奔衛。（《左傳·哀公十四年》）

子我是齊大夫闞止的字，子方是子我的家臣。家臣稱自己主子的字。

> （鄭）及子產適晉，趙景子問焉……子產曰：「……匹夫匹婦強
> 死，其魂魄猶能馮依於人以爲淫厲，況良宵，我先君穆公之胄，子
> 良之孫，子耳之子，敝邑之卿，從政三世矣。」（《左傳·昭公七年》）

子良，鄭先大夫公子去疾之字。子耳，公孫輒之字。他們分別是鄭靈公、鄭簡公時期的大夫，去此時已分別有七十餘年、四十餘年。這是稱先大夫字。

> 鄭伯如晉，公孫段相，甚敬而卑，禮無違者。晉侯嘉焉，授之
> 以策，曰：「子豐有勞於晉國，余聞而弗忘。賜女州田，以胙乃舊勳。」
> （《左傳·昭公三年》）

晉平公稱讚公孫段的父親對晉國的功績，同時稱許公孫段知禮。這是諸侯稱外國的大夫字。子豐是公孫段之父，這是在上位的稱在下位的字，通過稱謂表示對所稱者進行褒揚與肯定。

> （欒）祁懼其討也，愬諸宣子曰：「盈將爲亂，以范氏爲死桓主
> 而專政矣，曰：『吾父逐鞅也，不怒而以寵報之，又與吾同官而專之。
> 吾父死而益富。死吾父而專於國，有死而已，吾蔑從之矣。』其謀
> 如是，懼害於主，吾不敢不言。」（《左傳·襄公二十一年》）

欒盈之母欒祁在其父范宣子面前稱自己兒子的字。

4. 謚做習慣稱謂

謚是卿大夫以上的高級官吏死後的稱號，所以謚號不可能有自稱和對稱，只能作他稱使用。後文我們將專門談到，謚雖然是對高級貴族當權者死後的評價，但這個評價實際上褒揚多於批評，這種評價並不公允。既然謚的基調就是褒揚，那麼稱謚也就帶有褒揚的色彩，如：

> 韓厥言於晉侯曰：「成季之勳，宣孟之忠，而無後，爲善者其懼
> 矣。三代之令王皆數百年保天之祿。夫豈無辟王？賴前哲以免也。《周

書》曰:『不敢侮鰥寡。』所以明德也。」乃立武,而反其田焉。(《左傳‧成公八年》)

成季、宣孟分別指趙衰、趙盾二人,他們被晉人看作是晉文、襄等朝廷的有功之臣、忠義之臣,成、宣分別爲二人的諡,以諡稱之,體現了說話人對他們二人的尊重。

（晉使呂向）曰:「昔逮我獻公及穆公相好,戮力同心,申之以盟誓,重之以昏姻。」(《左傳‧成公十三年》)

晉獻公、秦穆公曾彼此友好,楊伯峻注云:「秦穆與晉獻曾有盟誓。」「晉獻公之女嫁與秦穆公爲夫人」。〔註77〕這是晉國大夫稱秦晉兩國先君諡。秦晉在穆公、獻公時代同心合力,彼此有盟約,又有姻親關係,關係十分友善。提到晉獻公自不必說,對秦穆公也是有許多讚賞。但是,不是所有稱諡者都有讚賞、襃揚之意,如:

仲尼曰:「知之難也。有臧武仲之知,而不容於魯國,抑有由也,作不順而施不恕也。」(《左傳‧襄公二十三年》)

臧武仲是臧孫之字。做事不依順傳統禮儀,又不能寬恕被廢棄者,多智謀,所預測常中,但仍被逐出魯國流落他鄉。孔夫子認爲他「作不順而施不恕」,仍有過失。孔子在說這話的時候已無襃揚之意,只是站在第三者的立場進行客觀評論而已。

稱字與稱諡的區別是:被稱對象如果還在世,他就沒有諡。所以只能稱字,如被稱對象已故,有諡號則稱諡,無諡號就稱字。因爲不是所有的人都有諡號的。如果被稱對象有字又有諡,那麼既可稱字,又可稱諡。因爲稱字、稱諡都有「敬貴」的意義。

（三）一般性的習慣稱謂

1.「夫子」做習慣稱謂

夫子作爲稱謂,形成有一個過程。在《左傳》中,起初「夫子」一詞是以詞組的形式出現的,如《左傳‧僖公二十三年》載:「僖負羈之妻曰:『吾觀晉公子之從者,皆足以相國。若以相,夫子必反其國,反其國,必得志於諸侯。』楊伯峻先生解釋說:「子,男子之美稱;夫音扶,指示詞,今言那。」按照楊先生的解釋,「夫子必反其國」的意思是:那位先生一定會返回自己的

〔註77〕春秋左傳注,北京:中華書局,1980,861。

祖國執政。下面的例子也能說明這種現象：

> 夏四月，趙孟、叔孫豹、曹大夫入于鄭，鄭伯兼享之。子皮戒
> 趙孟，禮終，趙孟賦《瓠葉》。子皮遂戒穆叔，且告之。穆叔曰：「趙
> 孟欲一獻，子其從之。」子皮曰：「敢乎？」穆叔曰：「夫人之所欲
> 也，又何不敢？」（《左傳·昭公元年》）

文中涉及到的人物有三人：子皮、趙孟和穆叔。穆叔在回答子皮的「敢
乎？」的問題時說「夫人之所欲……」，當指趙孟所要採取的行動，所以此「夫
人」是指「那一個人」，或「那位先生」。

> 他年，其二子來，孟獻子愛之，聞於國。或譖之，曰：「將殺子。」
> 獻子以告季文子。二子曰：「夫子以愛我聞，我以將殺子聞，不亦遠
> 於禮乎？遠禮不如死。」（《左傳·文公十五年》）

楊伯峻注云：「夫子指孟獻子。孟獻子於二子爲姪，行輩小於二子，然爲
孟氏嫡嗣，且繼承卿位，或其年長於二子，故二子以夫子稱之。」〔註78〕

春秋時期，「夫子」正是由詞組演變成詞的完成期，據統計，在《左傳》
共五十次用例中，可以看做成詞的約占95%。如：

> 宣子遂如齊納幣。見子雅。子雅召子旗，使見宣子。宣子曰：「非
> 保家之主也，不臣。」見子尾。子尾見彊，宣子謂之如子旗。大夫
> 多笑之，唯晏子信之，曰：「夫子，君子也。君子有信，其有以知之
> 矣。」（《左傳·昭公二年》）

這裏的「夫子」指晉國的韓起，晏子佩服韓起看人的眼光，尊稱他爲「夫
子」。

> 鄭子產有疾，謂子大叔曰：「我死，子必爲政。唯有德者能以寬
> 服民，其次莫如猛。夫火烈，民望而畏之，故鮮死焉；水懦弱，民
> 狎而翫之，則多死焉，故寬難。」……大叔悔之，曰：「吾早從夫子，
> 不及此。」（《左傳·昭公二十年》）

夫子指子產。

做爲習慣稱謂，「夫子」一詞意思和「他老人家」、「他老先生」類似。從
該詞出現的語境看，主要在晚輩對尊長、下級對上級的他稱上。前面所舉《左
傳·昭公二十年》文例中，子產是鄭簡公的老臣，是子大叔的父輩，所以子
大叔稱子產爲「夫子」。其感情色彩大體上是褒揚和尊敬。

〔註78〕春秋左傳注，北京：中華書局，1980，611。

但是，《左傳》中的「夫子」一詞，其組合有的畢竟不十分緊密，其意義也不只有尊敬的色彩，有的還保有詞組的意義，如《左傳・哀公十四年》：「宋桓魋之寵害於公……公知之，告皇野曰：『余長魋也，今將禍余，請即救。』司馬子仲曰：『有臣不順，神之所惡也，而況人乎？敢不承命。不得左師不可，請以君命召之。』左師每食，擊鐘。聞鐘聲，公曰：『夫子將食。』」這裏的「夫子」沒有尊敬的意味，仍保有「那個人」的詞組的意義。

2.「子」做習慣稱謂

「子」表示尊敬稱謂，偶有用做習慣稱謂的：

> 子南之子棄疾爲王御士……王遂殺子南於朝，轘觀起於四竟。
> 子南之臣謂棄疾：「請徙子尸於朝。」（《左傳・襄公二十二年》）

「徙子尸於朝」即從朝取走子南之尸，楊伯峻注說：「子南之臣欲爲棄疾偷盜子南之尸於朝。」〔註79〕「子」指子南，此「子」，其意義相當於「君」，〔註80〕爲習慣稱謂。

3.「二三子」做習慣稱謂

> （介之）推曰：「獻公之子九人，唯君在矣。惠、懷無親，外內棄之。天未絕晉，必將有主。主晉祀者，非君而誰？天實置之，而二三子以爲己力，不亦誣乎？」（《左傳・僖公二十四年》）

二三子，指重耳在外流亡期間，跟隨他的那些人。

「二三子」是在敬稱「子」的前面綴以數字「二三」，所以其意義多數爲正面的不定數。與之相似的還有「二三大夫」、「二三臣」、「二三君子」等也都表示不定數。

4. 大人

> 子產使都鄙有章，上下有服，田有封洫，廬井有伍，大人之忠儉者，從而與之。（《左傳・襄公三十年》）

杜預注：「大人，謂卿大夫。」

> 夫必多有是說，而後及其大人。（《左傳・昭公十八年》）

杜預注：「大人，在位者。」

> 若艱難其身，以險危大人而有名章徹，攻難之士，將奔走之。（《左

〔註79〕春秋左傳注〔M〕，北京：中華書局，1980，1069。
〔註80〕〔清〕王念孫，廣雅疏證〔M〕，上海：上海古籍出版社，1983，2。

傳・昭公三十一年》)

杜預注:「大人,在位者。」

從上述用例及杜預的注解我們可以看出,《左傳》時代的「大人」稱謂是指有官職、有地位的人。它不是做為普通的尊稱出現的,是做為習慣稱謂,即地位尊貴的人而出現的。這和後來,乃至現代的用法有別。

5. 普通名詞作習慣稱謂

> 其母曰:「子靈之妻殺三夫、一君、一子,而亡一國、兩卿矣,可無懲乎?吾聞之:『甚美必有甚惡。』是鄭穆少妃姚子之子,子貉之妹也。子貉早死,無後,而天鍾美於是,將必以是大有敗也。昔有仍氏生女,鬒黑,而甚美,光可以鑑,名曰玄妻。樂正后夔取之,生伯封,實有豕心,貪惏無饜,忿纇無期,謂之封豕。有窮后羿滅之,夔是以不祀。且三代之亡、共子之廢,皆是物也,女何以為哉?夫有尤物,足以移人,苟非德義,則必有禍。」(《左傳・昭公二十八年》)

杜預注:「尤,異也。」楊伯峻注:「尤物指特美之女。」

從語境考察,此「尤物」一詞,實是指代上文所說的有仍氏所生之女,名為「玄妻」的人。

> (楚人)生拘石乞而問白公之死焉。對曰:「余知其死所,而長者使余勿言。」曰:「不言,將烹。」乞曰:「此事克則為卿,不克則烹,固其所也,何害?」乃烹石乞。(《左傳・哀公十六年》)

杜預注:「長者謂白公也。」這是以「長者」代白公稱謂。

> 齊侯使賓媚人賂以紀甗、玉磬與地,「不可,則聽客之所為。」
(《左傳・成公二年》)

齊、晉在鞌地交戰,齊國戰敗,所以齊侯派賓媚人以紀甗、玉磬與土地去送給晉國主帥郤克。這裏的「客」即指郤克。

> 趙旃以其良馬二濟其兄與叔父,以他馬反。遇敵不能去,棄車而走林。逢大夫與其二子乘,謂其二子無顧。顧曰:「趙傁在後。」怒之,使下。(《左傳・宣公十二年》)

逢大夫是想連其二子同乘一輛戰車逃離戰場,怕遇見趙旃增加車輛負擔,生出是非,所以告誡二子不要回頭看,結果,其二子還是回頭看了,並發現了落荒的趙旃,他們提醒逢大夫說:「趙老先生在後面。」傁或作「叟」,

《釋名》釋作「老者稱也」。〔註81〕

　　普通名詞用做習慣稱謂的情況相當常見，我們這裏只是舉例性質的提出。

四、特殊稱謂

　　在《左傳》稱謂中有一些稱謂帶有明顯的不穩定性，其意義指向寬泛，離開具體的語言環境就模糊不清，很多稱謂帶有明顯的修辭色彩，所以稱作特殊稱謂。

　　這種特殊稱謂數量大，在實際交往中被廣泛使用，這裏只舉例式的談談這類稱謂特點。

1. 舊

　　《左傳・僖公二十八年》：「原田每每，舍其舊而新是謀。」這段話杜預注云：「喻晉軍之美盛，若原田之草每每然，可以謀立新功，不足念舊惠。」這個「舊」與「新」相對，是陳舊、古老之意。但是下文的「舊」則另有新意：

　　　　立愛則孝，結舊則安。爲難故，故欲立長君。（《左傳・文公六
　　年》）

　　這個「舊」是指「舊友」、「老朋友」，這個意思是陳舊的活用。這種活用的例子在《左傳》中較爲常見，如以下幾例：

　　　　原仲，季友之舊也。（《左傳・莊公二十七年》）

　　　　得寵而忘舊，何以使人？（《左傳・僖公二十四年》）

　　　　秋，公子友如陳葬原仲，非禮也。原仲，季友之舊也。（《左傳・
　　庄公二十七年》）

　　「舊交」、「舊故」、「舊友」也可以視爲一種稱謂，至今仍是實用的詞彙，但在《左傳》中卻只用「舊」來表示。

　　　　其君之舉也，內姓選於親，外姓選於舊。舉不失德，賞不失勞。
　　（《左傳・宣公十二年》）

　　孔穎達疏云：「內姓謂同姓也，其君之舉用人也，於同姓則選之於親，於外姓則選之於舊。於親內選賢，言唯賢是任。不以親，以舊用之，所舉不失有德，所賞不失有勞。必有德乃舉，有勞乃賞。」〔註82〕楊伯峻認爲「舊」

〔註81〕篆字釋名疏證〔M〕，上海：商務印書館，民國二十五年，卷三，86。
〔註82〕春秋左傳正義〔M〕，十三經注疏本（影印本），北京：中華書局，1980，1879。

謂世臣。〔註83〕同一「舊」，一爲舊友，一爲舊臣。

2. 嗣

《說文解字》將「嗣」釋作「諸侯嗣國」，意即繼承君位。這見於《左傳》的記載：

> 至于幽王，天不弔周，王昏不若，用愆厥位。攜王奸命，諸侯替之，而建王嗣，用遷郟鄏。（《左傳·昭公二十六年》）

杜預注：「攜王，幽王少子伯服也。王嗣，宜臼。幽王后申姜生大子宜臼。王幸襃姒，生伯服，預立之而殺大子。大子奔申，申伯與鄫及西戎伐周，戰於戲。幽王死，諸侯廢伯服而立宜臼，是爲平王，東遷郟鄏。」

這一用法與《說文解字》的解釋略有不同的是「周王嗣位」，而不是「諸侯嗣國」。但其大致意義是一致的：都是繼承統治者的位置。與此相似的例子在《左傳》中還有：

> 十四年春，衛侯如晉，晉侯強見孫林父焉，定公不可。夏，衛侯既歸，晉侯使郤犨送孫林父而見之。衛侯欲辭，定姜曰：「不可。是先君宗卿之嗣也，大國又以爲請，不許將亡。（《左傳·成公十四年》）

楊伯峻注云：「先君指定公之父衛穆公，宗卿指孫林父之父孫良夫。」〔註84〕

這裏的「嗣」雖不是「諸侯嗣國」，但是大夫嗣宗族，也是繼承的意思。

嗣國者、嗣帝位者都是繼承君（帝）位的人，所以「嗣」又有剛剛繼位的君主義：

> 今又不禮於衛之嗣，衛必叛我，是絕諸侯也。（《左傳·昭公七年》）

杜預注云：「嗣，新君也。」楊伯峻注云：「嗣即繼位之君。」再如：

> 吳公子光……告鱄設諸曰：「上國有言曰：『不索何獲？』我，王嗣也，吾欲求之。」（《左傳·昭公二十七年》）

孔穎達疏引服虔云：「夷昧生光而廢之。僚者，夷昧之庶兄。夷昧卒，僚代立，故光曰『我，王嗣也』。」〔註85〕

〔註83〕春秋左傳注〔M〕，北京：中華書局，1980，868。
〔註84〕同上，724。
〔註85〕春秋左傳正義〔M〕，十三經注疏本（影印本），北京：中華書局，1980，2116。

　　嗣爲繼位之君，不等於繼位者與先君是父與子的關係。嗣是一個較爲籠統的意義指向的詞，它的核心意義只是後繼者。

　　　　孔張，君之昆孫子孔之後也，執政之嗣也，爲嗣大夫。（《左傳·昭公十六年》）

　　杜預注云：「子孔，鄭襄公兄，孔張之祖父。又子孔嘗執鄭國之政。」所以這裏的「執政之嗣」即爲子孔的後繼人。爲了強調繼任者與讓位人的父子關係，只用「嗣」不行，要用「嗣子」明確。

　　「嗣」又擴展有「繼續」義：

　　　　大史書曰：「崔杼弒其君。」崔子殺之，其弟嗣書，而死二人。
　　（《左傳·襄公二十五年》）

　　杜預注：「嗣，續也。」這一釋義與《爾雅·釋詁》的解釋正合。

　　「嗣」還有「繼承」義：

　　　　初，景公欲更晏子之宅……（晏子）辭曰：「君之先臣容焉，臣不足以嗣之，於臣侈矣。」（《左傳·昭公三年》）

　　楊伯峻注：「我不足以繼承父祖，而我猶居之，於我尚以爲過份。」〔註86〕

　　「嗣」的詞義有一定的模糊性，所以爲了使之意義更爲明晰一些，就出現了嗣子、嗣君、嗣卿、嗣大夫、嗣適等，如：

　　　　趙孟曰：「……今越圍吳，嗣子不廢舊業而敵之，非晉之所能及也，吾是以爲降。」（《左傳·哀公二十年》）

　　杜預注：「嗣子，襄子自謂。」趙孟即趙襄子，他說此話時，其父簡子剛剛去世，他繼承了簡子的晉國卿位。因其父在此七年前曾與吳王有「好惡同之」的盟誓，所以當吳國受到越國圍困時，來到吳國履行其父的誓言。

　　　　穆叔聘于宋，通嗣君也。（《左傳·襄公二年》）

　　楊伯峻注：「嗣君指魯襄公。」〔註87〕在《左傳·文公元年》中有載：「凡君即位，卿出并聘。」此爲穆叔向宋通報襄公繼承君位的情況。

　　　　且先君之嗣卿也，受命以求師，將社稷是衛，而惰，棄君命也。
　　不亡何爲？（《左傳·成公十三年》）

　　杜預注：「郤錡，郤克子，故曰嗣卿。」

　　　　縣鄙之人，入從其政；偪介之關，暴征其私；承嗣大夫，強易

〔註86〕春秋左傳注〔M〕，北京：中華書局，1980，1237。
〔註87〕同上，923。

其賄。(《左傳・昭公二十年》)

杜預注：「承嗣大夫，世位者。」意謂世襲大夫之官位的人。

　　師在制命而已，稟命則不威，專命則不孝，故君之嗣適不可以
　師師。(《左傳・閔公二年》)

楊伯峻注：「適同嫡。嗣適，猶言適嗣。」〔註88〕這是爲了強調繼承人的特殊血緣身份而加「嫡」字。此「嗣適」指晉獻公的大子申生。

3. 嬖

「嬖」是寵幸、喜愛的意思。《玉篇・女部》：「嬖，《春秋傳》曰：賤而獲幸曰嬖。」〔註89〕據此可知，「嬖」的寵幸是指地位低下的人受寵幸，與一般的寵幸義有別。

　　初，王姚嬖于莊王，生子頹。子頹有寵，蒍國爲之師。(《左傳・
　莊公十九年》)

杜預注：「王姚，莊王之妾也，姚姓。」可知，王姚雖然「嬖於莊公」，但其身份是妾，地位並不高。這正是「嬖」的本義。但是，「嬖」又常用來指稱被寵幸的人。如：

　　知罃之父，成公之嬖也，而中行伯之季弟也，新佐中軍，而善
　鄭皇戌，甚愛此子。(《左傳・成公二年》)

杜預注：「知罃父，荀首也。中行伯，荀林父也。邲之戰，楚人囚知罃。」

爲了使所寵愛的對象更明晰，於是出現了「嬖子」、「嬖大夫」、「嬖人」、「嬖妾」、「嬖寵」、「外嬖」、「嬖童」等稱謂：

　　內寵並后，外寵二政，嬖子配嫡，大都耦國，亂之本也。(《左
　傳・閔公二年》)

「嬖子」在這裏指的是晉獻公與寵姬驪姬所生之子奚齊。「嬖子配適」即指獻公與寵愛的姬妾所生的兒子奚齊和太子申生的地位相當。

　　乃執子南，而數之曰：「國之大節有五，女皆奸之……今君在國，
　女用兵焉，不畏威也。奸國之紀，不聽政也。子晳上大夫，女嬖大
　夫，而弗下之，不尊貴也。幼而不忌，不事長也。兵其從兄，不養
　親也。(《左傳・昭公元年》)

〔註88〕春秋左傳注〔M〕，北京：中華書局，1980，269。
〔註89〕宋本玉篇〔M〕，北京：中國書店，1983，66。

楊伯峻注：「晉、鄭、吳皆謂下大夫爲嬖大夫。」〔註90〕從語境考察，此「嬖大夫」意爲受寵幸，地位不高的大夫。

> 公子州吁，嬖人之子也。有寵而好兵，公弗禁。（《左傳·隱公三年》）

楊伯峻注：「得寵幸者曰嬖。」〔註91〕嬖人之與嬖，只是補足一個音節，意義相同。

> 初，魏武子有嬖妾，無子。（《左傳·宣公十五年》）

> 初，（衛獻）公有嬖妾，使師曹誨之琴，師曹鞭之。公怒，鞭師曹三百。（左傳·襄公十四年）

「嬖妾」意即寵幸的妾。

> 鄭有平、惠之勳，又有厲、宣之親，棄嬖寵而用三良，於諸姬爲近，四德具矣。（《左傳·僖公二十四年》）

杜預注：「七年殺嬖臣申侯，十六年殺寵子子華也。三良，叔詹、堵叔、師說。」楊伯峻注：「嬖寵爲一詞，杜分言之，未當。」〔註92〕所以「嬖寵」爲同義連屬，意爲寵幸者。

> 晉侯飲酒，樂。……又飲外嬖嬖叔。（《左傳·昭公九年》）

杜預注：「外嬖，外都大夫之嬖者。」

> 晉厲公侈，多外嬖。（《左傳·成公十七年》）

杜預注：「外嬖，愛幸大夫。」

> 公爲與其嬖僮汪錡乘，皆死，皆殯。（《左傳·哀公十一年》）

此汪錡當爲公之寵幸僮僕。

最能代表這種稱謂的不確定性的是「側室」一詞。如：

> 吾聞國家之立也，本大而末小，是以能固。天子建國，諸侯立家，卿置側室，大夫有貳宗，士有隸子弟，庶人、工、商，各有分親，皆有等衰。（《左傳·桓公二年》）

杜預注：「側室，眾子也。得立此一官。」可知此「側室」實爲官名。

> 趙氏新出其屬曰臾駢，必實爲此謀，將以老我師也。趙有側室曰穿，晉君之婿也，有寵而弱，不在軍事。（《左傳·文公十二

〔註90〕春秋左傳注〔M〕，北京：中華書局，1980，1213。
〔註91〕同上，31。
〔註92〕同上，424。

年》）

杜預注：「側室，支子。穿，趙夙庶孫。」孔穎達《正義》：「正室是適子，知側室是支子，言在適子之側也。」〔註93〕此「側室」指嫡子以外的庶子。

《禮記‧內則》：「妻將生子，及月辰，居側室。」鄭玄注：「側室謂夫之室，次燕寢也。」孔穎達疏：「夫正寢之室在前，燕寢在後。側室又後燕寢，在燕寢之旁，故謂之側室。」〔註94〕可知，側室本指燕寢之旁的居室。

由房屋所在位置的不同：正室居正中，側室居正室之兩側，引申爲居於不同位置的人。孔穎達的解釋說明了「側室」稱謂意義的緣由。

《左傳》人物稱謂中這種帶有一定不確定性、「臨時性」的稱謂數量很多。因其數量多，意義含混，需要通過具體語境方能確定意義指向，所以本文對這種情況一般不過多涉及。

第二節　人物的親屬稱謂

所謂「親屬」，《現代漢語詞典》給出的解釋是「跟自己有血統關係或婚姻關係的人。」〔註95〕按《爾雅》的分析大體分爲「宗親」和「姻親」兩大類：在周代，男性是社會的主體，同一父親族下的成員，即爲同宗之親屬。它包括大宗的宗子之子孫、小宗的支子之子孫。尚未出嫁的女子歸屬生父所在的宗族，出嫁以後，就歸入丈夫所在宗族了。

周代的父系宗系體現在「姓」的傳承和王（君）位的傳承兩方面。「姓」的傳承比較簡單、直觀：父親的姓傳給自己的子、女，男性子嗣不論嫡庶，都繼承父親的姓；女性子嗣不分出嫁與否，也都繼承父親的姓。王（君）位的傳承大體上是父子（嫡）相傳，輔以父子（庶）和兄弟相傳。從姓的傳遞和權力的傳遞方面，體現了父系血緣關係的重要。所以宗親關係優於親屬關係中的其它關係。

宗親還體現在「族」。「族」在《左傳》中是和氏聯繫在一起的，《左傳‧隱公八年》：「（魯隱）公問族於眾仲。仲對曰：『天子建德，因生以賜姓，胙之土而命之氏。諸侯以字爲諡（氏），因以爲族。官有世功，則有官族。邑亦

〔註93〕春秋左傳正義〔M〕，十三經注疏本（影印本），北京：中華書局，1980，1851。

〔註94〕禮記正義〔M〕，十三經注疏本（影印本），北京：中華書局，1980，1469。

〔註95〕現代漢語詞典〔M〕，上海：商務印書館，1983，925。

如之。』」族，《白虎通》釋作「湊也，聚也，謂恩愛相流湊也。上湊高祖，下至玄孫，一家有吉，百家聚之，合而為親，生相親愛，死相哀痛，有會聚之道，故謂之族。」〔註96〕所以族（氏）是男性中心的家族的標誌，它和姓一樣，體現了父系血緣關係。

《左傳》將宗親、姻親分得很清，《左傳・僖公二十五年》：「晉侯朝王，王享醴，命之宥。請隧，弗許……與之陽樊、溫、原、攢茅之田……陽樊不服，圍之。蒼葛呼曰：『德以柔中國，邢以威四夷，宜吾不敢服也。此誰非王之親姻，其俘之也？』」對「此誰非王之親姻」句，《國語・周語中》作「夫亦皆天子之父兄甥舅也」〔註97〕。將親、姻與父兄、甥舅對應，可知「親」指同姓宗親，「姻」指異姓姻親。同姓宗親即父親系統親屬，異姓姻親即母親系統的親屬。

由婚姻關係形成的親屬，是姻親。姻親包括母親系統的直、旁系親屬、女性丈夫的直、旁系親屬和男性妻子的直、旁系親屬。這部分親屬與宗親親屬的最大不同是屬於兩個不同的宗廟，即不同宗（不同姓），所以又稱作「外親」。宗親、姻親的區分，是周代宗法制的產物，是父權強化的標誌。無論宗親稱謂還是姻親稱謂，它的最大特點就是尊卑有別、長幼有別和男女有別，有的甚至還強調存亡有別。

一、親屬稱謂概說

親屬稱謂是指人物有血緣宗法關係、家族姻親關係的人群彼此的稱謂。親屬稱謂在人物稱謂中，因為使用頻率高，所以劃分很細。分析《左傳》親屬稱謂，對認識春秋時期乃至早期的社會形態具有較大的實用價值。

親屬關係從發生方式的角度區分，可以分為血緣親屬和姻親親屬。從親疏角度分，可以分為直系血緣親屬與旁系血緣親屬、直系姻親和旁系姻親，因而便有了與之相應的不同親屬稱謂。血緣親是同宗內的人物關係，又稱為「宗親」。由婚姻關係構成的親屬關係是異姓親屬，又稱作「外親」。無論宗親稱謂，還是姻親稱謂，都有其共同點：強調尊卑有別、長幼有別和男女有別。《爾雅・釋親》將親屬稱謂分為宗族、母黨、妻黨、婚姻等四個部分，涉

〔註96〕〔漢〕班固撰，白虎通〔M〕，叢書集成本，上海：商務印書館，民國二十五年，卷三，219。

〔註97〕國語〔M〕，上海：上海古籍出版社，1978，57。

及稱謂多達百餘種，僅宗族部分就有五十種左右，上自曾祖王父之父——高祖王父，下至七代之後的雲孫，可謂代代俱全。漢代的《釋名》也有「釋親屬」的內容，它沒有如《爾雅》那樣對親屬類稱謂進行分類，但內容涉及的範圍並不少。此外，《白虎通義》中也有關於親屬稱謂的內容。三國張揖的《廣雅》和以後的《駢雅》等都有親屬稱謂的內容。由此可知，親屬稱謂是一個從古代就開始被重視的問題。

親屬稱謂中，有許多的同一人或事，有幾個不同的稱謂：

> （周）王曰：「胡，無若爾考之違王命也！」（《左傳·定公四年》）

杜預注：「胡，（蔡叔之子）蔡仲名。」周公輔成王執國政，管、蔡趁機謀反，成王誅管，放蔡，並舉蔡叔之子仲為王卿士，這是成王在舉用蔡仲時告誡他，不要像他父親那樣違抗王命。這裏稱父為考。

> 鄭子產作丘賦。國人謗之，曰：「其父死於路，己為蠆尾。以令
> 於國，國將若之何？」（《左傳·昭公四年》）

杜預注：「謂子國為尉氏所殺。」這是指子產的父親在路上被害，子產本人如同蛇蠍之尾一樣荼毒，讓這樣的人治理國家將毫無生路。同樣是父親，有時就另稱考。父、考都是指「始生己也」〔註98〕，在不同的場所有不同的稱謂。

與之相反的是：同一稱謂，在不同的場所，有不同的所指：

> 雍姬……謂其母曰：「父與夫孰親？」（《左傳·桓公十五年》）

父親和丈夫誰更親近一些？

> 既有肥羜，以速諸父。（《詩·小雅·伐木》）

《毛傳》：「天子謂同姓諸侯，諸侯謂同姓大夫，皆曰父。」〔註99〕所以「父」之與「考」，其意義要寬泛許多。

稱謂和多數實詞一樣，應該是有其來源的，比如「父（甫）」，《方言》卷六：「東齊魯衛之間凡尊老謂之傁，或謂之艾，周晉秦隴謂之公，或謂之翁，南楚謂之父」。〔註100〕因此，傁、艾、公、翁、父為同義。劉熙《釋名》卷三釋傁為「長老之稱」，〔註101〕則父亦是「長老之稱」，即年長的男子。如《左

〔註98〕 篆字釋名疏證〔M〕，上海：商務印書館，民國25年，80。
〔註99〕 〔漢〕毛亨傳，〔漢〕鄭玄箋，〔唐〕孔穎達等疏，毛詩正義〔M〕，十三經注
　　　　疏本（影印本），北京：中華書局，1980，441。
〔註100〕〔清〕錢繹撰集，方言箋疏〔M〕，上海：上海古籍出版社，1983，24。
〔註101〕篆字釋名疏證〔M〕，上海：商務印書館，民國25年，86。

傳・哀公十三年》：「吳申叔儀乞糧於公孫有山氏，曰：『佩玉縈兮，余無所繫之；旨酒一盛兮，余與褐之父睨之。』」這是說：佩玉堆在那裏，我卻不能繫在身上；甘醇的美酒盛在杯裏，我和身穿粗布衣的老人只能用眼睛看。上古時代是個尊老、敬老的時代，因為那個時代的認知水平處於蒙昧的狀態，人們處理社會問題及與自然界的矛盾所依據的只有經驗，而年長者正是有經驗財富的人。因此，對老年男人的稱呼就成為對老年男子的敬稱，甚至成為成年男子的美稱，如《詩・大雅・大明》：「為師尚父，時維鷹揚」。〔註 102〕意思是：太師姜尚，如雄鷹般飛揚前進。在姜尚的名下加「父」字，以示讚美之意。在子女眼裏，自己的生身父親等親人當然是可稱讚的男子，所以詞義又特指有血緣關係的男性長輩，包括生父和父親的兄弟。如《詩・小雅・黃鳥》：「言旋言歸，復我諸父。」〔註 103〕前面所引《詩・伐木》等證明「父」可指父親的兄弟。郭沫若對此解釋說：「父乃斧之初字，石器時代，男子持斧以事操作，故孳乳為父母之父。」〔註 104〕後來「父」的意義進一步縮小，由稱老年男性，甚或成年男性，特指生身父親。

　　（范鞅）趨進曰：「欒氏帥賊以入，鞅之父與二三子在君所矣，
　　使鞅逆吾子，鞅請驂乘。」（《左傳・襄公二十三年》）

　　　　民人痛疾，而或燠休之。其愛之如父母，而歸之如流水。（《左
　　傳・昭公三年》）

　　其句中「父」均為此義。父親的稱謂就這樣產生了。「甫」和「父」都有年長的意思，所以甫字的構形，父是形符。《釋名・釋首飾》：「甫，丈夫也。」〔註 105〕即成年男子之稱。在年長的男子、男子美稱意義上，父、甫是相同的。當社會進入文明時代，社會實行對偶婚制，父產生了生身之父的意義後，習慣上為了區別，父、甫才各有分工，甫一般只表成年男子、男子美稱，父則表和自己有親生血緣關係的父親義。父、甫的分工，證明了社會向文明的進步。

　　漢代的劉熙，在所著《釋名・釋親屬》中，試圖通過聲音關係探究詞的淵源關係。這一想法雖可貴，但方法有失簡單，有的結果甚至十分牽強，如：

〔註 102〕毛詩正義〔M〕，十三經注疏本（影印本），北京：中華書局，1980，508。
〔註 103〕同上，434。
〔註 104〕郭沫若全集，考古篇〔M〕，北京：科學出版社，1982，140。
〔註 105〕篆字釋名疏證〔M〕，上海：商務印書館，民國 25 年，135。

祖，胙也。

親，襯也，相隱，襯也。

母，冒也，含生己也。

妾，接也。

姊，積也，猶日始出，積時多而明也。〔註106〕

這種解釋並沒有揭示稱謂的淵源關係。劉熙試圖通過聲音聯繫，探求詞和詞的關係與詞義的來源，以求從源頭上解釋詞義，開闢了解索詞義的一個新途徑，這對語源科學是一個貢獻。但許多都是主觀臆測，所以許多親屬稱謂的來源有進一步探求的必要。

在親屬稱謂中，多有美稱，如在祖、考前加綴「皇」字：

昔我皇祖伯父昆吾，舊許是宅。今鄭人貪賴其田，而不我與，

我若求之，其與我乎？（《左傳·昭公十二年》）

據《史記·楚世家》，昆吾是楚先祖季連之兄，故楚靈王稱遠祖為「皇祖」。〔註107〕「皇」，光明而偉大，是讚美之詞，「皇祖」即偉大的祖先。此外，尚有皇考（《禮記·曲禮》「父曰皇考」〔註108〕）、皇姑，（《禮記·曲禮》「母曰皇姑」〔註109〕）等，這類稱謂專指前輩。

還有在稱謂之前加「慈」（限在「父」、「母」稱謂前）：

葉公亦至，及北門，或遇之曰：「君胡不冑？國人望君，如望慈

父母焉，盜賊之矢若傷君，是絕民望也，若之何不冑？」（《左傳·

哀公十六年》）

慈父、慈母，是表示對父母親的親愛和讚美。

宗法制是春秋社會的根本制度，《左傳》對反映這一根本制度的稱謂就區分細緻：妻（婦）要分嫡庶、子也要分嫡庶長幼，從宗族角度還要分宗、別：

季武子無適子，公彌長，而愛悼子，欲立之。訪於申豐，曰：「彌

與紇，吾皆愛之，欲擇才焉而立之。」（《左傳·襄公二十三年》）

公彌和悼子都是庶子，公彌為長，悼子為幼。季武子因無適子，只能在庶子中尋立嗣子。季武要違反立嗣無嫡立長的古制，要立幼子，其藉口為「擇

〔註106〕篆字釋名疏證〔M〕，上海：商務印書館，民國 25 年，80～83。
〔註107〕史記（點校本）〔M〕，北京：中華書局，1972，1707。
〔註108〕禮記正義〔M〕，十三經注疏本（影印本），北京：中華書局，1980，1269。
〔註109〕同上。

才焉而立」。

> 王子朝、賓起有寵於景王，王與賓孟說之，欲立之。劉獻公之
> 庶子伯蚠事單穆公，惡賓孟之爲人也，願殺之；又惡王子朝之言，
> 以爲亂，願去之。(《左傳・昭公二十二年》)

杜預注：「子朝，景王之長庶子。賓起，子朝傅。」賓孟是子朝之傅，景王愛子朝，因愛其傅，故朝、起並有寵於景王。與賓孟談說之，欲立朝爲太子，故伯蚠惡之。

關於嫡子、庶子的區分，朱駿聲《說文通訓定聲》以爲「嫡叚借爲敵。夫人與君匹敵，故敵之子爲嫡子。」〔註110〕從《左傳》所記的事實看，這種解釋並不符合周代宗法制的實際。《儀禮・喪服》：「爲眾子。」胡培翬《正義》：「長子，眾子與嫡子、庶子，名異實同。凡言長子者，則不獨長子之弟爲眾子，而妾子亦爲眾子。言適子，則不獨妾子爲庶子，而適子之同母弟亦爲庶子。《經》中凡以適對庶言者，適謂適長一人，其餘皆庶也。」〔註111〕在周代，君王眾多妻妾中，只有正妻爲嫡妻，其餘媵妾則爲庶妻，或稱庶婦。只有嫡妻的長子爲嫡子，其餘子嗣皆爲庶子。這就是《左傳》所反映的實際。

宗子，亦即嫡長子。《禮記・內則》：「適子、庶子祇事宗子宗婦。」〔註112〕宗婦，按照杜預和孔穎達的解釋即同姓大夫之婦。《春秋・莊公二十四年》：「公使宗婦覿，用幣。」賈逵曰：「宗婦，同姓大夫之婦。」孔穎達疏：「葬齊姜，齊侯使諸姜婦來送葬。諸姜是同姓之女，知宗婦是同姓大夫之婦也。」

與宗子相對的是別子。別子，亦即庶子。《禮記・喪服小記》：「別子爲祖。」孔穎達疏：「別子，謂諸侯之庶子也。諸侯之適子適孫，繼世爲君，而第二子以下悉不得禰先君，別於正適，故云別子。」〔註113〕在《左傳》中經常使用的是嫡庶之別，「宗子」稱謂，《左傳》有見：

> 士蒍稽首而對曰：「臣聞之：『無喪而慼，憂必讎焉；無戎而城，
> 讎必保焉。』寇讎之保，又何愼焉？守官廢命，不敬；固讎之保，
> 不忠。失忠與敬，何以事君？《詩》云：『懷德惟寧，宗子惟城。』

〔註110〕〔清〕朱駿聲編著，說文通訓定聲 (影印本)〔M〕，武漢：武漢古籍書店，1983，518。

〔註111〕〔清〕胡培翬著，儀禮正義〔M〕，皇清經解續編，上海：上海書店，1988，694。

〔註112〕禮記正義〔M〕，十三經注疏本 (影印本)，北京：中華書局，1980，1463。

〔註113〕同上，1495。

君其修德而固宗子，何城如之？三年將尋師焉，焉用慎？」（《左傳·僖公五年》）

這是晉侯派使臣來魯國告之殺太子申生之事。宗子當指申生，已被獻公殺死。《左傳》很少使用「宗子」稱謂。

《左傳》使用「宗婦」稱謂的實例如，

九月丁卯，子同生。以大子生之禮舉之，接以大牢，卜士負之，士妻食之。公與文姜、宗婦命之。（《左傳·桓公六年》）

《禮記·內則》載：「國君世子生，告於君，接以大牢。」鄭玄注云：「謂食其母，使補虛強氣。」「接以大牢」不是給剛出生的大子，而是給產婦。

而「別子」之稱，不見於《左傳》。「庶子」之稱在《左傳》中則較多見。如：

慶封曰：「無或如楚共王之庶子圍弒其君——兄之子——麇而代之，以盟諸侯！」（《左傳·昭公四年》）

楚靈王是在殺了其兄康王之嫡子後取得君位的。靈王圍是庶子。

與宗法制相關的稱謂還有「宗兄」、「宗弟」。所謂「宗兄」，就是庶子對年長於己的嫡子的稱謂。所謂「宗弟」則是庶子對年幼於自己的嫡子的稱謂。《禮記·曾子問》：「若宗子有罪居他國，庶子為大夫……其以辭於賓曰：『宗兄、宗弟、宗子在他國，使某辭。』」〔註114〕其中「宗兄」、「宗弟」這兩個稱謂不見於《左傳》，《禮記》的成書要晚於《左傳》，這兩個稱謂可能是《左傳》成書之後出現的。

親屬稱謂本是血緣親、姻親間的稱謂，但實際使用中卻常常突破這個範圍，將沒有血緣、姻親關係的人，當做有這種關係的人稱叫，其原因是表示彼此關係親近而非疏遠，這一點從古到今是一致的。這應該是親屬稱謂的普遍性特點，對《左傳》中的親屬稱謂，我們將分系統述說。

二、平輩間的稱謂

（一）直系與旁系

所謂「直系」稱謂指直系親屬的稱謂。關於「直系親屬」，《現代漢語詞典》給出的解釋是「指和自己有直接血統關係或婚姻關係的人。如父、母、

〔註114〕禮記正義〔M〕，十三經注疏本（影印本），北京：中華書局，1980，1398～1399。

夫、妻、子、女等」〔註115〕。這當然包括了以自己爲中心的上輩「有直接血統關係或婚姻關係的人」，也包括自己的下一代，還包括自己的配偶，按照這一規定範圍，平輩間的直系親屬就只有以自我爲中心的夫妻（包括媵妾）了。

所謂「旁系」稱謂，是指旁系親屬的稱謂。關於「旁系親屬」，《現代漢語詞典》給出的解釋是「直系親屬以外，在血統上和自己同出一源的人及其配偶。如兄、弟、姐、妹、伯父、叔父、伯母、嬸母等」〔註116〕，這一系統所包括的內容，較之前者要豐富得多。

1. 直系平輩親屬稱謂

丈夫和妻子的稱謂，有泛稱和特指的區別。《左傳》人物中，夫妻雙方均可泛稱爲「耦」（偶），偶有成雙，配對的意思，可以用來指稱夫妻：

> 嘉耦曰妃，怨耦曰仇。（《左傳·桓公二年》）

這一稱謂用今天的稱呼就是「配偶」、「夫妻」或「夫婦」。它沒有性別的區別。我們將它視作「泛稱」。

與此相類的還有「伉儷」，如《左傳·成公十一年》：「婦人怒曰：『己不能庇其伉儷而亡之，又不能字人之孤而殺之，將何以終？』」孔穎達疏曰：「言是相敵之匹耦。」這是指丈夫和正室妻子。

《左傳》人物的夫妻雙方中，一方稱另一方或稱夫，或稱妻（婦）：

> 禮之可以爲國也久矣，與天地並。君令臣共，父慈子孝，兄愛
> 弟敬，夫和妻柔，姑慈婦聽，禮也。（《左傳·昭公二十六年》）

「夫和妻柔」，夫妻對舉。

我們考察了《左傳》中做爲丈夫配偶義的「妻」的用法，沒有發現《釋名·釋親屬》中所說的「士庶人曰妻」的特殊指向意義。其它文獻中也沒有類似的佐證。

> 焚我郊保，馮陵我城郭。敝邑之眾，夫婦男女，不遑啓處，以
> 相救也。（《左傳·襄公八年》）

夫婦，楊伯峻先生釋爲「已嫁娶者」〔註117〕。我們認爲這種解釋並不十分準確，夫婦並用時，應指夫妻，即結爲婚姻關係的男女雙方，並不是二者

〔註115〕現代漢語詞典〔M〕，北京：商務印書館，2008，1749。
〔註116〕同上，1023。
〔註117〕春秋左傳注〔M〕，北京：中華書局，1980，959。

毫不相關的已婚男女。再如《左傳・隱公八年》：「鄭公子忽如陳逆婦媯。辛亥，以媯氏歸……先配而後祖。鍼子曰：『是不爲夫婦。誣其祖矣，非禮也，何以能育？』」杜預注：「禮，逆婦必先告祖廟而後行……鄭公子忽先逆婦而後告廟，故曰先配而後祖。」

但是，如果「夫婦」不是並用、對舉，其意義又當別論：「婦」、「婦人」均指已婚女子。

> 君子謂宋共姬：「女而不婦。女待人，婦義事也。」（《左傳・襄公三十年》）

君子認爲宋共姬居室失火而不避的行爲是女道而非婦道。按春秋時期禮法，未嫁之女子，在沒有女師即傅母引導陪伴之下，是不可隨意離開自己的房間居室的，未婚女子須保傅相待，已婚婦人則可相宜行事。婦爲已婚女子，準確地說就是「媳婦」。

> 禮無所逆。婦，養姑者也。虧姑以成婦，逆莫大焉。（《左傳・襄公二年》）

楊伯峻注云：「《說文》：『姑，夫母也。』古代稱丈夫之父母爲『舅姑』，今曰『公婆』。穆姜爲魯宣公夫人，成公之母；齊姜爲成公夫人。穆姜與齊姜爲婆媳。《爾雅・釋親》：『子之妻爲婦。』正此婦字之意。」姑、婦對舉，婦就是姑之子的「媳婦」。

妻子由於丈夫或自己的地位的不同，稱謂也不同，諸侯之妻（指正室）可以稱「小君」：

> 葬定姒，不稱小君，不成喪也。（《左傳・定公十五年》）

關於「小君」，《穀梁傳・莊公二十二年》有過說明：「小君非君也。其曰君何也？以其爲公配，可以言小君也。」[註118]

「小君」又可稱「少君」，其意義相同：

> 大子蒯聵獻盂于齊，過宋野。野人歌之曰：「既定爾婁豬，盍歸吾艾豭？」大子羞之，謂戲陽速曰：「從我而朝少君，少君見我，我顧，乃殺之。」（《左傳・定公十四年》）

此「少君」指衛侯夫人南子（宋女）。《論語・季氏》云：「幫君之妻，君稱之曰夫人。夫人自稱曰小童。邦人稱之曰君夫人，稱諸異邦曰寡小君，異

〔註118〕〔晉〕范甯注，〔唐〕楊士勳疏，春秋穀梁傳注疏〔M〕，十三經注疏本（影印本），北京：中華書局，1980，2385。

邦人稱之亦曰君夫人。」〔註119〕此說在《左傳》文獻中多無實證，與實際應用情況出入較大。

《詩·周南·關雎》序「關雎后妃之德也」，孔穎達疏云：「《曲禮》曰：『天子之妃曰后』。《釋詁》云：『妃，媲也』。言媲匹於夫也。天子之妻唯稱后耳。妃則上下通名。故以妃配后而言之。」〔註120〕由此，周天子之妻則稱「后」：

> 九年，春，紀季姜歸於京師。凡諸侯之女行，唯王后書。（《左傳·桓公九年》）

同年《春秋》之杜預注云：「季姜，桓王后也。」此王后為桓王之妻。

> 夏，狄伐鄭，取櫟。王德狄人，將以其女為后。（《左傳·僖公二十四年》）

為后，即收做妻子。

妻子又可稱「內」、「內子」

> （趙姬）以盾為才，固請于公，以為嫡子，而使其三子下之。以叔隗為內子，而己下之。（《左傳·僖公二十四年》）

杜預注：「卿之嫡妻為內子。」趙姬是晉文公重耳的女兒，嫁給趙衰為妻，她甘願推舉叔隗為嫡，自己居於其下。

> 衛孔圉取大子蒯聵之姊，生悝。孔氏之豎渾良夫長而美，孔文子卒，通於內。（《左傳·哀公十五年》）

內即孔文子之妻，蒯聵之姊。

妻子還可以稱作「家」、「室」。《禮記·內則》：「三十而有室，始理男事」。鄭玄注云：「有室，有妻也」。孔穎達進一步解釋說：「壯有室，妻居室中，故呼妻為室。」〔註121〕孔穎達解釋了稱妻子為室的原由，《左傳》中有此用例：

> 女有家，男有室，無相瀆也，謂之有禮。易此必敗。（《左傳·桓公十八年》）

杜預注：「女安夫之家，夫安妻之室，違此則為瀆。」所以「室」本指「妻之室」，由妻子所居之室，轉化為在室內所居之人，即妻子。

> 六年其逋，逃歸其國，而棄其家，明年其死於高梁之虛。（《左

〔註119〕論語注疏〔M〕，十三經注疏本（影印本），北京：中華書局，1980，2522。
〔註120〕毛詩正義〔M〕，十三經注疏本（影印本），北京：中華書局，1980，269。
〔註121〕禮記正義〔M〕，十三經注疏本（影印本），北京：中華書局，1980，1471。

傳·僖公十五年》）

杜預注：「逋，亡也。家，謂子圉婦懷嬴。」

妻子又可以稱「妃」。《爾雅·釋詁》：「妃，合也，對也，媲也」。〔註122〕妃，即相合、成對。「妃」與「配」音近義通。《左傳·文公十四年》：「子叔姬妃齊昭公，生舍。」唐陸德明《經典釋文》：「妃，音配，本亦作配。」〔註123〕意思是子叔姬和齊昭公結成一對夫妻。作爲名詞，妃是配偶的意思，前文所引《左傳·桓公二年》傳文「嘉耦曰妃」即此義。在男性中心的社會，男人是社會活動的中心和主角，女人只是配角。所以妃的配偶義，逐漸偏向了男性的配偶——妻子意義的轉化。《儀禮·少牢饋食禮》：「以某妃配某氏」。鄭玄注云：「某妃，其妻也。」〔註124〕妃是妻子的另一種稱謂。它即可指正室嫡妻，也可指側室媵妾。

> 邾文公元妃齊姜生定公，二妃晉姬生捷菑。文公卒，邾人立定
> 公，捷菑奔晉。（《左傳·文公十四年》）

元妃，按杜預的解釋即「言元妃，明始適夫人也。」即正室。二妃，第二個妻子，即媵妾。做「妻子」義，「妃」並無身份尊卑之別。

諸侯經聘問而娶的正室稱夫人：

> 仲子生而有文在其手，曰：「爲魯夫人。」（《左傳·隱公元年》）

杜預注：諸侯「元妃死則次妃攝治內事，猶不得稱夫人。」

> 楚令尹子元欲蠱文夫人，爲館於其宮側，而振萬焉。（《左傳·
> 莊公二十八年》）

杜預注：「文王夫人息嬀也。子元，文王弟。蠱，惑以淫事。」

> 連稱有從妹在公宮，無寵，使間公，曰：「捷，吾以汝爲夫人。」

（《左傳·莊公八年》）

《左傳》所記的春秋時期實行多妻制。多妻中之經行聘禮之配偶爲正室，對其餘媵妾來說，地位相對尊貴，是所謂「嫡妻」，媵妾則爲庶室。妾，本指女性奴僕，《左傳·僖公十七年》載：「男爲人臣，女爲人妾。」「妾」與「臣」相對，都是僕役、被驅使者。不行聘禮的隨媵對嫡妻來說，也是地位低下者，所以媵、妾便有了共同之處。「妾」於是有了正室之外的配偶的意義了。如《左

〔註122〕爾雅今注〔M〕，天津：南開大學出版社，1987，17～18。
〔註123〕經典釋文〔M〕，上海：上海古籍出版社，1985，17。
〔註124〕儀禮注疏〔M〕，十三經注疏本（影印本），北京：中華書局，1980，1201。

傳‧襄公五年》載：「季文子卒。大夫入斂，公在位。宰庀家器爲葬備，無衣帛之妾，無食粟之馬，無藏金玉，無重器備。」

又周天子、諸侯的姬妾又可稱嬪、嬙：

> 齊侯使晏嬰請繼室於晉，曰：「……寡人願事君，朝夕不倦，將奉質幣，以無失時，則國家多難，是以不獲。不腆先君之適，以備內官，焜耀寡人之望，則又無祿，早世殞命，寡人失望。君若不忘先君之好，惠顧齊國，辱收寡人……則猶有先君之適及遺姑姊妹若而人……以備嬪嬙，寡人之願也。」（《左傳‧昭公三年》）

杜預注：「嬪嬙，婦官。」

婦官，又稱內官，即天王、諸侯之內室。如《左傳‧哀公元年》：「今聞夫差次有臺榭陂池焉，宿有妃嬙嬪御焉。」杜預注：「妃嬙，貴者；嬪御，賤者，皆內官。」但「內官」一稱有歧義。在《左傳》一書中凡三見，亦有三種不同意義：（1）指諸侯之媵妾、妻室，如《左傳‧昭公元年》：「（公孫）僑又聞之，內官不及同姓，其生不殖。美先盡矣，則相生疾，君子是以惡之。」此「內官」指妻室、媵妾無疑。（2）指諸侯之近臣，即內廷之官。如《左傳‧宣公十二年》：「右廣初駕，數及日中，左則受之，以至于昏。內官序當其夜，以待不虞。」此「內官」爲國君身邊的內臣。（3）指內宮。如《左傳‧昭公三年》：「寡人願事君朝夕不倦。將奉質幣以無失時，則國家多難，是以不獲。不腆先君之適以備內官，焜耀寡人之望，則又無祿，早世隕命。寡人失望。」所以「內官」一稱非妻媵專有。

2. 旁系平輩親屬稱謂

（1）兄弟

《爾雅‧釋親》：「男子先生爲兄，後生爲弟」。〔註125〕在宗法社會實行的是多妻制，凡是同父所生之男性子嗣，按年齒大小排序，年長者爲兄，次者爲弟。

> 君義，臣行，父慈，子孝，兄愛，弟敬，所謂六順也。（《左傳‧隱公三年》）

> 晉侯之弟揚干亂行於曲梁，魏絳戮其僕。（《左傳‧襄公三年》）

在兄弟間有「母兄」、「母弟」的稱謂。所謂「母兄」、「母弟」是指同母

〔註125〕爾雅今注〔M〕，天津：南開大學出版社，1987，157。

所生的兄弟，《公羊傳・隱公七年》：「齊侯使其弟年來聘。稱其弟何？母弟稱弟，母兄稱兄。」何休注：「母弟，同母弟；母兄，同母兄」。〔註126〕

《左傳》中這種稱謂多見：

> 僖公之母弟曰夷仲年，生公孫無知，有寵於僖公，衣服禮秩如適。（《左傳・莊公八年》）

杜預注：「適，大子。」齊僖公母弟之子，按宗法制度，不該「如適」。

但是《左傳》中未見直書「母兄」者，「母兄」均以「兄」代之：

> 君令臣共，父慈子孝，兄愛弟敬，夫和妻柔，姑慈婦聽，禮也。
> （《左傳・昭公二十六年》）

> 宋皇瑗之子麇有友曰田丙，而奪其兄鄆般邑以與之。（《左傳・哀公十七年》）

同輩中的人在表示關係密切時也可以「兄弟」相稱，如《左傳・昭公元年》：「（趙孟）且曰：『吾兄弟比以安，尨也可使無吠。』」這是晉大夫趙武對鄭大夫子皮等人說的話，意思是只要我們兄弟緊密和諧，就是狂犬也不敢妄吠。

《說文》：「周人謂兄曰晜。」〔註127〕晜，又作「昆」。如：

> （趙）嬰曰：「我在，故欒氏不作。我亡，吾二昆其憂哉！」且人各有能、有不能，舍我何害？（《左傳・成公五年》）

「二昆」等於說兩位兄長，指原同、屏季。杜預注：「原同、屏季，嬰之兄。」

《左傳》中「昆弟」常常連用，指兄弟。

> 子產在鄙聞之，懼弗及，乘遽而至，使吏數之曰：「伯有之亂，以大國之事，而未爾討也。爾有亂心無厭，國不女堪。專伐伯有，而罪一也。昆弟爭室，而罪二也。薰隧之盟，女矯君位，而罪三也。有死罪三，何以堪之？不速死，大刑將至。（《左傳・昭公二年》）

關於「昆弟爭室」，杜預注：「謂爭徐吾犯之妹。」洪亮吉《春秋左傳詁》於《昭公元年》引惠棟曰：「據此則子南、子晳爭同姓以爲室也。」〔註128〕

〔註126〕〔漢〕何休注，〔唐〕徐彥疏，春秋公羊傳注疏〔M〕，十三經注疏本（影印本），北京：中華書局，1980，2209。

〔註127〕說文解字注（影印本）〔M〕，上海：上海古籍出版社，1988，236。

〔註128〕〔清〕洪亮吉著，春秋左傳詁〔M〕，北京：中華書局，1987，637。

為了爭娶徐吾犯之妹為妻，鄭公子皙、公子南兄弟二人發生械鬥。這裏的「昆弟」指兄和弟二人。

有時，「昆弟」是偏指：

> 衛人將伐邢，禮至曰：「不得其守，國不可得也。我請昆弟仕焉。」
>
> 乃往，得仕。（《左傳‧僖公二十四年》）

禮至擔心攻取邢後，得不到邢國正卿國子的合作，難以處理邢的事務，請求其弟前往。杜預注：「禮至，衛大夫。守，謂邢正卿國子」。下一年《左傳‧僖公二十五年》又記載：「二禮從國子巡城，掖以赴外，殺之。」可知禮至與其弟共赴邢國，並殺死了國子。這個昆弟是偏指兄弟中的弟弟。

在宗法制度下，嫡出的兄弟稱「宗子」，年長於自己的嫡出兄長稱「宗兄」，年少於自己的嫡出兄弟稱「宗弟」。

「宗子」一稱，據《禮記‧曲禮》：「支子不祭，祭必告於宗子。」孔穎達疏云：「宗子上祭祖禰，族人皆宗之。」〔註129〕按孔疏，宗子即嫡子，支子即庶子。

> 臣聞之：「無喪而慼，憂必讎焉。無戎而城，讎必保焉。寇讎之保，又何慎焉？守官廢命，不敬；固讎之保，不忠。失忠與敬，何以事君……君其修德而固宗子，何城如之？」（《左傳‧僖公五年》）

> 孔子曰：「……攝主不厭祭，不旅，不假，不綏祭，不配。布奠於賓，賓奠而不舉。不歸肉。其辭於賓曰：『宗兄、宗弟、宗子在他國，使某辭。』」（《禮記‧曾子問》）

《左傳》中「宗兄」、「宗弟」稱謂被「昆弟」取代，嫡庶之分常通過或伯、或孟的排序上的差別體現。

與兄弟相關的稱謂還有「從兄」、「從弟」：

> 今君在國，女用兵焉，不畏威也。奸國之紀，不聽政也。子皙上大夫，女嬖大夫而弗下之，不尊貴也。幼而不忌，不事長也。兵其從兄，不養親也。（《左傳‧昭公元年》）

這是子產在子皙、子南兄弟為爭徐吾犯之妹而發生矛盾，子南擊之以戈，傷及子皙後，對子南的批評。從《左傳》所載事跡看，子皙、子南二人年紀相差甚大，是叔伯兄弟。此次爭執，曲在子皙，因其宗族背景不同，子產還

〔註129〕禮記注疏〔M〕，十三經注疏本（影印本），北京：中華書局，1980，1398。

是批評子南。

從兄，叔伯兄弟中之年長者。

　　　　臧昭伯之從弟會爲讒於臧氏，而逃於季氏，臧氏執胕。（《左傳·
　　昭公二十五年》）

楊伯峻注：「賈逵曰：『昭伯，臧孫賜也。』《魯世家·索隱》引《世本》，
『臧孫會，臧頃伯也，宣叔許之孫，與昭伯賜爲從父昆弟也。』」此謂叔伯昆
弟之年幼者。

同母異父之兄弟姊妹，則在前冠以「外」字：

　　　　聲伯之母不聘，穆姜曰：「吾不以妾爲姒。」生聲伯而出之，嫁
　　於齊管于奚，生二子而寡，以歸聲伯。聲伯以其外弟爲大夫，而嫁
　　其外妹於施孝叔。（《左傳·成公十一年》）

杜預注：「外弟，管於奚之子，爲魯大夫。」是聲伯的同母異父兄弟。外
妹，是同母異父的妹妹。

《爾雅·釋親》：「女子謂兄之妻爲嫂，弟之妻爲婦。」〔註130〕從現有文
獻看，稱兄之妻爲嫂，弟之妻爲婦者，不限於「女子」，男子也稱兄弟之妻爲
嫂、爲婦。

　　　　昔者桓公小白殺兄入（納）嫂，而管仲爲臣。（《莊子·盜跖》）
〔註131〕

　　　　謂弟之妻婦者，是嫂亦可謂之母乎。故名者，人治之大者也，
　　可無愼乎？（《儀禮·喪服》）〔註132〕

《爾雅·釋親》郝懿行《義疏》：「稱嫂是尊老之號。其男子於兄弟之妻
稱號亦同。獨舉女子者，從其類也。」〔註133〕與此相關的稱謂還有「娣婦」、
「姒婦」。《爾雅·釋親》：「長婦謂稚婦爲娣婦，娣婦謂長婦爲姒婦。」〔註134〕
所謂長婦就是兄之妻，或姒娌間的年長者；稚婦就是弟之妻或姒娌間的年少
者。這是兄弟之妻之間的稱謂。郭璞對此解釋說：「或云姒娌。」「姒娌」之
稱今天仍在使用。

《左傳》人物中關於「娣婦」、「姒婦」的稱謂有省作「娣」、「姒」者：

〔註130〕爾雅今注〔M〕，天津：南開大學出版社，1987，161。
〔註131〕曹礎基撰，莊子淺釋〔M〕，北京：中華書局，1982，455。
〔註132〕儀禮注疏〔M〕，十三經注疏本（影印本），北京：中華書局，1980，1114。
〔註133〕〔清〕郝懿行著，爾雅義疏〔M〕，北京：中國書店，1982，卷四。
〔註134〕爾雅今注〔M〕，天津：南開大學出版社，1987，161。

> 聲伯之母不聘，穆姜曰：「吾不以妾爲姒。」（《左傳・成公十一
> 年》）

洪亮吉引賈逵、鄭玄曰：「兄弟之妻相謂爲姒。」〔註135〕

穆姜是魯宣公夫人，聲伯之母爲魯宣公弟之妻。因其不聘，即非嫡妻，所以穆姜不稱她爲姒（妯娌間年長者爲姒，由此可知，聲伯之母長於穆姜）。這裏的「姒」是「姒婦」的省稱。

《爾雅・釋親》：「妻之姊妹同出爲姨」。〔註136〕按照郭璞的解釋就是均已出嫁，這是男子對自己妻子的姐妹的稱謂。

> 蔡哀侯娶于陳，息侯亦娶焉。息嬀將歸，過蔡。蔡侯曰：「吾姨
> 也」（《左傳・莊公十年》）

陳女姐妹二人，分別嫁給蔡哀侯和息侯。蔡侯和息侯都可稱對方妻子爲姨。但是從《左傳》記述的順序看，哀侯之妻似爲長者，息侯之妻爲次者。

由男子對妻子姐妹的稱謂，擴展爲母之已婚姐妹也稱「姨」，《釋名・釋親屬》：「母之姊妹曰姨。」那是漢代以後的事。

> 臧宣叔娶于鑄，生賈及爲而死，繼室以其姪，穆姜之姨子也，
> 生紇，長於公宮。（《左傳・襄公二十三年》）

杜預注：「姪，穆姜姨母之子。」杜預將「姨」釋作「姨母」，犯了以今律古的錯誤。因爲「姨母」之子不可能是姪。孔穎達在疏解中糾正了這一錯誤，他說：「然則據父言之，謂之姨；據母言之，當謂之從母。但子效父語亦謂之姨。」《說文》：「姨，妻之女弟同出爲姨。」〔註137〕比較來看，《說文》的解釋更準確。除上引《左傳》用例外，有《詩・衛風・碩人》：「東宮之妹，邢侯之姨」。毛《傳》：「妻之姊妹曰姨」。〔註138〕但較之「東宮之妹，邢侯之姨」的經文，是「東宮之妹」才稱姨，此正與《說文》的解釋相合。

（2）姐妹

《爾雅・釋親》：「男子謂女子先生爲姊，後生爲妹」。〔註139〕姊妹之稱，指男子（兄或弟）對同父之女子而言：

> 潞子嬰兒之夫人，晉景公之姊也。（《左傳・宣公十五年》）

〔註135〕春秋左傳詁〔M〕，北京：中華書局，1987，463。
〔註136〕爾雅今注〔M〕，天津：南開大學出版社，1987，159。
〔註137〕說文解字注（影印本）〔M〕，上海：上海古籍出版社，1988，616上。
〔註138〕毛詩正義〔M〕，十三經注疏本（影印本），北京：中華書局，1980，322。
〔註139〕爾雅今注〔M〕，天津：南開大學出版社，1987，156。

此「姊」是對晉景公姐姬獳而言的。

　　　　衛莊公娶于齊東宮得臣之妹，曰莊姜，美而無子。（《左傳·隱公三年》）

杜預注：「得臣，齊大子也。大子不敢居上位，故常處東宮」。杜預不但指明了得臣的身份，而且說明了名前冠「東宮」的原因。「妹」是對齊得臣而言。

已嫁姊妹之間互稱與此略有不同，即互稱姒娣。《爾雅·釋親》：「女子同出，先生爲姒，後生爲娣」。這應是出嫁前稱呼的延續。這種稱謂關係在《左傳》中「姒」極少出現，但「娣」則多見，如《左傳·隱公三年》載：「衛莊公……又娶于陳，曰厲嬀，生孝伯，早死。其娣戴嬀生桓公。」

姐妹之類的女子，《左傳》還以「女公子」之名稱之：

　　　　初，公築臺，臨黨氏，見孟任，從之。閟，而以夫人言，許之。

　　　　割臂盟公，生子般焉。雩，講于梁氏，女公子觀之。（《左傳·莊公三十二年》）

杜預注：「女公子，子般妹」。

《爾雅·釋親》：「女子同出，謂先生爲姒，後生爲娣」。〔註140〕什麼是「同出」？孫炎、郭璞解爲「俱嫁事一夫。」〔註141〕楊伯峻先生認爲「姒娣」有二指：一是相當於「姊妹」，《爾雅》以「姊妹」是男子對女兄弟的稱呼，「娣姒」則是女兄弟間的稱呼；（例見前文）「娣姒」的另一意義則是妯娌間的稱呼，即前文所言「娣婦」、「姒婦」之省稱。〔註142〕在春秋時期的媵妾制度下，姐妹共嫁一夫的情況是相當普遍的。在這種情況下，姐妹之間是姐妹、妯娌共存的關係。

　　　　穆伯娶于莒，曰戴己，生文伯；其娣聲己，生惠叔。（《左傳·文公七年》）

戴己、聲己共嫁穆伯，其娣是聲己，姒應爲戴己。郭璞應當就是據此而解釋《爾雅》「同出」的含義的。前引「聲伯之母不聘，穆姜曰：『吾不以妾爲姒。』」一句中的「姒」是共事一夫的姐妹。

另外，還有「從妹」的稱謂：

〔註140〕爾雅今注〔M〕，天津：南開大學出版社，1987，161。
〔註141〕爾雅注疏〔M〕，十三經注疏本（影印本），北京，中華書局，1980，2593。
〔註142〕春秋左傳注〔M〕，北京：中華書局，1980，852。

> 二人因之以作亂。連稱有從妹在公宮，無寵，使間公，曰：「捷，
> 吾（公孫無知）以汝爲夫人。」（《左傳・莊公八年》）

齊國大夫連稱、管至父藉公孫無知作亂，使連稱從妹探聽齊襄公的反
應。從兄、從弟爲同宗之叔伯兄弟推斷，從妹當爲同宗祖之叔伯姐妹的年幼
者。

（二）嫡出與庶出

嫡、庶是宗法制度中血緣家族的重要內容，是區分長幼、尊卑的重要依
據。漢代班固在《白虎通・姓名篇》中說，兄弟間的伯仲叔季之稱是「順四
時之序」，是「法四時用事」。〔註 143〕這就給血緣中的長幼尊卑之序打上了「天
然」印記，既然是「天然」的，就意味著不可更改。

班固在《白虎通》中特別強調「嫡長稱伯，伯禽是也。庶長稱孟，魯大
夫孟氏是也。」〔註 144〕這種在排序上的區別，既能表明宗主的繼承關係，又
能區分血緣家族的分支間的關係。伯、孟雖然只是一字之差，但宗法權力差
別卻是明顯的。據陳絜的統計，目前能見到的青銅器銘文中，在人名中帶「孟」
字的男子共 21 位，在祭器銘文中，均無明確祭祀對象。而以「伯某」、「仲某」
爲器主者，則較爲常見。〔註 145〕這說明了庶子連祭祀宗祖的權力都沒有，如
《禮記・喪服小記》所載的「庶子不祭，明其宗也。」〔註 146〕其它權利更是
不在話下，伯、孟之別正是嫡庶差別在稱謂中的反映。

按照宗法制度，「立嫡以長不以賢」（《公羊傳・隱公元年》），〔註 147〕這
是宗法制的基本原則之一。做爲補充原則，「立子以貴不以長」。〔註 148〕這些
原則，都突出了嫡、庶的根本差別：在宗族範圍內的重大事務中，嫡子無論
在什麼條件下，都有特殊的優先權。在《左傳》中，這些都有所記載：

> 惠公元妃孟子。孟子卒，繼室以聲子，生隱公。宋武公生仲子，
> 仲子生而有文在其手，曰爲魯夫人，故仲子歸于我。生桓公而惠公

〔註 143〕〔漢〕班固撰，白虎通〔M〕，叢書集成本，上海：商務印書館，民國 25 年，
230。
〔註 144〕同上。
〔註 145〕陳絜著，商周姓氏制度研究〔M〕，北京：商務印書館，2007，370～372。
〔註 146〕禮記正義〔M〕，十三經注疏本（影印本），北京：中華書局，1980，1508。
〔註 147〕春秋公羊傳注疏〔M〕，十三經注疏本（影印本），北京：中華書局，1980，
2197。
〔註 148〕同上。

薨，是以隱公立而奉之。(《左傳·隱公元年》)

杜預注：「言歸魯而生男。不以桓生之年薨。」「隱公，繼室之子……爲桓尚少，是以立爲太子，帥國人奉之。」桓公是魯惠公的正室仲子所生，所以他有繼承君位的天然特權，雖然剛剛出生，不能執掌國政，政務由隱公代行，但因隱公是庶出，所以只能「帥國人奉之」。《春秋》甚至不記錄他繼位一事，《左傳》作者認爲他的執掌魯國國政是「攝也」，只是臨時代替。隱、桓二人兄弟之間，因嫡、庶差別而體現出尊卑。嫡長繼位，是周代宗法制度的核心，它既體現了血緣上的等級差別，又體現了長幼上的等級差別。「立嫡以長不以賢，立子以貴不以長」正是這種等級的體現。

大子死，有母弟則立之；無則立長，年鈞擇賢，義鈞則卜，古之道也。(《左傳·襄公三十一年》)

洪亮吉引服虔曰：「無母弟，則立庶子。」〔註149〕

這是在沒有嫡長子的情況下繼承的順序：同母弟可繼承，沒有同母弟就立庶兄弟中之年長者。

初，獻公使荀息傅奚齊，公疾，召之曰：「以是藐諸孤，辱在大夫，其若之何？」(《左傳·僖公九年》)

晉獻公極力要荀息「傅奚齊」，就是因爲他在立驪姬爲夫人以前的眾多子嗣中沒有一個嫡子，過去曾立爲太子的申生，是「烝於齊姜」而生。《國語·晉語一》：「獻公伐驪戎，克之；滅驪子，獲驪姬以歸，立以爲夫人，生奚齊。」〔註150〕奚齊爲夫人驪姬所生，當爲嫡子，所以他從宗法制度出發，在廢除太子申生後，立奚齊爲太子，並在死後接續君位。

僖公之母弟曰夷仲年，生公孫無知，有寵於僖公，衣服禮秩如適。(《左傳·莊公八年》)

齊夷仲年爲僖公同母弟，但從齊國家族地位來看，僖公爲大宗，可以繼承君位，可以主祭宗廟。而夷仲年則爲小宗，不可以繼承君位，不可以祭祀宗廟，其子當然爲庶出，各種生活待遇不應與嫡系同。因爲僖公特別寵愛，所以才破例。

女子在宗法制度中處於從屬地位，她們的權力體現在所嫁的男人的身份和出嫁的過程：即有無行聘禮。行過聘禮，則爲正妻，否則即爲媵妾。《爾雅·

〔註149〕春秋左傳詁〔M〕，北京：中華書局，1987，624。

〔註150〕國語〔M〕，點校本，上海：上海古籍出版社，1978，261。

釋親》:「長婦爲嫡婦,眾婦爲庶婦。」〔註151〕正妻則爲嫡妻,其子嗣之長者有法定的權力。媵妾的子嗣,按照原則沒有繼承權,只能立於庶出的行列,如前文中「宋武公生仲子」例:仲子並非宋武公之長女,但因出生後手上有「爲魯夫人」的手掌紋理,所以注定自己可接繼惠公正室之位。

> 初,鄭武公娶于申,曰武姜,生莊公及共叔段……愛共叔段,
> 欲立之。亟請於武公,公弗許。(《左傳·隱公元年》)

武姜是嫡妻,所生之長子爲莊公。她想讓自己偏愛的小兒子共叔段立爲太子,但按照宗法制,武公不同意。而即使丈夫死後,做爲母親,她也要聽從其長子的意見行事。

> 宋雍氏女於鄭莊公,曰雍姞,生厲公。(《左傳·桓公十一年》)

杜預注:「雍氏,姞姓,宋大夫也。」大夫的女兒也可以嫁給諸侯爲妻。當然,雍姞並不是鄭莊公的嫡妻,因爲「祭封人仲足」「爲公娶鄧曼」在先,並「生昭公」(《桓公十一年》)。由於宋莊公的幫助,雍氏女之子得以繼承鄭國君位,雍姞的地位也得以提高,這是母以子貴。

> 齊侯之夫人三:王姬、徐嬴、蔡姬,皆無子。齊侯好內,多內
> 寵,內嬖如夫人者六人:長衛姬生武孟,少衛姬生惠公,鄭姬生孝
> 公,葛嬴生昭公,密姬生懿公,宋華子生公子雍。公與管仲屬孝公
> 於宋襄公,以爲大子。(《左傳·僖公十七年》)

嫡妻無子,寵妾眾多,又都有子嗣,都想將自己的兒子推爲太子。齊桓公和管仲爲什麼要「屬孝公於宋襄公,以爲大子」,《左傳》沒有說明原因,「以貴」的可能不存在;「以長」又沒有根據,就只能是根據桓公和管仲的感覺和喜好。到了齊桓公和管仲都死去以後,「五公子皆求立」。最後還是易牙大夫「殺群吏而立公子無虧(武孟)」,長衛姬在齊侯內寵中居於「長」位,所以其子得以立。由此可知,婦人的社會地位來自她在家庭中的地位。而婦人在家庭中的地位除了宗法制度規定的條件,還要靠勢力。在春秋時期,後者有時所起的作用是絕對不能忽視的。

三、長幼間的稱謂

(一)祖輩稱謂

〔註151〕爾雅今注〔M〕,天津:南開大學出版社,1987,162。

1. 祖

祖，原作「且」，像祖廟中祖先的神主牌位之形，如《左傳·昭公七年》：「先君未嘗適楚，故周公祖以道之。」據孔傳《尚書·甘誓》：「天子親征，必遷廟之祖行。」〔註152〕天子祖以道之，是表示隆重。此「祖」即為神主。以神主標誌為祖先之意。如：

> 初，鄭文公有賤妾曰燕姞，夢天使與己蘭，曰：「余為伯鰷。余，
> 而祖也。以是為而子。」（《左傳·宣公三年》）

杜預注：「姞，南燕姓。」「伯鰷，南燕祖。」李貽德《春秋賈服注輯述》：「黃帝之子得姓者十二，姞其一也，伯鰷當是姞姓者。」〔註153〕祖，當指始受封時的祖先。《穀梁傳·僖公十五年》：「始封必為祖。」范甯注云：「若契為殷祖，棄為周祖。」〔註154〕《左傳·襄公十一年》：「凡我同盟，毋蘊年，毋雍利，毋保姦，毋留慝，救災患，恤禍亂，同好惡，獎王室。或間茲命，司慎、司盟，名山、名川，群神、群祀，先王、先公，七姓十二國之祖，明神殛之，俾失其民，隊命亡氏，踣其國家。」杜預注：「先王，諸侯之大祖……先公，始封君。」祖為始祖，又祖先義。引申為祭祀祖先的宗廟，《左傳》中這兩種情況均多見。

> 鄭公子忽如陳逆婦媯。辛亥，以媯氏歸。甲寅，入于鄭。陳鍼
> 子送女，先配而後祖。（《左傳·隱公八年》）

杜預注：「鄭忽先逆婦而後告廟，故曰先配而後祖。」這裏的「祖」就是「祭祖」，即「告廟」。又如：

> 昭子問焉曰：「少皞氏鳥名官，何故也？」郯子曰：「吾祖也，
> 我知之……」（《左傳·昭公十七年》）

> 王曰：「籍父其無後乎！數典而忘其祖。」（《左傳·昭公十五年》）

祖，又稱祖考，意即祖先，如：

> 王使劉定公賜齊侯命，曰：「昔伯舅大公右我先王，股肱周室，
> 師保萬民。……茲率舅氏之典，纂乃祖考，無忝乃舊。敬之哉，無
> 廢朕命！」（《左傳·襄公十四年》）

〔註152〕尚書正義〔M〕，十三經注疏本（影印本），北京：中華書局，1980，155。
〔註153〕〔清〕李貽德著，春秋左傳賈服注輯述〔M〕，皇清經解續編，上海：上海書店，1988，987。
〔註154〕春秋穀梁傳注疏〔M〕，十三經注疏本（影印本），北京：中華書局，1980，2397。

此「祖考」指前文所言伯舅太公，即姜尙。

「祖」之前還可以加修飾成分，如「高祖」。顧炎武在所著《日知錄》卷二四中說：「漢儒以曾祖之父爲高祖。考之於傳，高祖者，遠祖之名爾。《左傳・昭公十七年》：『郯子來朝，曰：「我高祖少皞摯之立也。」』則以始祖爲高祖。《尙書・盤庚》：『肆上帝將復我高祖之德，亂越我家。』《康王之誥》：『張皇六師，無壞我高祖寡命。』則以受命之君爲高祖。（按：文王、武王至康王僅四世。）《左傳・昭公十五年》：『王謂籍談曰：「昔而高祖孫伯黶，司晉之典籍。」』則謂其九世爲高祖。」〔註155〕高祖即遠祖。

「祖」又可稱「皇祖」，有讚美祖先的意思，如《左傳・定公元年》：「薛宰曰：『薛之皇祖奚仲居薛，以爲夏車正。』」

對後人來說祖先都是先人，所以「先人」也指祖先，如《詩・小雅・小宛》：「我心憂傷，念昔先人。」杜預注云：「先人，文、武也。」〔註156〕文王、武王，周人之始祖。而《左傳・宣公十五年》：「爾用先人之治命，余是以報。」這裏的「先人」指魏顆的亡父魏武子。

《左傳》中還有「先子」的稱謂，如《昭公四年》：「宣伯曰：『魯以先子之故，將存吾宗，必召女，召女，何如？』」杜預注：「先子，宣伯先人。」

2. 王父、王母

《爾雅・釋親》：「祖，王父也。」〔註157〕所謂「王父」就是祖父，對此《爾雅》這樣解釋：「父之考爲王父，父之妣爲王母。」（《釋親》）郭璞注：「加王者，尊之。」〔註158〕「王父」的稱謂在春秋時確實存在，如：

> 公孫嬰齊則曷爲謂之仲嬰齊？爲兄後也。爲兄後則曷爲謂之仲
> 嬰齊？爲人後者爲之子也。爲人後者爲其子則其稱仲何？孫以王父
> 字爲氏也。〔註159〕（《公羊傳・成公十五年》）

「孫以王父字爲氏」即孫子輩以祖父的字爲氏。但是這一稱謂在《左傳》中並未出現。

「父之妣爲王母」，「王母」即祖母。「王母」這一稱謂在《左傳》中也沒

〔註155〕〔清〕顧炎武著，日知錄集釋〔M〕，上海：上海古籍出版社，2006，1311。
〔註156〕毛詩正義〔M〕，十三經注疏本（影印本），北京：中華書局，1980，451。
〔註157〕爾雅今注〔M〕，天津：南開大學出版社，1987，158。
〔註158〕同上，156。
〔註159〕春秋公羊傳注疏〔M〕，十三經注疏本（影印本），北京：中華書局，1980，2296。

有出現。在《春秋》三傳以外的先秦文獻中也尚未見有此稱謂，但這並不能說明這一稱謂在春秋時期不存在。因爲《公羊傳》、《穀梁傳》中都有「王父」這一稱謂出現，由此可知「王母」這一稱謂應該是存在的。

王父又稱「王考」，王母又稱「王妣」。都是指稱祖父、祖母。

3. 外王父、外王母

《爾雅·釋親》：「母之考爲外王父，母之妣爲外王母。」〔註160〕所以「外王父」即外祖父。「外王母」即外祖母。春秋時期，宗法是按男性血緣劃分的，子嗣是據父親而傳宗，這樣外祖父母和自己就是異姓（同姓不婚），所以稱「外」，指宗族之外的意思。文獻中有此用例：

> 齊穀王姬之喪，魯莊公爲之大功。或曰由魯嫁，故爲之服姊妹服。或曰外祖母也，故爲之服。〔註161〕（《禮記·檀弓下》）

孔穎達疏云：「王姬之喪，魯莊公爲之服大功……王姬，周女也，命魯爲主，由魯嫁，比之魯女，故爲之服出嫁姊妹之服……王姬爲莊公外祖母，故爲之著大功之服。」

> 出妻之子爲母期，則爲外祖父、母無服。〔註162〕（《儀禮·喪服》）

賈公彥疏云：「出妻之子爲母期，則爲外祖父、母無服，意似言出妻即是絕族，故於外祖可以無服。」母雖被黜，但母子血親關係猶在，所以要爲母期服。

《左傳》中沒有出現外祖父、外祖母的稱謂。《爾雅·釋親》中提及的外王父、外王母這兩個稱謂在《左傳》中也沒有出現。

（二）父輩稱謂

1. 父、母

《釋名·釋親屬》：「父，甫也，始生己也。」〔註163〕《左傳》中這一稱謂多有出現：

> （棄疾）對曰：「父戮子居，君焉用之？洩命重刑，臣亦不爲。」

〔註160〕爾雅今注〔M〕，天津：南開大學出版社，1987，158。
〔註161〕禮記正義〔M〕，十三經注疏本（影印本），北京：中華書局，1980，1300，另鄭玄以爲「穀」當爲「告」之誤。
〔註162〕儀禮注疏〔M〕，十三經注疏本（影印本），北京：中華書局，1980，1104。
〔註163〕篆字釋名疏證〔M〕，叢書集成本，上海：商務印書館，民國25年，80。

王遂殺子南於朝。(《左傳·襄公二十二年》)

母，《說文》釋作「牧也」，是養育、哺育的意思，由此轉爲「始生己也」。《左傳》中多有出現：

晉人不可，曰：「必以蕭同叔子爲質，而使齊之封內盡東其畝。」

對曰：「蕭同叔子非他，寡君之母也。若以匹敵。則亦晉君之母也。」

(《左傳·成公二年》)

2. 考妣

《爾雅·釋親》：「父爲考，母爲妣。」〔註164〕郝懿行《義疏》：「此釋父母之異稱也。考者，《釋詁》云『成也』，妣者，《說文》云『歿母也』，《曲禮》云『生曰父曰母，死曰考曰妣』，鄭注『考，成也』，言其德行之成也，……然則考妣者，父母之異稱，《曲禮》雖云存歿異號，若通言之，則生存亦稱考妣，終歿亦稱父母，故《士喪禮》云『哀子某爲其父某甫』。《筮宅》又云『十葬其父某甫』，是終歿稱父母之例也。《方言》云『南楚瀑洭之間謂婦妣曰母姼，稱婦考曰父姼』，郭注『古者通以考妣爲生存之稱』。此注引《蒼頡篇》『考妣延年』，是生存稱考妣之例也。」〔註165〕這是指父母無論是否健在，都可以稱考，稱妣。如：《尚書·周書·康誥》：「子弗祗服厥父事，大傷厥考心。」〔註166〕到了春秋時期，這一稱謂的內涵發生了一些變化：詞義由指稱父母（不論健在都可稱呼）到專指已經故去的父母了。如：《公羊傳·隱公元年》：「惠公者何？隱之考也」。何休注云：「生稱父，死稱考，入廟稱禰」。〔註167〕皇祖考、皇祖妣是已故祖父母的美稱。皇考、皇妣是已故父母的美稱。這個稱謂未見於《左傳》，但在戰國的文獻中有見：「帝高陽之苗裔兮，朕皇考曰伯庸。」〔註168〕王逸注：「朕，我也。皇，美也。父死稱考。」

又《左傳·宣公十五年》：「王曰：『胡！無若爾考之違王命也！』」據《管蔡世家》：「蔡叔度既遷而死，其子曰胡。胡乃改行，率德馴善，周公聞之，

〔註164〕爾雅今注〔M〕，天津：南開大學出版社，1987，155。

〔註165〕〔清〕郝懿行著，爾雅義疏〔M〕，北京：中國書店，1982，卷四。

〔註166〕〔漢〕孔安國傳，〔唐〕孔穎達等正義，尚書正義〔M〕，十三經注疏本（影印本），北京：中華書局，1980，204。

〔註167〕春秋公羊傳注疏〔M〕，十三經注疏本（影印本），北京：中華書局，1980，2198。

〔註168〕〔戰國〕屈原等著，〔漢〕王逸注，楚辭章句〔M〕，北京：中華書局，1983，3。

而舉胡以爲魯卿士……是爲蔡仲。」〔註169〕這是周天子告誡蔡仲，不要再如他父親蔡叔度那樣違抗王命。「爾考」即「而父」。再如《左傳·昭公十年》：「邑姜，晉之姒也。」邑姜是齊太公的女兒，是晉始封祖唐叔的母親，晉始祖唐叔之母也等於晉國的母親。

3. 世父（伯父）、叔父

《爾雅·釋親》：「父之晜弟，先生爲世父，後生爲叔父。」〔註170〕「晜」，或作「昆」，晜，兄長。晜弟，即兄弟。稱兄爲晜，這是周代的一般用法。郭璞在解釋時說：「世有爲嫡者，嗣世統故也。」〔註171〕據此，所謂「世父」，不是指比父親年長的所有伯父，而是伯父中可以「嗣世統」，即可以繼承先父遺業的嫡長者方可稱世父。到了後代，世父則變成了伯父的一般稱謂了。

> （隱）公曰：「叔父有憾於寡人，寡人弗敢忘。」葬之，加一等。
>
> （《左傳·隱公五年》）

臧僖伯曾勸止隱公如棠觀魚，未果，隱公自覺愧對僖伯。又僖伯是魯孝公之子，魯惠公之弟，而隱公是惠公之子，所以他稱僖伯爲叔父。

由於在春秋時期，世父多數都繼承了父位，諸侯的世子，理應成爲君位的繼任者。所以《左傳》等文獻中，某君、某侯、某伯……中多代「世父」之稱。「伯父」稱呼在《左傳》中多見：

> （鄭厲公）使謂原繁曰：「傅瑕貳，周有常刑，既伏其罪矣。納
> 我而無二心者，吾皆許之上大夫之事，吾願與伯父圖之。且寡人出，
> 伯父無裏言。入，又不念寡人，寡人憾焉。」（《左傳·莊公十四年》）

《史記·鄭世家》有「厲公果復入，入而讓其伯父原」的記載，楊伯峻注《左傳》時，據此推斷「似此原繁實厲公之伯父，伯父非泛稱」。〔註172〕

《詩經·小雅·伐木》毛傳：「天子謂同姓諸侯，諸侯謂同姓大夫皆曰父。」〔註173〕《儀禮·覲禮》中天子呼諸侯「同姓大國則曰伯父，其異姓則曰舅伯；同姓小邦則曰叔父，其異姓則曰叔舅。」〔註174〕由此可知，天子對各諸侯是

〔註169〕史記〔M〕，北京：中華書局，1959，1565。
〔註170〕爾雅今注〔M〕，天津：南開大學出版社，1987，156。
〔註171〕〔晉〕郭璞注，〔宋〕邢昺疏，爾雅注疏〔M〕，十三經注疏本（影印本），北京：中華書局，1980，2592。
〔註172〕春秋左傳注〔M〕，北京：中華書局，1980，197。
〔註173〕毛詩正義〔M〕，十三經注疏本（影印本），北京：中華書局，1980，411。
〔註174〕儀禮注疏〔M〕，十三經注疏本（影印本），北京：中華書局，1980，1092。

按國家大小來稱伯、叔的。

> 王（周景王）使詹桓伯辭於晉，曰：「……伯父惠公歸自秦，而誘以來，使偪我諸姬，入我郊甸，則戎焉取之。戎有中國，誰之咎也？后稷封殖天下，今戎制之，不亦難乎？伯父圖之！」（《左傳·昭公九年》）

周景王先稱先君晉惠公為伯父，又面稱晉平公為伯父。

> 冬。（周襄）王使來告難，曰：「不穀不德，得罪于母弟之寵子帶，鄙在鄭地氾，敢告叔父。」（《左傳·僖公二十四年》）

周惠王稱魯僖公為叔父。

這種稱謂是和周初分封的對象主要是姬姓同宗親屬、婚姻同盟姓族等有關。同宗親屬的後人，對後世周王來說不是伯、叔父輩，就是兄弟輩，為表尊敬，就索性一律稱伯、叔父。所以這種伯、叔稱呼，其實並不能在行輩方面坐實，只表示同姓人物之間的恭敬。

伯父、叔父又稱「從父」，《儀禮·喪服》中的「從父昆弟」，賈公彥解釋說：「從父昆弟世叔父與祖為一體，又與己父為一體緣親以致服，故云從也。」〔註175〕

4. 姑、舅

《爾雅·釋親》：「父之姊妹為姑。」〔註176〕父親的姊、妹都稱為「姑」，但細分，姐姐稱為「姑姊」，妹妹稱為「姑妹」。如：

> 桓子對曰：「先王之禮辭有之……無女而有姊妹及姑姊妹，則曰：「先守某公之遺女若而人。」（《左傳·襄公十二年》）

楊伯峻注：「（父之姊妹）其長于己者為姑姊，少于己者為姑妹，猶今之言大姑、小姑。」「先守，猶言先君。」〔註177〕

> 邾庶其以漆，閭丘來奔。季武子以公姑姊妻之，皆有賜於其從者。（《左傳·襄公二十一年》）

洪亮吉曰：「本《疏》引劉炫《規過》云：『古人謂姑為姑姊妹，此姑姊是襄公父之姊。』……此公姊妹名，蓋襄公之從姑或再從姑。」〔註178〕

〔註175〕儀禮注疏〔M〕，十三經注疏本（影印本），北京：中華書局，1980，1112。
〔註176〕爾雅今注〔M〕，天津：南開大學出版社，1987，156。
〔註177〕春秋左傳注〔M〕，北京：中華書局，1980，997。
〔註178〕春秋左傳詁〔M〕，北京：中華書局，1987，552。

《爾雅·釋親》：「母之晜弟爲舅。」〔註179〕

　　　昔我先王熊繹，辟在荊山，篳路藍縷，以處草莽。跋涉山川以

　　事天子。唯是桃弧、棘矢，以共禦王事。齊，王舅也。晉及魯、衛，

　　王母弟也。」（《左傳·昭公十二年》）

　　周成王的母親邑姜是姜尚的女兒，所以太公之子呂伋是成王的舅父。

　　姑、舅的另一個意義就是指公、婆。《爾雅·釋親》說：「婦稱夫之父曰
舅，稱夫之母曰姑。」〔註180〕做媳婦的女子將丈夫的父母稱作舅、姑，和古
代的婚姻制度有關。在古代，長期結成婚姻聯盟的兩個氏族，某一氏族被稱
作舅的男子，又是另一氏族下一代女子的丈夫的父親；同樣，某一氏族被稱
作姑的女子，又是另一氏族下一代女子的丈夫的母親。這樣有姻親關係的兩
個氏族之間，女子是另一氏族下一代女子的姑母和丈夫的母親，男子是另一
氏族下一代女子的舅父和丈夫的父親。這種相對穩定的氏族集團的婚姻關
係，直到春秋時期，仍在維持，不同的是氏族婚姻集團，換成了姓族婚姻集
團，如姬姓、姜姓和秦國的嬴姓等婚姻聯盟就是如此：晉國的婦人是秦國的
女子，秦國的婦人是晉國的女子。對晉國的男女來說，秦國的婦人不是姐妹，
就是姑母，對秦國的男女來說，晉國的婦人，不是姐妹，就是姑母。同樣，
秦國的男人，晉國男女當稱作舅父或丈夫。現代人把結成婚姻關係稱作「秦
晉之好」，就是源於此。《國語·魯語下》：「商聞之：古之嫁者，不及姑舅，
謂之不幸。夫婦學於舅姑者，禮也。」〔註181〕這裏的姑舅就是指丈夫的母親
父親，即婆婆、公公。《左傳》中這種稱謂常見，如：

　　　禮之可以爲國也久矣，與天地並。君令臣共，父慈子孝，兄愛

　　弟敬，夫和妻柔，姑慈婦聽，禮也。（《左傳·昭公二十六年》）

　　這裏「姑慈」即婆婆慈愛。「婦聽」即兒媳婦聽從婆婆教誨。

　　爲了和女子稱丈夫的父母爲舅姑相區別，男子稱妻子的父母爲外舅、外
姑。《爾雅·釋親》：「妻之父爲外舅，妻之母爲外姑。」〔註182〕有的也直稱舅、
姑。《禮記·坊記》：「昏禮，婿親迎，見於舅姑，舅姑承子以授婿，恐事之違
也。」鄭玄注云：「舅姑，妻之父母也。」〔註183〕

〔註179〕爾雅今注〔M〕，天津：南開大學出版社，1987，158。
〔註180〕爾雅今注〔M〕，天津：南開大學出版社，1987，162。
〔註181〕國語（點校本）〔M〕，上海：上海古籍出版社，1978，202。
〔註182〕爾雅今注〔M〕，天津：南開大學出版社，1987，159。
〔註183〕禮記正義〔M〕，十三經注疏本（影印本），北京：中華書局，1980，622。

舅的稱謂也可以用「舅氏」代之：

> （周）王曰：「舅氏，余嘉乃勳。應乃懿德，謂督不忘。往踐乃
> 職，無逆朕命！」。（《左傳・僖公十二年》）

這是周襄王面對管仲，實際上是對齊國的一段嘉勉。楊伯峻注云：「據《齊語》述管仲『昔我先王昭王、穆王世法文、武遠績以成名』，則管仲爲周同姓，而此周王稱之爲舅氏者，蓋以齊爲異姓諸侯，其臣雖爲同姓，亦袛謂之舅氏。」〔註184〕舅氏之稱，實際上說的是齊國君王，而不是管仲本人。

> 初，叔向欲娶於申公巫臣氏，其母欲娶其黨。叔向曰：「吾母多
> 而庶鮮，吾懲舅氏矣。」（《左傳・昭公二十八年》）

叔向以母親家族的女子不愛生育爲由，拒絕娶舅父的女兒爲妻。

姑舅健在與否有不同的稱謂，《爾雅・釋親》云：「姑舅在，則曰君舅、君姑；沒，則曰先舅、先姑。」〔註185〕只是《左傳》中沒有出現這種稱呼。

（三）子嗣稱謂

子嗣包涵男性子嗣與女性子嗣。「子」在先秦時期是指孩子，它沒有性別的限制，男孩、女孩都可稱「子」。所以《釋名・釋親屬》：「子，孳也，相生蕃孳也。」〔註186〕《禮記・哀公問》：「子也者，親之後也。」〔註187〕子是父母蕃衍的後代。如：《左傳・昭公二十六年》：「禮之可以爲國也久矣，與天地並。君令臣共，父慈子孝，兄愛弟敬，夫和妻柔，姑慈婦聽，禮也。」這裏的「子」，既包括男孩，也包括女孩。

1. 兒子、兒媳

在男性中心的社會裏，男子是社會活動的主角，漸漸地「子」由孩子義轉而成爲兒子義，由指男性、女性的詞，轉而單指男子的詞：

> 閔公，哀姜之娣叔姜之子也。故齊人立之。（《左傳・閔公二年》）

魯閔公是莊公與齊女叔姜所生之子。

> （晉獻）公曰：「寡人有子，未知其誰立焉！」不對而退。（《左傳・閔公二年》）

這裏的「子」都指兒子。

〔註184〕春秋左傳注〔M〕，北京：中華書局，1980，342。
〔註185〕爾雅今注〔M〕，天津：南開大學出版社，1987，162。
〔註186〕篆字釋名疏證〔M〕，叢書集成本，上海：商務印書館，民國25年，81。
〔註187〕禮記正義〔M〕，十三經注疏本（影印本），北京：中華書局，1980，1611。

兒，《說文》釋作「孺子也。」〔註188〕《莊子·庚桑楚》:「能兒子乎?兒子終日嗥而嗌不嗄。」〔註189〕意思是說一般人能像幼兒那樣一天到晚地哭嚎，而嗓子卻不沙啞嗎?兒和子一樣，不分性別，所以在應用中為了區分性別，需要加上區分成份:「男兒」、「女兒」。

和「子」一樣，「兒」也專指男孩。《倉頡篇》卷下:「男曰兒，女曰嬰。」〔註190〕「兒子」連用最初指小孩子，以後就專指男孩子了。

如果是諸侯的兒子並被立為君位繼任者，這樣的兒子有特殊的稱謂，即太子。如:

> 初，晉穆侯之夫人姜氏以條之役生大子，命之曰仇。其弟以千畝之戰生，命之曰成師。(《左傳·桓公二年》)

杜預注:「太子，文侯也。」按宗法制，只有嫡長子有繼承權，所以稱接繼君位之儲君為太子。又據《史記·晉世家》:「穆侯四年，娶齊女姜氏為夫人。七年，伐條，生大子仇。十年，伐千畝，有功，生少子名曰成師。」〔註191〕楊伯峻注引《竹書紀年》:「王師及晉穆侯伐條戎、奔戎，王師敗逋。」〔註192〕另外，太子又稱「冢子」，「冢」意為「大」(《爾雅·釋詁》)，所以「冢子」即「大子」:

> 晉侯使大子申生伐東山皋落氏。里克諫曰:「大子奉冢祀社稷之粢盛，以朝夕視君膳者也，故曰冢子……」(《左傳·閔公二年》)

冢本為高大的墳墓(《說文》)，所以冢子本指守護宗室祖廟之人，故名。冢子又可稱「宗子」:

> 守官廢命不敬，固仇之保不忠。失忠與敬，何以事君?《詩》云:「懷德惟寧，宗子惟城。」君其修德而固宗子，何城如之?(《左傳·僖公五年》)

《詩》的意思是說:「心中懷有德行就可使宗族安寧，宗子就是宗族鞏固的城池。」

宗子以外的其餘諸公子稱「餘子」、「庶子」。

〔註188〕說文解字注〔M〕，上海:上海古籍出版社，1988，405。
〔註189〕曹礎基著，莊子淺注〔M〕，北京:中華書局，1982，347。
〔註190〕轉引自〔清〕朱駿聲撰，說文通訓定聲(影印本)〔M〕，武漢:武漢市古籍書店，1983，522。
〔註191〕史記〔M〕，北京:中華書局，1959，1637。
〔註192〕春秋左傳注〔M〕，北京:中華書局，1980，92。

　　　　初，麗姬之亂，詛無畜群公子，自是晉無公族。及成公即位，
　　乃宦卿之適而爲之田，以爲公族，又宦其餘子亦爲餘子，其庶子爲
　　公行。(《左傳・宣公二年》)

　　杜預注：「餘子，嫡子之母弟也，亦治餘子之政。」「庶子，妾子也，掌
率公戎行。」餘子是諸侯嫡妻所生之長子以外的兒子，庶子是非嫡妻所生之
子。

　　《白虎通義》說：「諸侯之子稱公子，公子之子稱公孫。」〔註193〕所以
公子之稱是諸侯之子所特有，如《左傳・隱公十一年》：「(隱)公之子爲公子
也，與鄭人戰於狐壤，止焉。」這是隱公未執魯國國政時所經歷的一件事：
被困止在鄭國的狐壤。

　　《爾雅・釋親》：「子之妻爲婦。」〔註194〕兒媳婦稱作婦：

　　　　君子曰：「……婦，養姑者也。虧姑以成婦，逆莫大焉。(《左傳・
　　襄公二年》)

　　楊伯峻注：「穆姜爲魯宣公夫人，成公之母；齊姜爲成公夫人。穆姜與齊
姜爲婆媳……季孫奪穆姜之棺與頌琴以爲齊姜下葬用，故當時人云「虧姑以
成婦。」〔註195〕

　　　　君令而不違，臣共而不貳；父慈而教，子孝而箴；兄愛而友，
　　弟敬而順；夫和而義，妻柔而正；姑慈而從，婦聽而婉，禮之善物
　　也。(《左傳・昭公二十六年》)

　　聯繫前文「弟之妻爲婦」，我們認爲，「婦」是一個泛稱稱謂，《廣雅・
釋親》說：「女子謂之婦人」，〔註196〕《左傳・僖公二十四年》：「女德無極，
婦怨無終」就是泛指女子說的。但在《左傳》中多數時候指已經出嫁的女子。
《白虎通・嫁娶》：「曾子曰：女未廟見而死，歸葬於女氏之黨，示未成婦也。」
〔註197〕此說也不盡然，《春秋》中屢見「××來逆婦」，既是「來逆」，該女
子就是未嫁，卻也稱婦。總之，「婦」多指已嫁女子，是個泛稱，它可以指
弟之妻，也可指子之妻，如上引《左傳・襄公二年》例。「婦」也可以指自

〔註193〕〔漢〕班固著，白虎通〔M〕，叢書集成初編，上海：商務印書館，民國 25
　　　　年，223。
〔註194〕爾雅今注〔M〕，天津：南開大學出版社，1987，169。
〔註195〕春秋左傳注〔M〕，北京：中華書局，1980，922。
〔註196〕〔清〕王念孫著，廣雅疏證〔M〕，上海：上海古籍出版社，1983，792。
〔註197〕白虎通〔M〕，叢書集成初編，上海：商務印書館，民國 25 年，257。

己的妻,如《詩・豳風・七月》:「同我婦子,饁彼南畝。」〔註198〕所以「婦」的具體指稱,還要看具體語境而定。

2. 女兒、女婿

《詩經・衛風・碩人》:「齊侯之子,衛侯之妻。」〔註199〕意思是說,齊侯的女兒是衛侯的妻子。這個「子」當指女兒無疑。女兒,在《左傳》中常以「女」來指稱:

> 九月,紀裂繻來逆女,卿爲君逆也。(《左傳・隱公二年》)

紀裂繻所迎娶的是魯惠公的女兒。

> 惠公之在梁也,梁伯妻之。梁嬴孕,過期。卜招父與其子卜之。
>
> 其子曰:『將生一男一女。』招曰:『然。男爲人臣,女爲人妾。』
>
> (《左傳・僖公十七年》)

女兒也有嫡庶之分。正妻所生的女兒是嫡女,也稱嫡子。庶妻所生之女,爲庶女,或稱庶子。庶子常常隨嫡女媵嫁。

女兒的排序是孟(伯)仲叔季:

> 召韓厥,韓厥辭,曰:「昔吾畜於趙氏,孟姬之讒,吾能違兵。
>
> 古人有言曰:『殺老牛,莫之敢尸』,而況君乎?二三子不能事君,
>
> 焉用厥也。?(《左傳・成公十七年》)

孟姬爲晉成公的庶長女,故曰「孟姬」。

> 秋,郯伯姬來歸,出也。(《左傳・宣公十六年》)

宣公之嫡長女,故曰「伯姬」。

> 杞桓公來朝,始朝公也。且請絕叔姬而無絕昏,公許之。(《左傳・文公十二年》)

杜預注:「不絕昏,立其娣以爲夫人。」孔穎達疏:「《傳》言請勿絕昏,成五年有杞叔姬來歸,故知其娣爲夫人也。其娣亦字叔者,周之法稱叔也。《釋例》曰:『杞桓公以僖二十三年即位,襄六年卒,凡在位七十一年,文成之世,《經》書叔姬二人,一人卒,一人出,皆杞桓公夫人也。』」〔註200〕這是說杞桓公要和魯女叔姬解除婚姻關係,又立叔姬之娣爲夫人,所以說「絕叔姬,

〔註198〕〔漢〕毛亨傳,〔漢〕鄭玄箋,〔唐〕孔穎達等疏,毛詩正義〔M〕,十三經注疏本(影印本),北京:中華書局,1980,389。

〔註199〕毛詩正義〔M〕,十三經注疏本(影印本),北京:中華書局,1980,293。

〔註200〕春秋左傳正義〔M〕,十三經注疏本(影印本),北京:中華書局,1980,1851。

立其娣以爲夫人。」

> 狄人伐廧咎如，獲其二女：叔隗、季隗納諸公子。公子取季隗，
> 生伯儵、叔劉，以叔隗妻趙衰，生盾。（《左傳‧僖公二十三年》）

此「二女」指廧咎如的兩個女兒。

長女又可稱元女：

> 我先王賴其利器用也，與其神明之後也，庸以元女大姬配胡公，
> 而封諸陳，以備三恪。（《左傳‧襄公二十五年》）

杜預注：「元女，武王之長女。胡公，閼父之子滿也。」

諸侯的女兒有時也稱公子，如：

> 凡公女嫁於敵國，姊妹，則上卿送之，以禮於先君；公子，則
> 下卿送之。（《左傳‧桓公三年》）

杜預注：「公子，公女。」

所以原則上講，「公子」是中性詞，它包括男性公子，也包括女性公子。但是男性的社會活動較女性頻繁，所以公子一稱常用來指稱男性。爲了區別，諸侯的女兒也稱「女公子」，如：

> 雩，講於梁氏，女公子觀之。（《左傳‧莊公三十二年》）

杜預注：「女公子，子般妹。」

婿之間又另有稱謂，如：

> 爲父子、兄弟、姑姊、甥舅、昏媾、姻亞，以象天明。（《左傳‧
> 昭公二十五年》）

杜預注：「兩婿相謂曰亞。」亞，又作「婭」。

女子的配偶稱壻，或作婿。《爾雅‧釋親》：「女子子之夫爲壻。」郝懿行《義疏》引徐鍇《通論》曰「壻者，胥也，胥有才智之稱也。」〔註201〕段玉裁以爲「壻爲男子美稱，因以爲女夫之稱。」〔註202〕值得說明的是，壻是女子的父母及其族屬對女子配偶的稱呼，不是女子對其配偶的稱呼。

> 祭仲專，鄭伯患之，使其壻雍糾殺之。將享諸郊，雍姬知之。（《左
> 傳‧桓公十五年》）

雍糾，祭仲之婿。鄭厲公派雍糾殺祭仲。

> 趙有側室曰穿，晉君之壻也，有寵而弱，不在軍事，好勇而狂，

〔註201〕爾雅義疏〔M〕，北京：中國書店，1982，卷四。
〔註202〕說文解字注〔M〕，上海：上海古籍出版社，1988，198。

且惡央駢之佐上軍也。(《左傳‧文公十二年》)

此「側室」當指趙氏的群支子之一的趙穿。據《左傳》載趙穿爲「晉君之壻也」，此晉君當指襄公。

所以「壻」在春秋時期，只用於妻族稱本族女子之夫，或者用於第三者的客觀記述，不用於女子對其丈夫的稱呼。

3. 甥侄

《釋名‧釋親屬》：「舅謂姊妹之子曰甥。甥亦生也。出配他男而生，故其制字男旁作生也。」〔註203〕甥是姊妹出嫁後所生之子，所以叫「甥」。「甥」和「舅」是互相關聯的一對稱呼。《說文》：「謂我舅者我謂之甥。」〔註204〕《左傳‧莊公六年》：「楚文王伐申過鄧。鄧祁侯曰：吾甥也。止而享之。」這是說，楚文王是鄧祁侯的姊妹出嫁到楚國後所生之子，他們之間是甥、舅關係。

但是由於古代的婚姻關係的特殊性，造成「甥」的意義較爲複雜。《爾雅‧釋親》：「姑之子爲甥，舅之子爲甥，妻之昆弟爲甥，姊妹之夫爲甥。」〔註205〕這些關係如果從古代的婚姻關係去理解，其實並不難：在父系氏族社會制度下，有婚姻關係的兩個氏族聯盟，甲氏族的女性成年後，要嫁給乙氏族的男子；乙氏族的女性成年後，要嫁給甲氏族的男子。這種婚姻聯盟結成的結果就是：姑是父的姊妹，姑的孩子稱自己的父親爲「舅」。父則相應地稱姊妹之子爲「甥」，這就是「姑之子爲甥」的意思。「舅」是母親的兄弟，但舅的妻子是自己父親的姊妹，所以舅之子，就是姑之子。這樣和自己的父親仍然是甥舅關係，這就是「舅之子爲甥」。同樣，在這種婚姻制度下，兩個氏族婚姻聯盟是大體固定的，自己的妻子應該是姑之女，妻之兄弟應該是姑之子，從這個層面看，妻之兄弟應該叫自己的父親爲「舅」。所以說「妻之昆弟曰甥。」同樣，姊妹之夫，應該是姑之子，應叫自己的父親爲「舅」，這樣父親也叫自己的孩子爲「甥」，這就是「姊妹之夫爲甥」。所謂姊妹之夫從父母的角度看就是壻，所以古代把女壻也叫「甥」。在周代諸侯國之間，不是兄弟叔伯關係（同姓諸侯間），就是甥舅關係（異姓諸侯間）。這在《左傳》中有一些記載：

〔註203〕篆字釋名疏證〔M〕，叢書集成本，上海：商務印書館，民國25年，86。
〔註204〕說文解字注〔M〕，上海：上海古籍出版社，1988，698。
〔註205〕爾雅今注〔M〕，天津：南開大學出版社，1987，156。

襄仲如齊納幣，禮也。凡君即位，好舅甥，修昏姻，娶元妃以奉粢盛，孝也。孝、禮之始也。(《左傳・文公二年》)

楊伯峻注云：「齊與魯世為昏姻，魯公屢娶齊女，齊與魯為舅甥之國，遣使申好，古曰好舅甥。納幣固所以修昏姻也，故云修昏姻。」〔註206〕

初，鄭文公有賤妾曰燕姞……石癸曰：「吾聞姬、姞耦，其子孫必蕃。姞，吉人也，后稷之元妃也。今公子蘭，姞甥也，天或啓之。必將為君，其後必蕃。」(《左傳・宣公三年》)

杜預注：「姞姓宜為姬配耦。」公子蘭為燕姞所生，所以是「姞甥也」。

晉侯使鞏朔獻齊捷於周。王弗見，使單襄公辭焉，曰：「蠻夷戎狄，不式王命，淫湎毀常，王命伐之，則有獻捷。王親受而勞之，所以懲不敬，勸有功也。兄弟甥舅，侵敗王略，王命伐之，告事而已，不獻其功，所以敬親昵，禁淫慝也。今叔父克遂，有功於齊，而不使命卿鎮撫王室，所使來撫余一人，而鞏伯實來，未有職司於王室，又奸先王之禮。余雖欲於鞏伯，其敢廢舊典以忝叔父？夫齊，甥舅之國也，而大師之後也，寧不亦淫從其欲以怒叔父，抑豈不可諫誨？」(《左傳・成公二年》)

按照當時的婚姻制度，周天子與姬姓諸侯的關係，是兄弟叔伯之間的關係。和異姓諸侯都有婚姻關係，是甥舅關係。《爾雅・釋親》：「男子謂姊妹之子為出。」郭璞注：「《公羊傳》曰：『蓋舅出。』」〔註207〕所以「出」是「甥」的又一稱謂：

初，申侯，申出也，有寵於楚文王。(《左傳・僖公七年》)

「申出」，即申之甥。也就是由申國之女所生。

桓公之亂，蔡人欲立其出。(《左傳・襄公二十五年》)

杜預注：「陳桓公鮑卒，於是陳亂，事在桓五年。蔡出，桓公之子厲公也。「立其出」即立蔡桓侯之甥。

比較起來，「出」較「甥」的稱呼出現得要早，它應該是母系氏族社會的產物。在這個社會中，出嫁的是男子，姊妹之子要嫁到本氏族之外的其它氏族中去，所以才把他們稱作「出」。到了父系氏族社會，姊妹之子不再外嫁，就不再「出」了，而被「甥」取代。

〔註206〕春秋左傳注〔M〕，北京：中華書局，1980，526。
〔註207〕爾雅注疏〔M〕，十三經注疏本（影印本），北京：中華書局，1980，2593。

侄，原作「姪」。《說文》：「姪，兄之女也。」〔註208〕《釋名·釋親屬》：「姑謂兄弟之女曰姪。」〔註209〕這就是「侄」原作「姪」的原因：「姪」是姑對兄弟之女的稱呼。這一點在《左傳》中得到印證：

> 齊侯娶於魯，曰顏懿姬，無子。其姪鬷聲姬生光，以為大子。
>（《左傳·襄公十九年》）

杜預注：「兄子曰姪。顏、鬷皆二姬母姓，因以為號。懿、聲皆謚。」魯女顏懿姬嫁給齊侯，其侄鬷聲姬作為媵妾隨嫁到齊國。侄為女性。

> 初臧宣叔娶於鑄，生賈及為而死，繼室以其姪，穆姜之姨子也，
> 生紇，長於公宮。（《左傳·襄公二十三年》）

杜預注：「女子謂兄弟之子為姪。」「姪，穆姜姨母之子，與穆姜為姨母昆弟。」

周代妹又稱弟（娣），穆姜之姨子當然是她的姪。姪也是女性。

《儀禮·喪服記》：「謂吾姑者，吾謂之姪。」〔註210〕姑、姪是相對的稱謂，這和《說文》等解釋相合。姑和姪相對而稱，和當時的婚制有關。在父系氏族社會，有婚姻關係的兩個氏族集團，雙方的女子互嫁到對方氏族。如此，姑、姪就成了婆媳關係。在男性中心的社會，女子以嫁為歸，即將出嫁視作回家。姑姑把後嫁來的兒媳稱作姪，「姪」是「至」的區別字。

隨著氏族社會的解體，氏族婚俗也隨之逐漸消亡。婚姻關係不再局限於兩個氏族聯盟間，姑、姪關係不再是固定的婆媳關係。雖然兒媳還可以稱婆母為姑，但血緣上不一定再有聯繫，這時姑姪關係已經發生了變化。在這種情況下，姪不再局限於女性，而是擴展到「昆弟之子」了。《顏氏家訓·風操篇》說：「姪名雖通男女，並是對姑之稱。晉世以來，始呼叔姪。」〔註211〕姪至此已沒有性別的限制。

既然侄是「昆弟之子」，沒有了性別的限制，「姪」就理所當然地讓位給「侄」了。

（四）孫輩稱謂

1. 孫、孫女

〔註208〕說文解字注〔M〕，上海：上海古籍出版社，1988，19。

〔註209〕篆字釋名疏證〔M〕，叢書集成本，上海：商務印書館，民國25年，83。

〔註210〕儀禮注疏〔M〕，十三經注疏本（影印本），北京：中華書局，1980，2593。

〔註211〕王利器撰，顏氏家訓集解〔M〕，上海：上海古籍出版社，1980，90。

《爾雅‧釋親》：「子之子爲孫。」〔註212〕《左傳‧文公八年》：「宋襄夫人，襄王之姊也。昭公不禮焉，夫人因戴氏之族以殺襄公之孫孔叔、公孫鍾離及大司馬公子印，皆昭公之黨也。」《左傳‧定公四年》：「楚之殺郤宛也，伯氏之族出。伯州犁之孫嚭爲吳大宰以謀楚。」

「孫」又可泛指孫以後的後代。《左傳‧成公十年》：「晉侯夢大厲，被髮及地，搏膺而踊曰：『殺余孫，不義，余得請於帝矣！』」楊伯峻注云：「當指八年晉侯殺趙同、趙括事。晉公所夢見之惡鬼，應是趙氏祖先之影。此孫爲廣義，後代也。」〔註213〕

孫女也稱爲「孫」，只有在特定的語境中，才能辨識。孫女又稱「女孫」。《儀禮‧喪服》鄭玄注：「孫者，子之子。女孫在室，亦大功也。」〔註214〕此「女孫」即後世之孫女。

子有嫡庶，孫也有嫡庶之分。《禮記‧喪服》：「何以期也？不敢降其適也，有適子者無適孫，孫婦亦如之。」鄭玄注曰：「周之道，適子死，則當適孫。」〔註215〕所以，嫡孫是在嫡子死後所立之長孫，嫡孫以外的所有孫輩都是庶孫。

2. 昆孫

清人邵晉涵在《〈爾雅‧釋親〉正義》中說：「遠孫具得稱昆孫。」〔註216〕如：

> 孔張，君之昆孫子孔之後也，執政之嗣也，爲嗣大夫。(《左傳‧昭公十六年》)

杜預注：「昆，兄也。子孔，鄭襄公兄，孔張之祖父。」

邵氏云：「孔張爲鄭穆公之曾孫，今云『昆孫』者，散文言之，遠孫具得稱昆孫也。」〔註217〕是鄭穆公之遠孫，故稱「昆孫」。

3. 外孫（甥）

《爾雅‧釋親》：「女子子之子爲外孫。」〔註218〕

按照氏族社會遺留下來的婚姻關係，外孫和甥是同一概念。《詩‧齊風‧

〔註212〕爾雅注疏〔M〕，十三經注疏本（影印本），北京：中華書局，1980，157。
〔註213〕楊伯峻撰，春秋左傳注〔M〕，北京：中華書局，1990，849頁。
〔註214〕儀禮注疏〔M〕，十三經注疏本（影印本），北京：中華書局，1980，1118。
〔註215〕禮記正義〔M〕，十三經注疏本（影印本），北京：中華書局，1980，1104。
〔註216〕〔清〕邵晉涵著，爾雅正義〔M〕，皇清經解本，上海：上海書店，1988，575。
〔註217〕同上。
〔註218〕爾雅今注〔M〕，天津：南開大學出版社，1987，160。

猗嗟》：「不出正兮，展我甥兮。」毛《傳》：「外孫曰甥。」〔註219〕在母系或父系氏族社會，存有婚姻聯盟關係的兩個氏族，是世代通婚的，按照氏族族外婚的習俗，甲氏族的女子要娶（或嫁）乙氏族的男子為配偶；同樣，乙氏族的女子要娶（或嫁）甲氏族的男子為配偶，這種世代的婚姻關係造成氏族間的同輩男女不是夫妻就是兄妹。上一代對下一代來說不是舅甥就是姑姪關係。這就是外孫也叫甥的原因。

四、親屬稱謂的宗法意義

宗法制，通俗地說就是以血緣為核心的等級制。按照這種等級制，同宗之中分大宗小宗，同輩兄弟之中也要分嫡與非嫡（庶），在嫡系兄弟中還要區分長幼伯仲。嫡長有特定的繼承權，永遠是大宗，非嫡長永遠是小宗。親屬稱謂在大宗、小宗稱謂上是經緯分明的，比如父輩稱謂中就分有：世父、父、叔父。其中只有世父才是本宗中的大宗，父和叔父相對於世父都只能是小宗。

文獻中有「九族」一稱。《尚書・堯典》：「克明俊德，以親九族。」陸德明《經典釋文》云：「上自高祖，下至玄孫，凡九族。」〔註220〕《左傳・桓公六年》：「故務其三時，修其五教，親其九族，以致其禋祀，於是乎民和而神降之福。故動則有成。」杜預注：五教指「父義、母慈、兄友、弟恭、子孝。」九族謂「外祖父、外祖母、從母子及妻父、妻母、姑之子、姊妹之子、女子之子並己之同族，皆外親有服而異族者也。」班固《白虎通・宗族》：「所以九者何？九之為言究也。親疏恩愛究竟謂之九族也。父族四、母族二、妻族二。父族四者，謂父之姓為一族也，父女昆弟適人有子為二族也，身女昆弟適人有子為三族也，身女適人有子為四族也。母族三者，母之父母為一族也，母之昆弟為二族也，母之女昆弟為三族也，母昆弟者男女皆在外親，故合言之也。妻族二者，妻之父為一族，妻之母為二族，妻之親略。」〔註221〕說法完全不同。陸德明所說的「九族」指的是本宗族內的若干代，杜預和班固所說的「九族」，已經包含了宗親和姻親兩個不同的系統。從「五教」包涵父母雙方的情況推斷，「九族」包涵宗親、部分姻親似乎更合理一些。

宗親永遠比姻親更親、更近。《左傳・僖公二十四年》：「鄭有平、惠之勳，

〔註219〕毛詩正義〔M〕，十三經注疏本（影印本），北京：中華書局，1980，355。
〔註220〕尚書正義〔M〕，十三經注疏本（影印本），北京：中華書局，1980，119。
〔註221〕白虎通〔M〕，叢書集成本，上海：商務印書館，民國25年，219。

又有厲、宣之親。」這是周大夫富辰勸止周襄王時的一段話，富辰從歷史上鄭伯曾與晉侯協助平王完成東遷，穩定周廷統治有功說起，又從血緣上鄭與王廷為同宗血親兩方面勸說襄王。強調統治國家一靠德，二靠親親，就是強調宗親的重要。這些都是宗法制的內容。

宗法強調等級，父子關係是處於不同等級的，所以對「子」而言，父有絕對權威。父又作「甫」，《說文》釋作「男子美稱也。」段玉裁解釋說：「俌某甫者，若言尼甫、嘉甫、孔甫，非字，凡男子皆得俌之。」〔註222〕段氏的解釋是有針對性的。《禮記‧曲禮》：「曰有天王某甫。」鄭玄注曰：「某甫，且字也。」孔穎達疏：「且字者，未斥其人，且以美稱配成其字。」〔註223〕從詞義生成的角度考慮，段氏的觀點是可信的。由此我們可以推知，作為父親的「父」，應該是由男子美稱的意思轉化而來。

《方言》卷六：「凡尊老……南楚謂之父，或謂之父老。」〔註224〕《左傳‧哀公十三年》：「旨酒一盛兮，余與褐之父睨之。」意思是，面前雖有美酒滿壺，我與身著粗衣的老翁只能用目光斜視。父的「尊老」之義看來不限於南楚方言。

母親的「母」則是由女子的美稱而來。王國維在《女字說》云：「余讀彝銘文字而得周之女字十有七焉……此皆女子的自作器或為他人作器，而自稱曰某母者也，余謂此皆女字。女子之字曰『某母』，猶男子之字曰『某父』。」〔註225〕和父稱相同，母也是由女性的美稱轉化而來的。

有些親屬稱謂與古代的婚姻制度有關，如姑舅甥姪等，前文已有涉及，這裏就不再重複。有的則是由一般名詞轉化為親屬稱謂，如兄弟便是。

兄，《釋名‧釋親屬》釋作「荒也。荒，大也。」〔註226〕在兄弟間，兄是年長者，故為大。弟，按照《釋名‧釋親屬》的說法就是次第的意思，朱芳圃《殷周文字釋叢》：「弟像繩索弋之形，繩之索弋，展轉圍繞，勢如螺旋，而次弟之義生焉。」〔註227〕所以《說文》作：「韋束之次弟也。」〔註228〕轉

〔註222〕說文解字注〔M〕，上海：上海古籍出版社，1988，128。
〔註223〕禮記正義〔M〕，十三經注疏本（影印本），北京：中華書局，1980，1260。
〔註224〕方言箋疏〔M〕，上海：上海古籍出版社，1983，24。
〔註225〕王國維撰，觀堂集林〔M〕，北京：中華書局，1959，158。
〔註226〕篆字釋名疏證〔M〕，叢書集成本，上海：商務印書館，民國25年，81。
〔註227〕朱芳圃著，殷周文字釋叢〔M〕，北京：中華書局，1962，15。
〔註228〕說文解字注〔M〕，上海：上海古籍出版社，1988，236。

而指排序在其次的。

親屬稱謂注重同輩間的次第排序，與宗法制也是密切相關的，在嫡庶關係確定之後，長者為尊，所以長者稱「伯」，伯就是大，是有特權的。正因為嫡長有特殊的權力，所以特以「伯」稱之，而庶長只能稱「孟」。這也證明了「親屬制度以最明白的方式直接準確地反映了古代社會情況」。

周代是個男性中心的社會，男性是社會活動的主要參與者，所以男性人物的稱謂分得很細緻，因此人們就容易識別其在宗族內的身份，辨別他的地位。所以就特別強調這足以區分他人的稱謂：「父之晜弟，先生為世父，後生為叔父」。〔註229〕

世父又稱為伯父，就是繼承先人宗族地位的人，有不同稱謂，就是從不同的角度命名，並且強調其重要。

婦女在這個社會中是從屬者，她們的稱謂也多和男性稱謂相伴隨，但和男性稱謂比較只會少，不會多。如父輩中先生為世父，又可以稱為伯父，其配偶就也有世母和伯母二稱。叔父的配偶稱叔母。祖父，又可稱祖、皇祖，其配偶只稱祖母。所以周代女性稱謂，除其本人的「官方稱謂」以外，多數是伴隨性的，即伴隨其配偶的稱謂獲得自己的稱謂。

總之，《左傳》人物的親屬稱謂是周代宗法制度的派生物，它反映了宗法親疏、尊卑等等級關係，因而又是宗法制度的一個組成部分。

〔註229〕爾雅今注〔M〕，天津：南開大學出版社，1987，155。

第二章　《左傳》人物稱謂與姓氏制度

　　在《左傳》人物稱謂中，姓氏是重要的組成部分，它不僅構成了區別人物個體的符號，而且標示著人物的社會背景和地位。瞭解姓氏制度，對認識人物稱謂的文化內涵有著重要的意義。

第一節　《左傳》中所見姓氏

　　《左傳》人物的姓氏研究，清儒曾做過不少工作，現代也有學者對清人的研究做出補充和修正。就姓氏數目言，顧炎武認爲姓「見於《春秋》者得二十有二」。〔註1〕顧棟高在《春秋大事表》中提出「合中國與鄭瞞，僅及二十有一」。〔註2〕關於氏的數目，顧棟高《春秋列國姓氏表》以爲有 207 個，〔註3〕《春秋列國卿大夫世系表》以爲有 85 個（此 85 氏爲世族的氏）〔註4〕。後者的數目顯然沒有概括性。

　　周代有姓有氏者全爲貴族。《左傳》中人物標明姓氏的除個別如寺人披（寺人，據《周禮·天官》：「掌王之內人及女宮之戒令。」〔註5〕另據《詩·秦風·車鄰》「寺人之令」毛傳：「寺人，內小臣也。」〔註6〕披，其名；寺人則是以

〔註1〕〔清〕顧炎武著，黃汝成集釋，日知錄集釋〔M〕，上海：上海古籍出版社，2006，1275。

〔註2〕〔清〕顧棟高撰，春秋大事表〔M〕，皇清經解續編，上海：上海書店，1988，548。

〔註3〕同上，548～555。

〔註4〕同上，556～572。

〔註5〕周禮注疏〔M〕，十三經注疏本（影印本），北京：中華書局，1980，687。

〔註6〕毛詩正義〔M〕，十三經注疏本（影印本），北京：中華書局，1980，368。

官為氏。）等少數人外，都是貴族。因為周代社會的統治階級是姬姓貴族及其姻親，春秋的歷史當然要圍繞貴族來記載。社會下層的庶人乃至「醜類」（奴隸），他們大多是會說話的工具，是不可登上大雅之堂的。在一般情況下，文獻中記載他們的機會是少之又少。所以在《左傳》的人物記載中，基本沒有他們的位置。

另外，在《左傳》人物中男子稱氏，婦人稱姓，這應該是《左傳》記錄人物姓氏的一個特點，《國語》等史料文獻中也與此相同，就是說，在周代，「男子稱氏，婦人稱姓」是人物稱呼的常例。

周代人物為什麼「男子稱氏，婦人稱姓」呢？顧炎武在其《原姓》一文中說：「氏一再傳而可變，姓千萬年而不變。最貴者國君，國君無氏，不稱氏稱國。踐土之盟，其載書曰：『晉重、魯申、衛武、蔡甲午、鄭捷、齊潘、宋王臣、莒期。』荀偃之稱齊環，衛太子之稱鄭勝，晉午是也。次則公子，公子無氏，不稱氏，稱公子，公子彄、公子益師是也。最下庶人，庶人無氏，不稱氏，稱名。然則氏之所由興，其在於卿大夫乎？故曰：『諸侯之子為公子，公子之子為公孫，公孫之子以王父字，若諡、若邑、若官為氏。』氏焉者，類族也，貴貴也。」〔註7〕顧氏此說，除「國君無氏」「公子無氏」外，是正確的。因為國就是氏，如晉叔虞封地為唐，因為有晉水而更名為晉。魯公伯禽受封魯地而名魯。《左傳·僖公二十六年》：「東門襄仲、臧文仲如楚乞師。」《左傳·襄公二十三年》「（外史）對曰：『盟東門氏也，曰毋或如東門遂不聽公命，殺嫡立庶。』」其中東門襄仲、東門遂即魯莊公之子公子遂，東門，其居所，亦即其氏。《通志·氏族略》也說：「貴者有氏，賤者有名無氏。」〔註8〕周代是個男性中心的社會，男性是社會活動的主要參與者。無論是政治活動，還是經濟活動，參與者的身份區別就十分重要。氏是別貴賤而區別的符號又多（據統計氏有二百餘個）的標識，把氏附於名之下，就完全滿足了別身份、分個體的要求。是周人最先發現「男女同姓，其生不蕃」（《左傳·僖公二十三年》）的，所以周人在春秋中期以前，基本上遵循著「同姓不婚」，即不行宗族內的婚姻。婦女在社會中的主要任務是：擴大宗族的聯盟——通過婚姻關係實行之，和蕃衍宗族群體——通過生育子嗣實行之。她們的社會職責決定了她們的稱謂上的區別特徵，冠姓就是這樣實現的。

〔註7〕日知錄集釋〔M〕，上海：上海古籍出版社，2006，1279。
〔註8〕〔宋〕鄭樵著，通志〔M〕，上海，商務印書館，民國27年，439。

另外，周代去群婚、亞群婚時代未遠，尙有某些群婚、亞群婚時代的遺風，女性稱名必有姓，很可能是對這種遺風之一種制約方式。

不但氏可以別貴賤，姓也是別貴賤的標識，周代是姬姓政權，姬姓就享有崇高的社會地位。姬姓的婚姻聯盟，其姓也有較高的社會地位。在周代，只有貴族才有權擁有姓，庶人和奴僕沒有擁有姓的權利。所以在周代凡有姓的便是貴族無疑。因此「取妻不取同姓，買妾不知其姓則卜之」（《左傳·昭公元年》）的禮儀對平民庶人並不適用。

第二節 姓的起源與賜姓制度

一、姓是血緣關係的標誌

《說文》對姓釋作「人所生也」。並進一步解釋說：「古之神聖人，母感天而生子，故稱天子，因生以爲姓。」﹝註9﹞可知，姓是同一血緣族群的標誌符號。其次，這一族群是以母系血緣爲核心的。所以姓是母系社會的產物。在只知其母，不知其父的群婚社會中就有了姓。所以姓是一個古老的概念。

《國語·晉語四》：「凡黃帝之子二十五宗，其得姓者十四人，爲十二姓。」﹝註10﹞都是黃帝的孩子，卻分爲十二姓，這正好證明了姓最初不是按父系劃分的，而是根據母系劃分的，這就是標記古姓的字多從「女」字的原因。有學者認爲「古姓用字從女，是將女子出生姓族的族名女化而成」，「因爲男子一般不稱姓，姓族名常以女化的形式用於女子，所以流傳下來的姓多是女化形式，從女旁。」﹝註11﹞這種看法頗值得商榷。同樣，作者在同一書中因黃帝之子中的青陽、蒼林皆爲姬姓，與黃帝同姓，就否認黃帝之子從母姓，也是沒有道理的，因爲在黃帝時代並沒有同姓不婚的習俗，黃帝爲什麼不可以和姬姓女子同居生子呢？

《說文》中對此也有解釋，如：「姚，虞舜居姚虛，因此以爲姓。」「嬀，虞舜居潙汭，因以爲姓。」﹝註12﹞意思是，舜和姚虛女同居時所生之子姓姚；和潙汭女同居所生之子爲嬀姓。虞舜和不同地域的女子同居，所生子女有不

﹝註9﹞ 説文解字注﹝M﹞，上海：上海古籍出版社，1988，612 上。
﹝註10﹞ 國語（點校本）﹝M﹞，上海：上海古籍出版社，1978，356。
﹝註11﹞ 雁俠著，《中國早期姓氏制度研究》﹝M﹞，天津古籍出版社，1996，59。
﹝註12﹞ 説文解字注﹝M﹞，上海：上海古籍出版社，1988，612 上～613 上。

同的姓，說明在虞舜時期姓仍是指母系血緣的標識。

　　隨著社會的發展，男性在社會活動中的作用越來越重要，社會由女性中心轉化為男性中心。《禮記・大傳》：「同姓從宗。」孔《疏》說：「同姓，父族也。」〔註13〕周代社會已經是個男性中心的社會，周代的宗族是以男性為中心劃分和世代傳遞的。所以周天子的分封，主要是分封給姬姓的貴族土地與人口。這個姓是以男子為核心傳承的，和虞舜時代的姓所表示的血緣關係有根本的不同。周代的宗法制是建立在父系血緣基礎上的。姬姓是黃帝的後代，據《國語》記載黃帝二十五子中，其中有姬姓，那時的姬姓是以母系為核心傳承的。黃帝的二十五子中有十二姓，就是有十二個不同的母系氏族。到了周代，姬姓已轉化為父系中心傳承。所以姬作為姓，古代和周代兩個時代表示母系和父系兩個不同的血緣系統。

　　對於姓，班固釋作「姓者，生也。人稟天氣所以生者也。」〔註14〕姓和生是二而一的關係：姓是由所生而決定，又是與生俱有的。無論是「人稟天氣所以生者」，還是「母感天而生子」，都說明姓和人的生母、生父有著不可分的關係。在母系社會中，它是和母親關係的標誌，在父系社會中，它是和父親關係的標誌。所以可以說姓是血緣關係的標誌，這應該是確定的。

二、姓起於地域說

　　對「姓者，生也」，「人所生也」人們有不同的理解。唐代司馬貞、張守節都認為「人所生」即「人所生之地」，並由此推斷出以下說辭：

　　司馬貞《史記〈五帝紀〉索隱》引皇甫謐《帝王世紀》云：「黃帝生於壽丘，長於姬水，因以為姓。」〔註15〕又張守節引《帝王世紀》云：「神農氏，姜姓也。母曰任姒，有蟜氏女，登為少典妃，遊華陽，有神龍首，感生炎帝。人身牛首，長於姜水。」〔註16〕又張守節《史記正義》云：「瞽叟姓媯。妻曰握登，見大虹意感，而生舜於姚墟，故姓姚。（舜）目重瞳子，故曰重華。」〔註17〕皇甫謐亦云：「舜母名握登，生舜於姚虛，因姓姚氏。」〔註18〕又皇甫

〔註13〕禮記正義〔M〕，十三經注疏本（影印本），北京：中華書局，1980，1507。

〔註14〕〔漢〕班固著，白虎通〔M〕，叢書集成本，上海：商務印書館，民國25年，222。

〔註15〕〔西漢〕司馬遷著，史記（點校本）〔M〕，北京：中華書局，1959，2。

〔註16〕同上，4。

〔註17〕同上，32。

〔註18〕同上。

謐《帝王世紀》云：「堯初生時，其母在三阿之南，寄於伊長孺之家，故從母所居爲姓也。」（司馬貞引）〔註19〕上引材料告訴我們：古姓是母系血緣的代表標誌。「母所居爲姓」，其母或本人的生長之地才是姓的來源。

三、姓起於生育原因說

張守節《史記〈五帝紀〉正義》引《帝王紀》云：「（禹）父鯀妻脩己，見流星貫昂，夢接意感，又吞神珠薏苡，胸坼而生禹。」〔註20〕禹之姓姒，是因其母吞薏苡而孕有他的緣故。司馬貞以爲「契姓子氏者，亦以其母吞乙子而生。」〔註21〕這是以母孕的傳說爲據而名姓。但是這種傳說是對人們只知其母，不知其父現象的一種臆測，它不可能是事實。很可能是禹母部落以食薏苡爲常規，而契母部落好食乙子。這是以母親的生育原因爲據名姓。

四、姓起於古圖騰說

圖騰是原始社會氏族部落的標誌，這種標識常用某種動物表示。部落人群視這個代表氏族部落血緣標識的圖標爲神聖而加以膜拜，因而它也就成爲姓的代表。由於記載遠古時代氏族歷史的相關文獻材料的缺失，由圖騰演變爲姓的問題，學術界的研究缺乏直接的例證，但是從人類學的理論層面上和一些相關的田野調查材料來推論，這種情況應該是存在的。據《左傳·哀公九年》：「炎帝爲火師，姜姓其後也。」《風俗通》：「羌本西戎卑賤者也，主牧羊，故字從羊、人，因此爲號。」〔註22〕羌、姜是同源字。由此可知，姜姓祖先可能以牧羊爲生計，羊或羊首可能爲其圖騰，因以爲名姓。

姓是表示血緣關係的標誌，但是我們上述所談的關於姓的來源，卻很少涉及血緣關係。從古姓字多與女字有關（如姬、姜、嬴、姒、嬀）看，姓最初與母系血緣應是密切相關的。所以前面所引的關於姓的來源的記載，基本上是周代或以後的人對姓來源的認識，未必反映出姓的最古老的血緣關係。如果深入分析，我們會發現，上述有關古姓產生的傳說，都只是姓命名的條件。從本質上說，姓是血緣的標誌，這應該是確定無疑的。地域、生育原因、圖騰等，並不是姓產生的原因。二者不能，也不應該混爲一談。在周代，姓

〔註19〕同上，15。
〔註20〕史記（點校本）〔M〕，北京：中華書局，1959，49。
〔註21〕同上，46。
〔註22〕〔東漢〕應劭著，風俗通義〔M〕，上海：商務印書館，民國25年，154。

是父系血緣的標誌，同姓，即表示爲同一父系血緣。這種血緣關係世代相傳，永遠不會改變，做爲血緣的標誌，姓也是永世不變。

五、賜姓與賜姓的對象、功用

（一）有關「賜姓」文獻

《左傳》、《國語》等文獻中有關於「賜姓」的記載：

> 昔有飂叔安，有裔子曰董父，實甚好龍，能求其耆欲以飮食之，龍多歸之，乃擾畜龍，以服事帝舜。帝賜之姓曰董，氏曰豢龍。（《左傳·昭公二十九年》）

> （周靈王之大子晉曰：）皇天嘉之，祚以天下。賜姓曰「姒」，氏曰「有夏」，謂其能以嘉祉殷富生物也。祚四嶽國，命以侯伯，賜姓曰「姜」，氏曰「有呂」，謂其能爲禹股肱心膂，以養物豐民人也。〔註23〕（《國語·周語下》）

> 民之徹官百，王公之子弟之質能言能聽徹其官者，而物賜之姓，以監其官，是爲百姓。（《國語·楚語下》）

韋昭注：「徹，達也。自以名達於上者，有百官也。」又「物，事也，以功事賜之姓。官有世功，則有官族，若司馬、太史之屬是也。」〔註24〕

> 天子建德，因生以賜姓，胙之土而命之氏。（《左傳·隱公八年》）

> 及胡公不淫，故周賜之姓，使祀虞帝。（《左傳·昭公八年》）

杜預注：「胡公滿，遂之後也，事周武王，賜姓曰嬀，封諸陳，紹舜後。」另《史記·陳涉世家》：「陳胡公滿者，虞帝舜之後也。昔舜爲庶人時，堯妻之二女，居於嬀汭，其後因爲氏姓，姓嬀氏。」〔註25〕

據《史記·五帝紀》之唐張守節《正義》云：「（舜父）瞽叟姓嬀，妻曰握登，見大虹意感而生舜於姚墟，故姓姚。」〔註26〕另司馬貞引《禮緯》云：「禹母修己吞薏苡而生禹，因姓姒氏。」〔註27〕這些都證明，在舜時代，仍爲女性中心的社會，子從母姓的記載十分明確。《左傳》硬說舜賜董姓給飂叔

〔註23〕國語（點校本）〔M〕，上海：上海古籍出版社，1978，104。
〔註24〕國語（點校本）〔M〕，上海：上海古籍出版社，1978，570。
〔註25〕史記（點校本）〔M〕，北京：中華書局，1959，1575。
〔註26〕同上，32。
〔註27〕同上，46。

安之子，是企圖證明「賜姓」一事是古已有之的，至少在帝舜時即已有之。我們認為，這完全是周人的「以今律古」，即用周代的某些事實為依據，去猜度帝舜時期的情況。因為在女性中心社會，在氏族部落之上，並沒有統治各氏族的類似周王廷一類的人物，在這種情況下，由誰來「賜姓」？古姓既然是母系血緣的標誌，這就十分明確地排除了舜給董父賜姓的可能。

　　例 2 之「皇天嘉之」的「皇天」更是周人的觀念，所以「賜姓」一說是周人的認識，它並不能證明在禹夏時期就有「賜姓」。其餘各例，也都是周人對各種歷史傳說的附會說明。從道理上說，姓作為血緣關係的標識，不可能大規模進行賞賜，因為姓是最高統治者「賜」的，就不再可能標誌血緣關係了。所以「賜姓」並非古已有之，也不可能大量存在，更不可能是獲姓的通例。

（二）賜姓是周人獨有

　　周人行分封，以此護祐王廷，確立王廷獨尊，即姬姓獨尊，此時「賜姓」方有必要，才有可能。說「必要」，是說王庭通過賜姓壯大同盟軍陣營，以便鞏固統治。周王朝獨攬天下大權，它的權威是至高無上的，使賜姓成為可能。周人是怎樣「賜姓」，又將姓「賜」給什麼樣的人呢？清代段玉裁在為《說文解字》中的「嬀」字作注時說：

> 《左傳》曰：「胡公不淫，故周賜之姓，使祀虞帝。」賜之姓者，賜姓曰嬀也。叚令嬀不爲姓，何以不賜姓姚而賜姓嬀乎？凡言賜姓者，先儒以爲有德者則復賜之祖姓，使紹其後。故后稷，賜姓曰姬，四嶽，堯賜姓曰姜，董父，舜賜姓曰董。秦大費賜姓曰嬴，皆予以祖姓也。其有賜姓而本非其祖姓者，如鄭氏《駁〈異義〉》云：「炎帝姓姜，大皞之所賜也。黃帝姓姬，炎帝之所賜也。」是炎帝、黃帝之先固自有姓，而炎帝、黃帝之賜姓實爲氏姓之創始。夏之姓姒，商之姓子亦同。〔註28〕

　　段玉裁的上述說法可分兩個方面理解：第一，對胡公不淫的賜姓，實際是周天子對少數異姓諸侯的姓進行確認，即認可。它是周天子政治權力的體現，也是對賜姓對象的社會地位的肯定。周代的所謂「賜姓」是分封的組成部分，不一定就是賜給另一個代表血緣關係的姓。這一點段氏說的也較為清

楚：「賜之姓者，賜姓曰嬀也。叚令嬀不爲姓，何以不賜姓姚而賜姓嬀乎？」其中「叚令嬀不爲姓」應理解爲「叚令嬀不爲本姓」，這樣便和下文「何以不賜姓姚……」諸文讀通無滯。段玉裁所舉例爲炎黃二帝之姓，也並非另擇其姓，正好證明了我們的理解。所謂「賜姓」，原來就是周天子對各路諸侯本姓的官方確認，並非用與所賜對象本無關係的姓頒賜給他。

　　段玉裁說法的第二個方面，是把周代初年周天子對胡公不淫的嬀姓的確認一事，擴大到三皇五帝時期，認爲三皇五帝時期也有所謂「賜姓」，並主觀上將這種「賜姓」分爲兩類：「有德者」仍守固有之姓；無德者或德行不昭著者，則另擇其姓。這都缺乏史料的支持，可信性是很值得懷疑的。

（三）賜姓的對象、功用

　　從現有的材料看，賜姓是周初獨有的制度。賜姓的對象大體上就是封邦建國的各路諸侯，其中主要是姬姓的兄弟子孫，也有異姓同盟者和少數商朝的遺民。賜姓的目的就是通過姓的確認強化與姬姓族屬的關係，從而彰顯周天子的絕對權威，加強周天子的最高統治地位，明確無論是同姓諸侯，還是異姓諸侯，都有蕃屏王室的義務。周人將自己的政治目的，披上古已有之的外衣，就是強化賜姓的合理性。班固所概括的關於姓「所以崇恩愛，厚親親，遠禽獸，別婚姻」〔註29〕的社會功用，從另一角度說明了周王朝分封賜姓的原因，達到「紀世別類，使生相愛，死相哀，同姓不得相娶」〔註30〕的目的。對異姓的賜姓，便於「聘后於異姓，求財於有方，擇臣取諫工而講以多物，務和同也。」〔註31〕最終正是爲了穩固周天子的統治地位。

　　從上述分析中我們不難看出，周人通過「賜姓」這一行動，十分巧妙地將表示血緣和婚姻關係的標識，轉化爲鞏固姬姓政權，壯大周人統治的手段，「賜姓」活動帶有很強的政治功利。這種政治功利被美其名曰「天子建德」，是一種對同姓諸侯和異姓諸侯的恩寵，還是爲了增強周王廷統治的向心力。

　　「賜姓」制度在西周初期實行過，但是伴隨著王廷分封活動的減少，「賜姓」的事情也就少之又少了。到了春秋時期有人甚至對「賜姓命氏」不甚了了。在魯隱公八年，「（隱）公問族於眾仲」即其例。這可以說明兩個問題：

〔註29〕〔漢〕班固著，白虎通〔M〕，叢書集成本，上海：商務印書館，民國 25 年，
　　　　222。
〔註30〕同上。
〔註31〕國語〔M〕，上海：上海古籍出版社，1978，516。

春秋時期，「賜姓命氏」活動實際已經沒有。姓的觀念已經在人的觀念中深深紮根，「千萬年而不變」了〔註32〕，所以也就不用賞賜了。其次，姓族的確認是要經過一定官方程序的。

由此，我們可以較爲清晰地瞭解到：「賜姓」制度是周初的制度，它是封邦建國的伴隨品。在周代以前並無「賜姓」制度，就如同沒有分封制一樣。其次，「賜姓」是爲了樹立中央朝廷的絕對權威，彌補封邦建國所形成的各自爲政的離心缺陷，周人用原始的血緣意識，讓分封在各地的諸侯能較爲緊密地團結在周王朝的周圍，這比在制度上規定諸侯要效忠朝廷有力得多。

對同姓諸侯和異姓諸侯的賜姓，也有一定的弊端，就是被賜姓的諸侯會以朝廷確認的姓作爲旗幟，糾集自己的勢力，再通過聯姻關係形成一個勢力強大的姓族集團，逐漸形成可與中央朝廷對峙抗衡的政治勢力。在階級社會中，「利益」永遠是至高的，無論用什麼手段集結統治力量，利益永遠是最好的手段，賜姓的手段必須和利益結合起來才有用。對此，《左傳》有清晰的記錄：

> 昔周公弔二叔之不咸，故封建親戚以蕃屏周。（《左傳·僖公二十四年》）

> 文武成康之建母弟，以蕃屏周，亦其廢隊是爲。（《左傳·昭公九年》）

> 昔武王克殷，成王靖四方，康王息民，並建母弟，以蕃屏周。亦曰：「吾無專享文、武之功，且爲後人之迷敗傾覆而溺入於難，則振救之。」至於夷王，王愆於厥身，諸侯莫不並走其望，以祈王身。至於厲王，王心戾虐，萬民弗忍，居王於彘。諸侯釋位，以間王政。宣王有志，而後效官。至於幽王，天不弔周，王昏不若，用愆厥位。攜王奸命，諸侯替之，而建王嗣，用遷郟鄏。則是兄弟之能用力於王室也。至于惠王，天不靖周，生頹禍心，施於叔帶，惠、襄辟難，越去王都。則有晉、鄭咸黜不端，以綏定王家。則是兄弟之能率先王之命也。（《左傳·昭公二十六年》）

> 昔武王克商，成王定之，選建明德，以蕃屏周。（《左傳·定公四年》）

〔註32〕 日知錄集釋〔M〕，上海：上海古籍出版社，2006，1279。

封邦建國並伴隨著賜姓命氏，其目的再明白不過了，就是讓各路諸侯「藩屏周」。

另外，「賜」就是確認。對同姓諸侯的「賜姓」不是令其改易本姓，而只是確認其姓，這一點比較容易理解。對異姓諸侯的「賜姓」，如段玉裁所說，「叚令嬀不為姓，何以不賜姓姚而賜姓嬀乎？」所以對異姓諸侯的「賜姓」也不是鑿空而為，面壁虛構，沒有緣由地拿一個姓族符號給出了事的，而是據其「祖姓」而加以確認。《國語・晉語九》的一段文字很有參考價值：

智宣子將以瑤為後，智果曰：「不如宵也，」宣子曰：「宵也很。」對曰：「宵之很在面，瑤之很在心。心很敗國，面很不害。瑤之賢於人者五，其不逮智一也……以其五賢陵人，而以不仁行之，其誰能待之？若果立瑤也，智宗必滅。」弗聽。智果別族於太史為輔氏，及智氏之亡也，唯輔果在。〔註33〕

智果之更名為輔果，只要在太史處登記備案就算完成「法律手續」。這雖然是由智氏更名為輔氏，是氏的更改，但韋昭以為「太史掌氏姓」〔註34〕，「賜姓」大體上也應該是這種類似的步驟。所以我們認為「賜姓」就是對族姓的確認，即記錄在案，而且這種確認是太史官代為辦理，並不一定由周天子親手操辦。

六、姓的傳承

周人十分重視血緣傳承關係，其原因大致是因為此時的私有財富在一些人那裏已經相當豐富，為了使財富不外流，保證這些財富在本宗內傳承，所以才將保持、維護這種關係定為基本國策。《禮記・大傳》：「上治祖禰，尊尊也；下治子孫，親親也。旁治昆弟，合族以食，序以昭繆（穆），別之以禮義。」〔註35〕其意義是：「親親故尊祖，尊祖故敬宗，敬宗故收族。」〔註36〕這正符合「齊家治國」的理念。無論是尊尊，還是親親，其真正目的都在於保證姓的血緣得以世代傳承。「立權度量，考文章，改正朔，易服色，殊徽號，異器械，別衣服」，這些具體事項，雖然關乎千家萬戶，關乎國計民生，卻可以實行變異。但是，「其不可得變革者則有矣：親親也，尊尊也，長長也，男女有

〔註33〕國語〔M〕，上海：上海古籍出版社，1978，500。
〔註34〕同上，50。
〔註35〕禮記正義〔M〕，十三經注疏本（影印本），北京：中華書局，1980，1506。
〔註36〕同上，1508。

別。此其不可得與民變革者也。」〔註37〕我們說在周代，保證姓的世代傳承是其基本國策，正是本於此。

周代姓的傳承是嚴格的父子傳承，根據《史記·周本紀》的記載，西周共傳承了十二王，除懿王傳其叔孝王、孝王傳其侄孫懿王之子夷王之外，其餘十世傳遞，全是父子相繼。東周共傳遞了二十五個王，除匡王傳給定王、悼王傳敬王、哀王傳思王、思王傳考王、列王傳顯王等五次外，其餘二十王全是父傳子，子承父業。其中不屬於父、子相傳的諸王，其原因，司馬遷均不敘述，可能是「爲尊者諱」的緣故。因爲政權傳遞的背後是利益的傳遞，周王廷內部爲了得到政權也確實發生過爭鬥，司馬遷筆下就記載過這樣的事實：「（周）定王崩，長子去疾立，是爲哀王。哀王立三月，弟叔襲殺哀王而自立，是爲思王。思王立五月，少弟嵬攻殺思王而自立，是爲考王。此三王皆定王之子。」〔註38〕武王時期王廷制定的基本國策：「尊尊」和「親親」有時也要遭到破壞。

當然，無論是誰，在奪取政權時，他們會將「尊尊」、「親親」置之腦後，眼睛看到的只有現實的利益。但在取得政權，現實的利益弄到手以後，又會重新拾起先人的原則作爲武器去制約別人，姓的傳承又會照舊繼續下去。

姓的傳承比政權的傳承更徹底：親親、尊尊，是對同宗即本姓族的所有成員說的；政權的傳承卻要在親親、尊尊的基礎上，加上「長長也，男女有別。」「長長」有接續政權的權力——只限於男性，但女性卻終生可以尊享父親帶給她的姓，在夫權極重的宗法制度下也是如此。至此，我們可以清楚地認識到，周代的姓，是按照父系血緣關係世代傳遞的：父親傳遞給子女，兒子再傳給自己的子女。但是權力和財產，只有兒子方可承接，女兒沒有這種權利。

第三節 氏是地域關係的標識

一、氏是姓的分支

（一）氏是宗族分支的名稱

姬姓確立周政權之後，爲了便於實施家族統治，採用「分封」的辦法。

〔註37〕同上，1506。
〔註38〕史記（點校本）〔M〕，北京：中華書局，1959，158。

周人主要是對姬姓宗子、宗孫，其次是對姻親同盟者和少數被滅亡，卻又肯於臣服的殷商舊貴族實行封賜。這種封賜的初衷是讓宗子、宗孫和姻親同盟者去替周天子經營國家疆土，強化姬姓政權；讓殷商遺民貴族放棄敵對態度和行動，接受姬姓統治現實，目的還是強化周人的統治。所以《荀子‧大略》的「列地建國，非以貴諸侯而已」〔註39〕的判斷是完全正確的，它的目的是完全實現與維持「溥天之下，莫非王土；率土之濱，莫非王臣」〔註40〕的局面。

受到封賜的各路諸侯地處四面八方，為了便於稱呼，總得有個名稱、符號標記才行，於是「天子建德，因生以賜姓，胙之土而命之氏」（《左傳‧隱公八年》），即據所「胙之土」來「命之氏」，姬姓的宗子、宗孫們所領受的封土，即為該受封者的「氏」（名稱）。異姓諸侯也同樣以受封之土為氏稱。

關於「命之氏」，楊希枚先生認為是和「分民」、「封國」相一致的，由此可知，「命氏」最初是由周王親自發佈王命，讓他們叫稱什麼「氏」〔註41〕。我們認為這是一種誤解。

我們認為，「命之氏」意同「名之氏」，「命」同「名」，這在《左傳》等先秦典籍中是十分常見的。

> 晉穆侯之夫人姜氏，以條之役生大子，命之曰仇。（《左傳‧桓公二年》）

《漢書‧五行志中》引作「名之曰仇」。〔註42〕

> 祁夫人使棄諸（子文）夢中，虎乳之。祁子田，見之，懼而歸，夫人以告，遂使收之。楚人謂乳穀，謂虎於菟，故命之曰鬭穀於菟。（《左傳‧宣公四年》）

「命之曰鬭穀於菟」即叫他為鬭穀於菟。史學家楊寬在《試論西周春秋間的宗法制度和貴族組織》一文中說：「天子、諸侯分封給臣下土地，就必須親自立一個『宗』，即所謂『致邑立宗』，新立的『宗』需要有一個名稱，就是『氏』。」〔註43〕所以「命之氏」即「名之氏」，氏的稱名是隨順著所胙之土而來的，不是周天子臆想出來，而是根據所胙之土而名之的。

〔註39〕章詩同注，荀子簡注〔M〕，上海：上海人民出版社，1974，306。

〔註40〕毛詩正義〔M〕，十三經注疏本（影印本），北京：中華書局，1980，463。

〔註41〕楊希枚，論先秦所謂姓及其相關問題〔J〕，中國史研究，1984，3。

〔註42〕春秋左傳正義〔M〕，十三經注疏本（影印本），北京：中華書局，1980，1745。

〔註43〕楊寬著，古史新探〔M〕，北京：中華書局，1955，103。

至於爲什麼選擇了「氏」這個詞來稱叫由胙土所引來的名稱，是因爲：

按朱駿聲的看法，氏、氐、氒、柢、坁等「氏」系字，是所謂「異體字」。〔註44〕我們認爲「異體」一說有失籠統，有辨析的必要，氐爲柢的異體，指樹木之根本。《說文》釋作「箸也」，〔註45〕即箸止義。汦，《說文》作「箸止也」〔註46〕。祇，指生出萬物的大地。峙，或作跱、偫，竚立一處。氐，林義光《文源》以爲與氐同，根本、根柢的意思〔註47〕。引申爲固守一地的氏族，並轉而成爲氏族的名稱和氏族所居之地。所以氏和箸止不動的土地有密切的關係，即分封畫定的有一定範圍的土地是「氏」，在該土地上居住的，由「大宗」（姓族）分派出來的「小宗」部族也是「氏」。《左傳・定公四年》記衛國大祝子魚講述周初封建的時候說：

> 昔武王克商，成王定之，選建明德，以蕃屏周。故周公相王室，以尹天下，於周爲睦。分魯公以大路、大旂，夏后氏之璜，封父之繁弱，殷民六族，條氏、徐氏、蕭氏、索氏、長勺氏、尾勺氏，使帥其宗氏，輯其分族，將其類醜，以法則周公，用即命於周。是使之職事於魯，以昭周公之明德。分之土田陪敦、祝、宗、卜、史，備物典策，官司彝器。因商奄之民，命以伯禽，而封於少皞之虛。

這裏所說的「殷民六族」實際上就是條氏、徐氏、蕭氏、索氏、長勺氏和尾勺氏。另外，鄭玄在《駁許愼五經異義》中也說：「族者，氏之別名也。」〔註48〕由此我們可知，「族」即「氏」。「帥其宗民，輯其分族」則指魯公伯禽本宗的各路人員，包括本宗（大宗）的人員和各分族的人員。由此可以明晰地看出，宗民包涵著分族，而分族即是「氏」。所以氏是大宗（姓族）的分支。

（二）氏和分封的關係

前文我們在談「氏」產生的由來時說，氏是由「胙土」而來，氏的本來意義就是指所胙之土。劉師培在《釋氏》文中說：「《左傳》隱八年云：『胙之土而命之氏』，是氏即所居之土，無土則無氏。《國語・周語》言：『禹平水土，

〔註44〕〔清〕朱駿聲編著，說文通訓定聲〔M〕，武漢：武漢古籍書店，1983，519～520。

〔註45〕說文解字注〔M〕，上海：上海古籍出版社，1988，628。

〔註46〕同上，541。

〔註47〕轉引自漢語大字典編委會，漢語大字典〔M〕，四川、湖北辭書出版社，1988，2130。

〔註48〕史記（點校本）〔M〕，北京：中華書局，1959，46。

皇天嘉之，祚之天下，賜姓天下，賜姓曰姒，氏曰有夏』。胙四嶽國，命爲侯伯，賜姓曰姜，氏曰有呂』，所云賜氏姓猶《禹貢》所言『賜土姓』。氏猶言國以夏名，國以呂名也。呂即《春秋》『申呂』之呂。《國語》下文言『亡其姓氏』，《左傳》襄十一年言『墜姓亡氏』，蓋土失則氏亡。惟有土斯有氏……未有無土而可稱爲氏者也。」〔註49〕劉氏所言有兩點值得肯定：一是土即氏族所居之地，它的名稱是可以用氏來標記的；二是周代初期的氏族是據有周王庭、諸侯所胙之土的。所以土和氏有著不可分的關係。姓在母系社會是同一母系血緣關係的標識，在父系社會則是表示同一父親血緣關係標識。氏則是同一血緣關係內，各處不同地域的同宗氏族的標識。同宗的宗族，其標識是姓，由同姓派生出的、地處不同地域的同宗的分支，其標識是氏。這一點在前文已經談過，這裏不再重複。

氏是姓的一個分支的標識，它只是同姓宗族的一部分，所以在《左傳》等文獻中，氏、族經常互用。

> 無駭卒，羽父請諡與族……公命以字爲展氏。（《左傳·隱公八年》）

> 齊惠公卒。崔杼有寵於惠公，高、國畏其偪也，公卒而逐之，奔衛。書曰「崔氏」，非其罪也，且告以族，不以名。（《左傳·宣公十年》）

> 智果別族於太史，爲輔氏。〔註50〕（《國語·晉語》）

由此可知，氏不是一個簡單的居住單位，是有相同血緣關係的族群。

氏，隨著社會的發展也有相應的變化。最初，「天子建德……胙之土而命之氏」，但是天下的土地是有限的，不可能永遠地分封下去。特別是諸侯們在他們所領受的封地內再行分賜采邑完成時，再胙土命氏就受到一定地限制。而社會不斷地發展，變動，人丁不斷蕃衍增多，氏族的不斷分化又要求產生新的氏，這就只好另尋出路了。於是以字爲氏，以官爲氏，以邑爲氏的情況就隨之出現。

由此可知，氏不是一般社會底層所能擁有的。班固對氏有過明白的概括：

> 所以有氏者何？所以貴功德，賤伎力。或氏其官，或其事，聞

〔註49〕〔清〕劉師培著，左盦集（影印本）〔M〕，南京：江蘇古籍出版社，1997，1197。

〔註50〕國語〔M〕，上海：上海古籍出版社，1978，500。

其氏即可知其德，所以勉人為善也。〔註51〕

其中的「貴功德，賤伎力」，是強調血統的重要，至於才能本事倒是其次的。命氏的主要依據是血統，姬姓血統的子孫即使是弱智也可以命氏。這大約是指周代初年的命氏情況說的。到了春秋時期這種情況有了改變，「或氏其官，或氏其事」，有官職者，以官為氏，有事功者則以事功為氏（詳見下文）。班固將「命氏」的產生、發展變化情況放在一個平面上加以敘述，有失簡單，今天，我們在認識這一情況時，有必要加以分析。

另外，班固將「命氏」的政治功利目的社會道德化，用廣泛的社會功能代替了統治者加強自我政治地位的政治目的，這一點我們有必要認清。

二、「命氏」制度

春秋時期，有姓有氏的人是貴族階級。氏作為宗族血緣關係的標誌，它代表的是一個宗族的實體。這一個實體最初是和受封的土地緊密地聯繫在一起的。所以沒有資格獲得封地的庶人和醜類（奴隸）是沒有可能獲得姓氏的。劉師培在《釋氏》一文中所說的「有土者斯有氏」的論斷是可信的。

「天子建德，因生以賜姓，胙之土，而命之氏」（《左傳‧隱公八年》），是說姓和氏都是「天子建德」的結果。但是，天子對氏的確認，只限於王廷的卿大夫和各路諸侯，而各諸侯國內的卿大夫，周天子就鞭長莫及了，只能由各路諸侯去確認。「無駭卒，羽父請謚與族。（魯隱）公問族於眾仲」。羽父之請，是面對魯隱公，所以魯隱公才向眾仲咨詢命氏的原則，此其一。其二，卿大夫命氏在此時還不十分普遍，所以魯隱公對命氏一事還不甚了了，需要向眾仲咨詢。莊公之後，卿、大夫受命氏者漸多，顧炎武在其《日知錄》中說：「春秋隱、桓之時，卿大夫賜氏者尚少，故無駭卒，而羽父為之請族。如挾、如柔、如溺，皆未有氏族者也。莊、閔以下，則不復見於《經》，其時無不賜氏者矣」。〔註52〕顧氏的論斷，是以《左傳》中大量的記載為基礎的。氏的頒賜，有些是和「胙之土」同時進行的，有的則是先由卿大夫申請，再由諸侯命氏。這當是卿大夫獲氏的通例。

歷史上也存在違背命氏原則，取得「氏」的實例，這在《左傳》中就有記載：

〔註51〕白虎通〔M〕，叢書集成初編，上海：商務印書館，民國25年，222～223。
〔註52〕日知錄集釋〔M〕，上海：上海古籍出版社，2006，229。

君子以（華）督爲有無君之心，而後動於惡，故先書弒其君。

會於稷，以成宋亂，爲賂故，立華氏也。（《左傳·桓公二年》）

杜預注：「《經》稱平宋亂者，蓋以魯君受賂立華氏，貪縱之甚，惡其指斥，故遠言始與齊、陳、鄭爲會之本意也。《傳》言爲賂故立華氏，明《經》本書平宋亂，爲公諱，諱在受賂立華氏也。猶璧假許田爲周公祊故。所謂婉而成章。督未死而賜族，督之妄也。」這是由於魯君受華督的財物，所以立華氏。

成季使以君命命僖叔待於鍼巫氏，使鍼季酖之，曰：「飲此則有後於魯國，不然，死且無後。」飲之，歸及逵泉而卒，立叔孫氏。（《左傳·莊公三十二年》）

用賂幣購買氏，用脅迫、威逼以「立氏」的雙重手段達到政治目的，「氏」成爲某些人的政治籌碼。

胙土命氏，是周初天子進行分封時的情況。最初的「氏」是和封地一起由周天子分賜給各路諸侯和王廷的近臣的；這些氏，是以所封的封國、封邑的國名、邑名稱呼的。如魯、蔡、衛、晉、鄭……等。異姓諸侯有齊、宋、秦、陳……等。王廷貴族的有原、成、祭……等。春秋時期命氏就不單單是胙土命氏了。顧炎武說：「古人之氏，或以諡，或以字，或以官，或以邑。」〔註53〕這在《左傳》中也是不乏其例的：

首先，諸侯以字爲氏者——

羽父請諡與族（氏）……公命以字爲展氏。（《左傳·隱公八年》）

杜預注：「公孫之子以王父（祖父）字爲氏，無駭，公子展之孫也，故爲展氏。」

孔穎達在《左傳·隱公五年》的《正義》中說：「諸侯之子稱公子，公子之子稱公孫，公孫之子不得祖諸侯，乃以王父之子爲氏。」〔註54〕

公孫歸父以襄仲之立公也，有寵，欲去三桓以張公室。（《左傳·宣公十八年》）

杜預注：「時三桓強，公室弱，故欲去之，以張大公室。」按：三桓，指仲孫、叔孫、季孫，因俱爲魯桓公之後，故氏「三桓」。細而分之，則據《禮記·檀弓》所云：按「幼名，冠字，五十乃稱伯仲」〔註55〕的原則，分爲仲

〔註53〕日知錄集釋〔M〕，上海：上海古籍出版社，2006，1279。

〔註54〕春秋左傳正義〔M〕，十三經注疏本（影印本），北京：中華書局，1980，1726。

〔註55〕禮記正義〔M〕，十三經注疏本（影印本），北京：中華書局，1980，1286。

孫氏、叔孫氏、季孫氏。

此外，還有以父字為氏者。鄭樵說：「亦有以王父字為氏者。如公子遂之子曰公孫歸父，字子家，其後為子家氏是也。又如公孫枝字子桑，其後為子桑氏者，亦是也。」〔註56〕鄭公子去疾，字良宵，其子公孫輒，其孫良宵即以王父字良為氏。以字為氏者多用於世族。公子之子稱公孫，公孫之子就用王父之字為氏。如：

> 孔張，君之昆孫子孔之後也，執政之嗣也，為嗣大夫。(《左傳·昭公十六年》)

杜預注：「子孔，鄭襄公兄，孔張之祖父。」

其次，以官為氏者——

> 司馬牛致其邑與珪焉而適齊。(《左傳·哀公十四年》)

按：宋有司馬一職，掌軍政、軍賦，以為氏。

> 司徒期聘於越，公攻而奪之幣。期告（越）王，王命取之，期以眾取之。(《左傳·哀公二十六年》)

按：宋有司徒一職，掌國家土地眾民，以為氏。

> 晉人患秦之用士會也，夏，六卿相見於諸浮……中行桓子曰：「請復貫季，能外事，且由舊勳。」(《左傳·文公十三年》)

杜預注：「中行桓子，荀林父也。僖二十八年始將中行，故以為氏。」

中行是晉國軍隊編制的一種，據《左傳·僖公二十八年》載：「晉侯作三行以禦狄，荀林父將中行，屠擊將右行，先蔑將左行。」中行由軍隊編制轉為統領該軍隊的職官，林父從此以中行為氏。

> 范獻子取貨於季孫，謂司城子梁與北宮貞子曰：「季孫未知其罪，而君伐之……」(《左傳·昭公二十七年》)

杜預注：「子梁，宋樂祁也。貞子，衛北宮喜。」按：司城，宋掌管工程建築的官員。

以官為氏者多因非世族大夫而「官有世功」(《左傳·隱公八年》)，即先世有功之官名，成為後世子孫的氏。

再次，以邑為氏者——

> 狄人歸季隗于晉，而請其二子。（晉）文公妻趙衰，生原同、屏括、樓嬰。(《左傳·僖公二十四年》)

〔註56〕通志〔M〕，上海：商務印書館，民國27年，440。

杜預注：「原、屏、樓，三子之邑。」

　　晉、楚遇於鄢陵，范文子不欲戰。郤至曰：「韓之戰，惠公不振
旅；箕之役，先軫不反命；邲之師，荀伯不復從，皆晉之恥也。(《左
傳・成公十六年》)

按：范文子，名匄，晉大夫，范，其封邑。郤至，晉大夫，郤，其封邑。

　　(范)宣子曰：「昔匄之祖，自虞以上爲陶唐氏，在夏爲御龍氏，
在商爲豕韋氏，在周爲唐杜氏，晉主夏盟爲范氏，其是之謂乎！」
(《左傳・襄公二十四年》)

杜預注：「周成王滅唐，遷之於杜，爲杜伯。杜伯之子隰叔奔晉，四世及
士會，食邑於范，復爲范氏。」楊伯峻注：「唐杜……實一國名，一曰杜，一
曰唐杜。猶楚之稱荊楚……春秋前已絕滅。文六年《傳》『杜祁以君故』，足
知杜國姓祁。」〔註57〕

由此可知，氏是隨著時間的推移，可以改變的，所謂「氏一再傳而可變。」
〔註58〕

　　晉討趙同、趙括。武從姬氏畜于公宮，以其田與祁奚。(《左傳・
成公八年》)

按：祁奚，晉大夫，祁，其封邑。

還有以居所爲氏者——

　　公孫歸父以襄仲之立公也，有寵，欲去三桓以張公室。與公謀，
而聘于晉，欲以晉人去之，冬，公薨。……遂逐東門氏。(《左傳・
宣公十八年》)

杜預注：「襄仲居東門，故曰東門氏。」

　　齊棠公之妻，東郭偃之姊也。東郭偃臣崔武子，棠公死，偃御
武子以弔焉。(《左傳・襄公二十五年》)

按：據杜注，東郭偃爲齊桓公小白之後，曾居東郭，以東郭爲氏。

對命氏方式的不同的原因，孔穎達曾做過分析：「二十有加冠之字，又有
伯仲叔季爲長幼之字，二者皆可以爲氏矣。服虔云：『公之母弟則以長幼爲氏，
貴嫡統伯仲叔季是也。庶公子則以配字爲氏尊公族。』」〔註59〕實際情況和孔

〔註57〕春秋左傳注〔M〕，北京：中華書局，1980，1088。
〔註58〕〔清〕顧炎武著，亭林文集〔M〕，北京：中華書局，1983，11。
〔註59〕春秋左傳正義〔M〕，十三經注疏本(影印本)，北京：中華書局，1980，1734。

氏的分析有出入:《左傳‧莊公八年》:「夏,師及齊師圍郕。郕降於齊師,仲慶父請伐齊師。」實際情況是慶父爲莊公庶兄,慶父之後的三桓仍以孟仲叔季爲氏,這說明孔穎達的說法不確。

總之,「以土爲氏」大體上是周天子所爲,對象主要是各路諸侯和京畿卿大夫;以字爲氏多在公族間進行。以官爲氏和以邑爲氏主要是在出身低微的非公族卿大夫中進行。

徐復觀在所著《兩漢思想史》中以爲春秋時期氏大概經歷過下列演變過程:王廷賜氏爲主流的時期,以王父之字爲氏的命氏時期,不遵宗法規定自行定氏時期,宗法遭到大幅破壞,血緣已不再能決定人的身份,社會上層人士有許多不再有崇高的血緣身份,就只能以官階、以居處之地作爲命氏的依據。〔註60〕

氏的產生、變化的過程,反映了宗法血緣制度的逐步衰落過程。最初,作爲大宗的分支產物,小宗的氏是由大宗分化而來的,它帶有宗法特點。這個時期,氏確實是姓的分支。以後隨著宗法制度的衰落,宗法色彩越來越淡漠,由於社會的發展與變革,打破了原有宗法血緣的格局:一些有貴族身份的人降爲庶人,一些庶人升入國家的統治階層,於是「陪臣執國政」〔註61〕的情況時有發生,這個時候,如果還固守舊法,已經行不通,所以那些新興的貴族就只有自己給自己解決有關「氏」的問題。於是氏開始脫離宗法制度,氏和姓的關係逐漸淡薄,以至完全脫離,成爲和姓族完全相同的區別符號。姓、氏二分的格局逐漸喪失。但這是春秋以後的事,春秋時期姓、氏仍二分。姓、氏合流,濫觴於春秋之末期,應該是肯定的。

三、氏是人物身份的標識

從宗族的角度看,氏是由宗族分出各氏族的標誌。周初的氏是和封地聯繫在一起的,「惟有土斯有氏」,所以氏又不單純是族群的標誌,班固認爲氏「所以貴功德,賤伎力」,「聞其氏即可知其德」。〔註62〕通過氏可以瞭解其身份,瞭解其功德,這樣,「氏」就對人有「勉人爲善」的作用。〔註63〕它通過命氏的不同方法,可以表明一個人的身份:「王者之子稱王子,王者之

〔註60〕 徐復觀著,兩漢思想史〔M〕,臺北:學生書局,1979,314~315。

〔註61〕 史記(點校本)〔M〕,北京:中華書局,1959,1914。

〔註62〕 白虎通〔M〕,叢書集成本,上海:商務印書館,民國 25 年,222~223。

〔註63〕 同上。

孫稱王孫。諸侯之子稱公子，公子之子稱公孫，公孫之子各以其王父字為氏。」〔註64〕氏表明了和天子、諸侯的血親關係。從這個意義上說，氏不單是宗族的地域標識，也是身份的標識。

「貴者有氏，賤者有名無氏」〔註65〕，聯繫《左傳・昭公元年》「買妾不知其姓則卜之」的記載，姓、氏都是貴族的專有，不行於被統治階級的「賤人」之間。這在《左傳》的記載中多有反映，如：

> 初，穆子去叔孫氏，及庚宗，遇婦人，使私為食而宿焉。……適齊，娶於國氏，生孟丙、仲壬。……既立，所宿庚宗之婦人獻以雉。（《左傳・昭公四年》）

> 泉丘人有女，夢以其帷幕孟氏之廟，遂奔僖子，其僚從之。盟于清丘之社，曰：「有子，無相棄也。」僖子使助蓬氏之簉。（《左傳・昭公十一年》）

無論是穆子所宿之婦人，還是泉丘之女及其僚人，在其記載中，雖幾次出現，並與其它有姓的女子同時出現，均不記其姓。不僅女性，男性也有不記其姓氏者：

> 晉悼夫人食輿人之城杞者，絳縣人或年長矣，無子而往，與於食。（《左傳・襄公三十年》）

輿人和絳縣年長人都是無姓氏者，住在杞城的輿夫和年長的絳縣人不是「野人」，是當時的平民，即所謂庶人。這些未現姓氏的人都可能本無姓氏，記載中不見姓氏並非執筆人的疏忽，而是本無姓氏可記。

做為血緣標誌的「姓」，和與之相關的「氏」，從理論上講，平民、庶人也是應該有血緣傳承的，他們也應該有自己的血緣標誌符號才是。但是在《左傳》的記載中，凡是涉及到這些人，卻都沒有「姓」、「氏」的標示，只記作如「舟之僑」、「介之推」之類，只能在名之前標示他們的職業，或如「東關嬖五」等標示其出生或居住地〔註66〕。他們的「姓」、「氏」到哪裏去了？原來周初的「賜姓命氏」制度，剝奪了他們的姓氏。所謂「賜姓命氏」，雖然只是官方確認的一個程序，但是，這個確認程序的有無，卻是「姓氏」存在的

〔註64〕同上，223。

〔註65〕通志〔M〕，上海，商務印書館，民國27年，439。

〔註66〕舟之僑，見閔公二十八年傳；介之推，見僖公二十四年傳；東關嬖五，見莊公二十八年傳。

社會認可的關鍵。官方確認的「姓氏」即取得合法的地位，而沒有確認的，就失去了存在的空間。於是這些人的血緣傳承關係，特別是經過幾代人之後，也就無從確認了，他們的姓、氏就這樣被剝奪了。

《左傳·襄公十一年》：「凡我同盟，毋蘊年，毋壅利，毋保姦，毋留慝，救災患，恤禍亂，同好惡，獎王室。或間茲命，司慎，司盟，名山、名川，群神、群祀，先王、先公，七姓十二國之祖，明神殛之，俾失其民，隊命亡氏，蹯其國家。」其中「隊命亡氏」說明氏並不是永遠不變的，顧炎武在《原姓》一文中也說：「氏一再傳而可變，姓千萬年而不變。最貴者國君，國君無氏，不稱氏稱國。踐土之盟，其載書曰：『晉重、魯申、衛武、蔡甲午、鄭捷、鄭王臣、莒期。』荀偃之稱齊環，衛太子之稱鄭勝，晉午是也。次則公子，公子無氏。不稱氏，稱公子。公子彄、公子益師是也。最下庶人，庶人無氏，不稱氏稱名。」〔註67〕顧氏的觀點除「國君無氏」、「公子無氏」以外，大體上是正確的。關於「國君無氏」的論斷有分析的必要。從理論上講，作為宗族的組成實體，必然要有與之相應的名號，而這個名號就是氏。「天子建德⋯⋯胙之土，命之氏」，明白無誤地告訴人們，諸侯的氏是和所受胙土聯繫在一起的，如太公望呂尚，裴駰集解：「蓋牙是字，尚是名，後武王號為師尚父也。」〔註68〕司馬貞《索隱》：「炎帝之裔，伯夷之後，掌四嶽有功，封之於呂，子孫從其封姓，尚其後也。」〔註69〕周武王滅商統一中原之後，「封師尚父於齊營丘」〔註70〕，其子孫乃姜姓齊氏。至於齊臣陳成子之氏陳，是因為齊國的陳氏家族是由於由陳出奔齊，之後出仕齊國的，他們並不是齊國的公族，這和齊國公族氏齊並無矛盾可言。如果是姜尚的後裔，其大宗是稱齊為氏的。論其以國為氏的實質，其實還是以土為氏的一種變種。公子也是有氏的，前文我們已經引用過《左傳》的用例。

實際上，諸侯均以國為氏，只是史家在寫歷史時，對諸侯多取尊重態度，所以用「侯」、「公」、「君」等稱呼，很少直呼其氏者，諸侯的以國為氏，實際上是以土地為氏的延伸，所封之地就是宗族的族名，同時也用來指稱諸侯國的國名。就太公而言，本姜姓呂氏，故名呂尚，周武王滅商之後「封師尚

〔註67〕〔清〕顧炎武著，亭林文集〔M〕，北京：中華書局，1983，11。
〔註68〕史記（點校本）〔M〕，北京：中華書局，1959，1477。
〔註69〕同上。
〔註70〕同上，1480。

父於營丘」，遂氏齊。由此可知，氏是可以改變的，而姓則是終身不易的。用上文十二國盟書的話說，民可失，君命可墜；氏可失，國家也可滅亡。

從現有的文獻看，不但春秋時期，整個先秦時期社會低層人不僅沒有「姓」，也沒有「氏」。如庖丁、盜跖、匠石、奕秋……這些男人的稱呼只能在自己的「名」前面，加上自己的職業。從這個意義上說，姓、氏都是人物社會地位的標誌。

四、氏的傳承與更替

氏雖然可以更替，但多數的氏，還是世代傳承的。周代的氏是按父系血緣關係系統，由父傳子，由子再傳孫的。由「胙之土」而獲得的氏，世代傳承的軌跡清晰，諸侯君位的傳承是遵循嫡長制的原則（是諸侯本人的嫡長）。此外貴族氏的獲得，則是以字、以官、以邑等形式。以字為氏、以王父字為氏、以父字為氏：如齊國的公子堅，字子欒，其孫欒施，字子旗。又鄭子產的父親字子國，《左傳·昭公四年》：「渾罕曰：『國氏其先亡乎？』」此國氏即指子產。另，子游之子稱遊楚，子然之子稱然丹，子罕之子子展稱罕氏。此外，公子遂稱東門遂又稱東門襄仲、東門氏等。《左傳·文公十六年》：「文公即位，使母弟須為司城。華耦卒，而使蕩虺為司馬。」於是須稱司城須（文公十八年）。公子招又稱司徒招。其中以字為氏最能體現父系血緣傳承。

在氏的傳承上，女人的氏是女從男的原則：女人在沒有出嫁之前，如果稱氏則從父氏，如魯莊夫人稱鄧曼，齊桓公夫人稱蔡姬。出嫁以後則稱夫氏，如雍糾之妻稱雍姬，欒黶之妻稱欒祁。

當然，和姓不同，氏在傳承的過程中有更易變化的情況，即同一氏的家族成員，由於種種原因另立了新的氏，如魯國的「三桓」中，孟孫氏分出子服氏、南宮氏。叔孫氏分出叔仲氏。季孫氏分出公鉏氏等。這些新分立的氏，對「三桓」氏來說有血緣關係，又有自己的獨立性。

第三章　《左傳》人物稱謂與婚姻制度

第一節　通婚的範圍與規則

一、同姓不婚

　　婚姻是構成家庭的重要形式，而家庭則是社會的重要組成成份。儒家學說視婚姻為社會的重要事件。《禮記・昏義》：「婚姻者合二姓之好，上以事家廟，下以繼後世」。〔註1〕這是說婚姻對宗族的關係：一是可以壯大宗族勢力，通過婚姻關係使兩大姓族都「合二姓之好」，兩個宗族勢力從而彼此都得到壯大和擴張。其次，婚姻還可以使宗族得以延續，父子相繼、祖孫相繼、世代不斷。使逝去的長者後世有人祭祀，使祖宗的事業後世有人繼承。這就是《禮記》所認定的婚姻的社會價值和家族價值。

　　正因為婚姻有如此重大的社會與家族價值，所以儒家才認為「夫禮，始於冠，本於婚，重於祭喪，尊於朝聘，和於鄉射」，是「禮之大體也」〔註2〕，把婚姻之禮，視作「禮之大體」，是禮之根本，比「祭喪」之禮、「朝聘」之禮都重要。因為結婚是組成家庭的重要程序，所以《禮記》對結婚的每個步驟都做出詳盡的規定，這些規定反映出周代社會對婚姻的極度重視。

　　周人實行「同姓不婚」制度。究其原因，主要是人們認識到「男女同姓，其生不蕃」（《僖公二十三年》記鄭大夫叔詹所言）。在生產工具和戰爭手段十

〔註 1〕禮記正義〔M〕，十三經注疏本（影印本），北京：中華書局，1980，1680。
〔註 2〕同上，1681。

分原始狀態下的古代社會，生產、戰爭主要靠勞動者和參戰者的直接參與。人丁不旺，就缺少勞動者和戰場上的參戰人員。人丁興旺繁盛與否，不僅關係家族的興衰，也關係到國家的興衰。爲了人丁蕃盛，所以實行「同姓不婚」制。

周人還認爲同姓相婚，是「美先盡矣，則相生疾」（《昭公元年》鄭公孫僑之語），晉平公娶姬姓女爲后，導致疾病纏身即其例，所以一定要堅持「內官不及同姓」（公孫僑語）。以上都是從優育、優生的角度論及同姓不婚的理由。據《禮記・坊記》：「取妻不取同姓，以厚別也。」〔註3〕又《郊特牲》：「取於異姓，所以附遠、厚別也。」〔註4〕厚，《玉篇・廠部》：「重也。」〔註5〕厚別，即看重差別，這裏的差別指血緣的差別。因爲「異姓異德，異德則異類矣。異類雖近，男女相及，以生民也。」「異德合姓，同德合義。」〔註6〕異德、異類，指的就是異宗，也就是不同血緣系統。古人只知同德、同類結婚不好，那樣會造成「黷亂」，「黷則生怨，怨則毓災，災毓滅性。」〔註7〕其結果還是對宗族發展不利。

其次，周人本是西方的一個小的部族，入主中原之後，自感勢力孤單，天下四方有眾多勢力在覬覦它。群雄爭鋒的形勢，讓周人不敢懈怠，想要通過聯姻的方式，盡快壯大自己的營壘，從而鞏固自己的政權。同姓不婚，即通過異姓聯姻，可以即刻擴大姬姓宗族的同盟者，從而壯大自己的勢力。

正因爲上述原因，周人認爲在婚姻關係上，「男女辨姓，禮之大司也」（《昭公元年》）。同姓不婚是關係姬姓政權穩固的大事，是關係姬姓姓族繁盛發展的大事，也是關係姬姓姓族成員身體健康的大事。周初「同姓不婚」的原則執行得較爲嚴格，乃至貴族們「買妾不知其姓則卜之」（《昭公元年》），用占卜的方法在精神思想上滿足「同姓不婚」的條件。

隨著人口不斷繁衍和宗族觀念的逐漸淡漠，「同姓不婚」的制度逐漸遭到破壞，有的諸侯拋棄既成禮制，公然娶同姓女子爲妻。

> 夏，五月，昭夫人孟子卒。昭公娶於吳，故不書姓。死不赴，
> 故不稱夫人。不反哭，故不言葬小君。（《左傳・哀公十二年》）

〔註3〕同上，1241。
〔註4〕同上，1457。
〔註5〕宋本玉篇〔M〕，北京：中國書店，1983，410。
〔註6〕國語〔M〕，上海：上海古籍出版社，1978，356。
〔註7〕國語〔M〕，上海：上海古籍出版社，1978，356。

　　魯昭公娶吳國女子爲夫人。吳國本是周文王同胞兄弟的封國，是姬姓國。做爲姬姓國君娶一名同姓女子爲正妻，違反了「同姓不婚」的原則，昭公本人並未感到不妥，周圍的大夫也都三緘其口。只有《春秋》的作者拘守舊制，在記載此事時用不書姓名的方法一方面「爲尊者諱」〔註8〕，一方面表示自己的不滿。

　　諸侯娶同姓女爲妻當時就遭到反對的，《左傳》中也有其人：

　　　　　晉獻公欲以驪姬爲夫人，卜之，不吉；筮之，吉。公曰：「從筮。」
　　卜人曰：「筮短龜長，不如從長。且其繇曰：『專之渝，攘公之羭。
　　一薰一蕕，十年尚猶有臭。』必不可！」（《左傳‧僖公四年》）

　　晉國的卜人借卜時的繇辭發揮，反對「晉獻公欲以驪姬爲夫人」，獻公不從，結果釀成晉國大動蕩。

　　上述事件說明，在春秋時期，「同姓不婚」的制度仍是社會主流和正統。雖然有一些人不遵守這一制度，但仍不是社會的主流。破壞「同姓不婚」的行爲即使發生在位高權重的諸侯身上，也不被輿論肯定。

二、姑舅表婚

　　前面我們分析了同姓不婚的原因，這一婚姻制度今天看是較爲科學進步的。但是當時極度落後的生產力限制人們之間的交往，這就造就了有婚姻關係的兩個姓族，有相對穩固的婚姻聯盟關係，即甲姓族的男子要娶乙姓族的女子爲妻，甲姓族的女子要嫁給乙姓族男子爲妻。《左傳‧哀公三年》「劉氏與范氏世爲婚姻」，反映的正是這種情況。「世爲婚姻」即世代爲婚姻，其結果就是甲姓族的女子嫁到乙姓族後，其丈夫的母親正是自己父親的姐妹（姑），其丈夫的父親，正是自己生母的兄弟（舅）。乙姓族的女子嫁到甲姓族後所遇到的情況和甲姓族女子嫁到乙姓族後遇到的情況完全相同，這就是古代稱公婆爲舅姑的原因所在。這種婚姻制度實際上仍然是近親通婚，他雖然擺脫了同宗族內部通婚的弊端，卻仍維持著姻親間近血緣之間通婚的弊端。

　　我們可以通過晉國、秦國兩國的男女婚姻情況分析其同一婚姻聯盟關係：晉國是姬姓國，秦國是嬴姓國，秦、晉是兩個相近相鄰的國家，晉國的男子大體上娶的是秦國女子爲妻，而晉國女子大多都嫁到秦國爲人婦。秦國的男子娶的是晉國的女子爲妻，女子要嫁到晉國爲人婦。就下一代而言，晉

〔註 8〕春秋穀梁傳注疏〔M〕，十三經注疏本（影印本），北京：中華書局，1980，2417。

國的男子就是秦國上一代女子的侄。《爾雅·釋親》「女子謂昆弟之子爲侄」，
〔註9〕因爲秦國上一代女子本是晉國男子父親的姐妹，晉國女子嫁到秦國後稱
丈夫的父母（公婆）爲舅姑，而兒媳也是兄弟之子（侄）。反之，也是如此。
這種秦、晉兩國的婚姻聯盟關係是相對穩固的，所以才把婚姻關係說成「秦
晉之好」。這在《左傳》中多有記錄。如《僖公十五年》載：「晉饑，秦輸之
粟；秦饑，晉閉之糴，故秦伯（穆公）伐晉」。結果，晉君（獻公）被俘獲，
獻公成了秦穆公的俘虜，被押解到秦。按照慣例，這個俘虜是要被殺的。「穆
姬（穆公妻）聞晉侯至，以大子罃、弘與女簡璧登臺而履薪焉」，並準備好喪
服，「使以免服衰絰逆」，穆姬是用自己和兩兒一女的生命作爲籌碼，要求穆
公赦免晉獻公，因爲晉獻公是她的親生父親，《莊公二十八年》：「晉獻公娶於
賈，無子。烝於齊姜，生秦穆夫人及大子申生。」她是晉獻公的親生女兒。
稍後，秦穆公又將自己的女兒懷嬴嫁給晉公子圉。

又如，晉公子重耳流亡到秦國時，「秦伯納女五人」（《僖公二十三年》），
秦穆公一次將五個女子嫁給重耳。這些都是秦晉之間婚姻聯盟關係的表現，
而秦晉兩國互爲姑舅表婚。

春秋時期的婚姻聯盟的固定形式只是相對的，並非是一對一的簡單固定
模式，只要是非同姓國，就有結成婚姻聯盟的可能，最能反映這一情況的如
下文：

> 齊侯之夫人三，王姬、徐嬴、蔡姬，皆無子。齊侯好內，多內
> 寵，內嬖如夫人者六人：長衛姬，生武孟；少衛姬，生惠公；鄭姬，
> 生孝公；葛嬴，生昭公；密姬，生懿公；宋華子，生公子雍。(《左
> 傳·僖公十七年》)

齊桓公的夫人或如夫人者就涉及姬、嬴、子諸姓國。可知，在此時婚姻
對象並不十分固定。下列事實也是佐證：

> 叔向欲娶於申公巫臣氏，其母欲娶其黨。叔向曰：「吾母多而庶
> 鮮，吾懲舅氏矣。」(《左傳·昭公二十八年》)

叔向以母黨之女不好生育子嗣爲由，拒絕娶母族女爲妻，而另選巫臣氏。
可知，「世爲婚姻」（哀公三年）的姑舅婚在當時已不是制度性規定，而只是
一種習慣。叔向最後雖然被他的母親說服，娶了母族的女子，但是此事說明
姑舅婚已不是當時男女婚配的制度，更沒有強制性的約束力。

〔註9〕徐朝華注，爾雅今注〔M〕，天津：南開大學出版社，1987，160。

三、媵妾制度

　　《儀禮·士昏禮》：「媵御餕。」鄭玄解釋說：「古者嫁女必姪娣從，謂之媵。姪，兄之子。娣，女弟也。」〔註10〕媵妾制既反映了各諸侯國在政治上通過婚姻聯盟壯大和鞏固政治營壘的想法和擴充子嗣數目的願望，又反映了周代仍保留了群婚制的許多遺跡。

　　　　衛人來媵共姬，禮也。凡諸侯嫁女，同姓媵之，異姓則否。（《左傳·成公八年》）

　　杜預注：「共姬，穆姜之女，成公姊妹，為宋共公夫人」。「古者諸侯取適夫人及左右媵，各有姪娣，皆同姓之國。國三人，凡九女，所以廣繼嗣也。魯將嫁伯姬於宋，故衛來媵之。」杜預不但注明了共姬的身份，而且還從宗族發展壯大的角度解釋了「媵」的原因，即為了「廣繼嗣」。但沒注明媵共姬的衛國女子和共姬的輩份關係是娣還是姪。

　　　　晉獻公……又娶二女於戎，大戎狐姬生重耳，小戎子生夷吾。

　　　　晉伐驪戎，驪戎男女以驪姬，歸，生奚齊。其娣生卓子。（《左傳·莊公二十八年》）

　　晉獻公娶大戎狐姬為婦，小戎子媵。取驪姬為婦，其娣媵。以上是娣媵姊的實例。

　　　　齊侯娶於魯，曰顏懿姬，無子。其姪鬷聲姬，生光，以為大子。

　　（《左傳·襄公十九年》）

　　杜預注：「兄子為姪。顏、鬷皆二姬母姓，因以為號。」這是以兄之子媵嫁的例證。

　　　　臧宣叔娶於鑄，生賈及為而死。繼室以其姪，穆姜之姨子也。

　　（《左傳·襄公二十三年》）

　　杜預注：「諸侯始娶，則同姓之國以姪娣媵。元妃死，則次妃攝治內事，猶不得稱夫人，故謂之繼室。」

　　姐妹共嫁一夫、姑姪共嫁一夫的現象，在春秋時期是普遍的，並做為一種婚姻制度固定下來。這固然反映了去古未遠的周人仍保留了遠古野蠻時代的婚姻遺風，也反映了當時通過婚姻關係，擴大諸侯聯盟的政治目的，和積極蓄衍人口的用心。當然，這種事實上的一夫多妻制，從一個側面反映了男性中心的周代社會，男女關係的不平等，和男性貴族在婚姻關係中的極大貪

〔註10〕儀禮注疏〔M〕，十三經注疏本（影印本），北京：中華書局，1980，968。

欲。

第二節　原始婚姻觀念的殘餘

一、異輩婚

（一）烝、報

　　所謂「烝」用今天的話說，就是和母親輩的女子有兩性關係。《左傳・桓公十六年》：「衛宣公烝於夷姜。」杜預注云：「夷姜，宣公之庶母也。上淫曰烝」。所謂「報」是指悖亂倫常的性行為。《小爾雅・廣義》：「男女不以禮交謂之淫。上淫曰烝，下淫曰報」。〔註11〕《左傳・宣公三年》：「文公報鄭子之妃曰陳媯，生子華、子臧。」杜預注云：「鄭子，文公叔父子儀也。」《漢律》：「淫季父之妻曰報」（孔穎達疏引），〔註12〕按照這種解釋，烝和報就沒有原則區別了，沒有區別，為什麼還有兩種不同的說法？《詩・邶風・雄雉》孔疏引服虔云：「淫親屬之妻曰報。」〔註13〕這又是一個籠統的詮釋。從親屬關係上說，「報」比「烝」的範圍更寬泛，大約是指旁系長輩妻妾的通婚行為。

　　《左傳》是歷史著作，把這些後來視作違反人倫的悖亂行為記入歷史，是因為這些行為從不同側面影響了歷史事件的發展。「烝」、「報」等說法是後代歷史家用儒家的倫理觀去看待周代的社會現象所給出的結論。它並不反映周代社會對這些事件的態度。

　　　　（衛）惠公之即位也少，齊人使昭伯烝於宣姜。不可，強之。
　　（《左傳・閔公二年》）

　　杜預注：「昭伯，惠公庶兄，宣公子頑也。昭伯不可。」宣姜是齊僖公之女，「齊人」蓋指齊僖公。齊僖公作為父親讓宣姜和兒子輩的昭伯「烝」，而昭伯「不可，強之。」可知當時的社會對這類事件的態度。

　　　　晉獻公娶於賈，無子。烝於齊姜，生秦穆夫人及大子申生。（《左傳・莊公二十八年》）

　　杜預注：「齊姜，（晉）武公妾。」是晉獻公的庶母。二人所生之子女，

〔註11〕〔清〕胡承珙.小爾雅義證（載於小學名著六種）〔M〕，北京：中華書局，1998，31。
〔註12〕毛詩正義〔M〕，十三經注疏本（影印本），北京：中華書局，1980，302。
〔註13〕同上。

不但沒受到歧視，還分別成爲秦穆夫人和晉國的太子。

　　（楚莊）王以（夏姬）予連尹襄老。襄老死於邲，不獲其尸。

　其子黑要烝焉。（《左傳·成公二年》）

　　杜預注：「黑要，襄老子。」

　　儒家思想認爲這些是違反人倫的行爲，實際上在事發當時並沒有受到任何社會人群的批評和歧視，有的甚至還被定爲君位的繼承人（如晉國的申生）。這些都說明了，這種「烝」的現象是當時社會的常態。

　　周代的「烝」，是在父親故世以後，兒子和父親的媵妾通婚的現象。從《左傳》所記載的材料看，子嗣輩的男子所「烝」的女子，只限於父親的媵妾，而不是母方的任何女性。它與我國有些少數民族的「轉房制」有相似之處，也有很大的差別。轉房制是將失偶的女子轉嫁給死者的兄弟或父子。失偶女子是被視作一種財產轉嫁給死者的父兄弟的。周代的「烝」則不是一種制度，即失偶的女性不一定就要轉嫁給死者的子嗣，前文所引之齊昭伯烝於宣姜，宣姜「不可」。這說明這種「烝」的行爲不是必須執行的制度，否則就沒有「強之」一說。其次，被「烝」的女性其社會地位仍然很高，這和做爲家族財產而轉房的女性有根本的不同。這種婚姻形態應該是氏族婚姻的遺留，這種婚姻形態，當然會造成家庭內部親屬結構的紊亂，是與以家庭爲基礎的社會結構相矛盾的。

　　「報」是指和旁系長輩的媵妾通婚。

　　（鄭）文公報鄭子之妃曰陳媯，生子華、子臧。（《左傳·宣公

　三年》）

　　楊伯峻注：「桓十八年傳云：『祭仲逆鄭子于陳而立之。』莊十四年傳云：『傅瑕殺鄭子及其二子而納厲公。』據此，足知鄭子即是子儀，爲文公之叔父。子儀娶於陳，其妃曰陳媯。」〔註14〕由此可知，鄭文公是以叔父的配偶爲妻，並生子華、子臧二子。

　　報和烝一樣，今天看來就是一種亂倫行爲，會造成家庭內部親屬結構的紊亂。但在春秋時期，卻是一種社會常態。

（二）與侄媳婚

　　婚姻關係的亂倫現象，還表現在叔、侄「轉房」的關係上：

〔註14〕春秋左傳注〔M〕，北京：中華書局，1980，675。

　　（晉公子重耳至秦）秦伯納女五人，懷嬴與焉。（《左傳·僖公
二十三年》）

　　杜預注：「懷嬴，子圉妻。子圉諡懷公，故號爲懷嬴。」子圉是重耳的兄
弟夷吾之子。秦穆公先是將自己的女兒嫁給子圉爲妻，重耳流亡到秦國後，
又將子圉的妻子轉嫁給其叔叔重耳爲妻。

　　除了這種叔、侄媳間的婚姻關係，《左傳》中記錄了數量不少叔、侄媳間
的地下婚姻關係，即事實上的婚姻關係；

　　　　晉趙嬰通於趙莊姬。（《左傳·成公四年》）

　　杜預注：「趙嬰，趙盾弟。莊姬，趙朔妻。朔，盾之子。」

　　　　宣伯通於穆姜，欲去季、孟而取其室。（《左傳·成公十六年》）

　　杜預注：「穆姜，成公母。」宣伯，即叔孫喬如，是魯宣公的叔父。穆姜
是宣公夫人，成公的母親。

　　（三）與甥女婚

　　據《僖公二十三年》載，「晉公子之及於難」時，和趙衰曾分別娶狄女姐
妹：晉文公重耳娶季隗，趙衰娶叔隗。重耳和趙衰分別是以狄女姐妹爲妻，
他們是兄弟關係。又據《僖公二十四年》：晉文公又將自己的女兒「妻趙衰」，
名趙姬。趙姬並「以叔隗爲內子，而己下之」。如此晉文公之女趙姬是趙衰的
姨生女兒。

　　　　季公若之姊爲小邾夫人，生宋元夫人，生子以妻季平子。（《左
傳·昭公二十五年》）

　　杜預注：「平子庶姑，與公若同母，故曰公若姊。宋元夫人，平子之外
姊。」這是平子娶姐姐的女兒爲妻。

　　另在媵妾中，有的是姐妹同嫁，有的是姑侄同嫁。後者是典型的妻侄
婚，例在「媵妾婚」中，此不再復述。

二、平輩婚

（一）與妻娣婚

　　這在媵妾制婚姻中是常見的，例在「媵妾婚」中已列，這裏僅出一例：

　　　　穆伯娶於莒，曰戴己，生文伯，其娣聲己生惠叔。（《左傳·文
公七年》）

　　杜預注：「穆伯，公孫敖也。文伯，谷也。惠叔，難也。」戴己之娣與穆

伯生了惠叔，當是媵妾無疑。

（二）叔接嫂婚

這種婚姻關係在某些少數民族婚姻中，至今仍有遺留。

> 衛大叔疾出奔宋。初疾娶於宋子朝，其娣嬖。子朝出，孔文子
> 使疾出其妻，而妻之。疾使侍人誘其初妻之娣，寘於犁，而爲之一
> 宮，如二妻。文子怒，欲攻之。仲尼止之，遂奪其妻……衛人立遺，
> 使室孔姞。（《左傳・哀公十一年》）

杜預注：「遺，疾之弟。孔姞，孔文子之女，疾之妻。」孔文子先將自己
的女兒（孔姞）嫁給大叔疾，後因疾仍留戀所嬖之妻娣而奪回自己的女兒，
並將其嫁給疾之弟遺。

> 楚令尹子元欲蠱文夫人，爲館於其宮側而振萬焉。（《左傳・莊
> 公二十八年）》

杜預注：「文王夫人，息嬀也。子元，文王弟。蠱，惑以淫事。」楚文王
死後，子元想引其嫂文夫人爲妻，所以才「爲館於其宮側，」並振萬舞。子
元做這些事是公開的，並無隱秘之意。這說明，叔接嫂在當時並不違禮。

三、搶婚

搶婚曾是人類步入男性中心社會後所有過的婚姻習俗，漢語中將男納妻
稱爲「娶」，即其習俗的反映。「娶」是「取」的古今區別字。取，《說文》釋
作「捕取也」。《周禮・夏官・大司馬》：「（狩）大獸公之，小獸私之，獲者取
左耳。」〔註15〕鄭玄注曰：「得禽獸者取左耳，當以記功。」由此可知，「取」
不是一般意義的得到，而是通過強力獲得。強得禽獸爲「取」，強得女人爲
「娶」，這正是取（娶）爲納妻義的造詞初衷。搶婚習俗至今雖在某些民族中
仍有保留，但「搶掠」只是一種形式和過場，是一種表演，不再有強力獲得
的意義。而在《左傳》中所表現的卻是眞切的強娶：

> 冬，徐伐莒，莒人來請盟。穆伯如莒涖盟，且爲（襄）仲逆。
> 及鄢陵，登城見之，美，自爲娶之。（《左傳・文公七年》）

杜預注：「穆伯，公孫敖也。」「襄仲，公孫敖之從父昆弟。」本來是爲
弟弟迎娶妻子，因見其女子貌美而奪爲己妻。

> 宋華父督見孔父之妻于路，目逆而送之曰：「美而艷。」二年春，

〔註15〕周禮注疏〔M〕，十三經注疏本（影印本），北京：中華書局，1980，839。

　　宋督攻孔氏，殺孔父而取其妻。(《左傳‧桓公元、二年》)

　　這是路見女子美貌而殺其夫並取爲妻的例子。

　　　　楚平王來求秦女爲大子建妻，至國，女好而自娶之。(《史記‧

　　秦本紀》) 〔註16〕

　　平王奪其子之妻爲己妻。

　　上面所談到的婚姻（兩性）關係，大體上是被社會所承認的。這首先體現在，這些關係在當時並未受到社會的批評，它們之所以被記入歷史，是因爲這些關係對歷史事件的發生產生過不同的影響，而不是這些關係本身。其次，這些關係所生之子女後代在當時並未受到社會的歧視，他們和普通上流貴族的孩子一樣參與社會活動。如晉國的申生，本是獻公和其庶母齊姜所生之子，後竟被立爲太子。最後雖然他未實現接繼權柄的美好夢想，那是因爲獻公另有所愛，而不是因爲他的出身。這就證明了高度發展文明的周代社會，還有不少氏族婚姻的習俗。《左傳》作者和漢代經師在記敘和詮釋這些婚姻現象時有的流露出的批評傾向，是後人站在當時的社會倫理角度看待古代社會現象的「以今律古」的現象，是缺乏歷史主義的看法，它不代表周代的社會倫理觀。

〔註16〕史記〔M〕，中華書局，1959，197。

第四章 《左傳》人物稱謂與稱名類型

第一節 《左傳》所見人物的名和字

一、人物名稱

《釋名・釋言語》:「名,明也,名實事,使分明也。」﹝註1﹞名就是指稱人或事物的代表符號,人物的名稱就是人的指稱代號,其社會作用就是標示人物個體,區別人物。《荀子・正論篇》:「分職名象之所起,王制是也。」楊倞注曰:「名謂指名。」﹝註2﹞《穀梁傳・隱公三年》:「其不名何也?夫上,故不名也。」范甯注:「夫名者,所以相別爾。」﹝註3﹞所以名是人或事物的指稱代號,是此人此物區別於彼人彼物的符號,當是確定的。

《禮記・內則》:「世子生……三月之末……執子之右手咳而名之。」「適子、庶子見於外寢,撫其首,咳而名之。」﹝註4﹞由此可知,人的名是在出生之後,由父母命名的。在古人看來,這個名稱一旦和這個人聯繫在一起,就是終身與該人不分的,在人們的觀念中甚至成為和這個人不可分離的一部分,人和他的名字在古人的心目中就成為二而一的關係。法國人類學家列維・布留爾說:「原始人把自己的名字看成是種具體的、實在的和常常是神聖的東西。」﹝註5﹞「印第安人把自己的名字不是看成簡單的標籤,而是看成自己這

〔註 1〕篆字釋名疏證〔M〕,叢書集成本,上海:商務印書館,民國 25 年,99。
〔註 2〕〔清〕王先謙撰,荀子集解〔M〕(諸子集成本),北京:中華書局,1954,228。
〔註 3〕春秋穀梁傳注疏〔M〕,十三經注疏本(影印本),北京:中華書局,1980,2367。
〔註 4〕禮記正義〔M〕,十三經注疏本(影印本),北京:中華書局,1980,1469〜1470。
〔註 5〕〔法〕列維・布留爾著,原始思維〔M〕,北京:商務印書館,1981,213。

個人的一部分，看成某種類似自己的眼睛或牙齒的東西。」〔註6〕許愼以爲「名」字「從口從夕，夕者冥也。」〔註7〕冥即幽暗不清，所以名字和人的身體一樣有著不可昭示外人或外人不可知曉的神秘色彩。所以「周人以諱事神，名，終將諱之」（《左傳・桓公六年》）。名和神靈一樣成爲日常避諱的對象。

把自幼由父母所命的名字視作神聖而祕不可宣，並不是我們的先人所獨有的思想。「在中澳大利亞的一些部落中，男女老幼除了公開用的名字以外，每人都有一個秘密的或神聖的名字，是出生後不久由自己的老人給取的。只有個別極親近的人才知道。」〔註8〕「每一個埃及人都有兩個名字，一爲眞名，一爲好名；或一爲大名，一爲小名。好名或小名是爲大家知道的，眞名或大名則小心隱瞞不讓別人知道。」〔註9〕「婆羅門的小孩也都有兩個名字，只有在結婚那樣的儀式時才使用。」〔註10〕所以由父母自幼所命之名帶有神秘色彩，這差不多是古老民族的共同心理，周人也是如此。

二、人物的字

幼名既然帶有神秘色彩，不是所有人在任何場合都可以稱呼的，爲了稱呼方便，就只有另取名稱，這就是「字」。《左傳》人物不分男性女性大體上是有名、有字的。

「字」，《說文》釋作「乳也。」〔註11〕孳乳、繁衍是其本義。《廣雅・釋詁》釋「字」作「生」也。王念孫以爲「生」即「孳乳而寖多也」〔註12〕，也是孳生繁育。將幼名之外的另一稱名叫做「字」，意思是指該指稱是由幼名派生而出的，是幼名繁衍出來的又一稱呼。字和名其所指是同一人。這就是人的又一稱呼叫「字」的原因。

這個由幼名派生出的字，可以在不便或不能稱名的時候使用，以滿足社會交際的需要，「字」就這樣出現了。《廣雅・釋詁》：「字，飾也。」〔註13〕字是爲了飾名的。《禮記・檀弓上》：「幼名、冠字。」孔穎達疏云：「生若無

〔註6〕同上。
〔註7〕說文解字注〔M〕，上海：上海古籍出版社，1988，56 下。
〔註8〕〔英〕詹喬・弗雷澤著，金枝〔M〕，北京：新世界出版社，2006，245。
〔註9〕同上。
〔註10〕同上。
〔註11〕說文解字注〔M〕，上海：上海古籍出版社，1988，743 上。
〔註12〕〔清〕王念孫撰，廣雅疏證〔M〕，上海：上海古籍出版社，1983，103。
〔註13〕同上，109。

名，不可分別，故始三月而加名，故云幼名也。冠字者，人年二十，有為人父之道，朋友等類不可復呼其名，故冠而加字。」〔註14〕比較清楚地說明了人為什麼有名有字的原因。名是家庭內部稱謂，字是社會交際稱謂。

三、名和字的關係

既然名和人的身體、命運有著不可分離的關係，那麼使用名就有諸多的限制。在社會交際中，又需要有一種指稱符號代替神秘的幼名，字就出現了。我們已經談過，字是在幼名的基礎上孳乳派生的，名和字在意義上也會有種種聯繫。對此，王引之曾概括出「五體」、「六例」，即五種原則、六種方法：

> 一曰同訓，予字子我，常字子恒之屬是也。二曰對文，沒字子明，偃字子犯之屬是也。三曰連類，括字子容，側字子反之屬是也。四曰指實，丹字子革，啓字子閭之屬是也。五曰辨物，鍼字子車，鱣字子魚之屬是也。因斯五體，測以六例：一曰通作，徒字為都，籍字為鵲之屬是也。二曰辯訛，高字為克，狄字為秋之屬是也。三曰合聲，徐言為成然，疾言為旃之屬是也。四曰轉語，結字子慕，達字子姚之屬是也。五曰發聲，不狃為狃，無畏為畏之屬是也。六曰並稱，乙喜字乙，張侯字張之屬是也。（《春秋名字解詁敘》）〔註15〕

其中「子我」、「子恒」、「子明」、「子犯」……之「子」並不是所命「字」的組成部分，只是一種表示尊敬的方法，正如《穀梁傳·宣公十一年》：「其曰『子』，尊之也。」范甯對此解釋說：「子者，人之貴稱。」〔註16〕

此外，按照一般較為寬泛的說法，「五十以伯仲」也是一種字，如魯之仲孫、叔孫、季孫等。按照孔穎達解釋，《禮記·檀弓》的說法，「年至五十，耆艾轉尊，又捨其二十之字，直以伯仲別之」，〔註17〕這應該是在五十歲以後才可以稱用的字，所以這種字只能是在人生晚年以後才有的。王引之在《春秋名字解詁下》一文中說：「伯仲叔季，兄弟之序也。或與字俱稱，或即以為字，雖以為字，與命名之義不相比。」〔註18〕按照王引之的看法，嚴格說，

〔註14〕禮記正義〔M〕，十三經注疏本（影印本），北京：中華書局，1980，1286。
〔註15〕〔清〕王引之撰，經義述聞〔M〕，南京：江蘇古籍出版社，1985，571。
〔註16〕春秋穀梁傳注疏〔M〕，十三經注疏本（影印本），北京：中華書局，1980，2414。
〔註17〕〔清〕王引之撰，經義述聞〔M〕，南京：江蘇古籍出版社，1985，1286。
〔註18〕〔清〕王引之撰，經義述聞〔M〕，南京：江蘇古籍出版社，1985，571。

伯仲叔季是「兄弟之序」，寬泛地說，它「或與字俱稱」，「或即以爲字」，即使當做字，和幼名也已無相比之義了。王氏此說當爲確論。伯仲叔季是兄弟的排行，它冠在名字之前，也成爲人物姓氏名字的一個組成部分，如鄭人祭仲足，又稱祭仲、祭足、仲足。周代男性人物名字經常是：氏+序+字+名、氏+序+名、氏+字+名、氏+序+字等格式構成，兄弟之序逐漸取代「字」的位置，被視作「字」，按照《禮記》的說法，這類「字」的使用有限制，年令可能就是其中之一。

排序的「或即以爲字」與其它別樣的字，在使用上還是略有區別的：用排序作爲字，一般不可單獨使用，它常綴以「氏」、「子」見於文獻中。如：

> 秋八月，公及齊侯盟於落姑，請復季友也。齊侯許之，使召諸
> 陳，公次於郎以待之。「季子來歸」，嘉之也。（《左傳·閔公元年》）

按照杜預的解釋：「季子，公子友之字。」楊伯峻進一步解釋：「《春秋經》於人多書名，蔡季、季子、季均爲行次或字，故有褒意。季友稱季子者，排行或字殿以子字，爲古人稱人之習慣，亦猶孟明稱孟子（僖三十二年傳）、季札稱季子（襄三十一年及昭二十七年傳）也。」〔註19〕楊先生沒有明確「季子」之「季」是行次，還是字。我們認爲這裏的「季」應該是季友的字，因爲這樣稱呼是「嘉之也」。行次並無「嘉之」之意，只有字才有「嘉之」之意。

> 冬，晉侯使士會平王室，定王享之。原襄公相禮，殽烝。武季
> 私問其故。王聞之，召武子曰：「季氏！而弗聞乎？王享有禮薦，宴
> 有折俎。公當享，卿當宴，王室之禮也。」（《左傳·宣公十六年》）

杜預注：「武，士會諡。季，其字。」

> 晉侯賞桓子狄臣千室，亦賞士伯以瓜衍之縣。曰：「吾獲狄土，
> 子之功也。微子，吾喪伯氏矣。」（《左傳·宣公十五年》）

杜預注：「士伯，士貞子。伯，桓子字。邲之敗，晉侯將殺林父，士伯諫而止。」

人生自幼時起只有一個幼名，這個幼名和這個人緊緊地聯繫在一起。成年後，不但有字，有的人還並非只有一個字，如《禮記·檀弓上》：「子游曰：『諾。』縣子聞之曰：『汰哉，叔氏！專以禮許人。』」鄭玄注云：「叔氏，子游字。」孔穎達注曰：「叔氏，子游別字也。」〔註20〕清人周廣業在《別字別

〔註19〕春秋左傳注〔M〕，北京：中華書局，1980，257。

〔註20〕禮記正義〔M〕，十三經注疏本（影印本），北京：中華書局，1980，1291。

號》中說：「子游之外，又別出叔氏一字，是別字也。前乎此者，《檀弓》卷一『叔譽』注云：『叔向』。《左傳》『子美』，注云：『子產』（襄二十五），皆別字也。又南宮說字叔，又字容，又字適；琴牢字子開，一字張。（據《左傳正義》）知其事濫觴於春秋矣。」〔註21〕由此可知，周人不但有名、有字，而且還可能有兩個乃至三個字。

女子和男子一樣，自幼有名，成年或許嫁後有字。人必有幼名，自不必討論。對女性有字一事，王國維在《女字說》一文中有過專門的論說。對這一問題將在後文專門討論。

班固說：「名者幼小卑賤之稱也。」〔註22〕這是說名只在家庭內部，在父母等長輩間使用，而在取名時要「父名之與祖廟」，目的是「親廟」，即明確此子是該宗的支子，確認此子和宗主的關係，即「明當為宗祖主也。」〔註23〕字則是「冠德明功，敬成人也」〔註24〕，即成人之後確認德行、功業歸屬的符號。名和字，雖都是人的標記符號，但其功用是有差別的。

第二節　與名、字相關的制度

一、命名、命字的原則

幼名是出生後由父母命名的，《儀禮・喪服》：「子生三月則父名之。」〔註25〕《禮記・內則》：「三月之末，……執子右手，咳而名之」或「撫其首，咳而名之」。這是我們今天能見到的關於幼名命名的時間、方式的最直接的記載：孩子出生滿三月之後由父親執幼子之右手、或撫摸著孩子的頭部咳笑著為其子命名。如果是世子更有補充儀式，據《禮記・內則》：「世子生，則君沐浴朝服，夫人亦如之，皆立於阼階，西向，世婦抱子，升自西階，君名之，乃降。」〔註26〕所以世子的命名是有特殊的儀式的，這和世子以外的孩子命名相比，要莊重得多，繁瑣得多。

〔註21〕〔清〕周廣業撰，經史避名彙考〔M〕，臺北：明文書局，中華民國75年，21。
〔註22〕白虎通〔M〕，叢書集成本.上海：商務印書館，民國25年，225。
〔註23〕同上。
〔註24〕同上，229。
〔註25〕儀禮注疏〔M〕，十三經注疏本（影印本），北京：中華書局，1980，1111。
〔註26〕禮記正義〔M〕，十三經注疏本（影印本），北京：中華書局，1980，1470。

　　《大戴禮記・保傳》：「青史氏之《記》曰：……太子生而泣，太師吹銅曰：聲中某律。太宰曰：滋味上某，然後卜名。」〔註 27〕青史氏所記，顯得比較籠統——太子生而泣，時間籠統，小孩子出生後，表達生理需求的唯一方式就是哭泣，只說「生而泣」就沒有具體標示出「生」後的時日，這種情況下，我們只好以《禮記・內則》的記敘爲據。至於「太師吹銅」「然後卜名」大概只是對出生的「太子」命名的方式，和「父執之右手」，或「撫其首」「咳而名之」的眾多不是太子也不是世子的孩子命名方式不同。

　　和姓、氏不同，名是不論尊卑貴賤，人人都有的。《國語・周語上》：「有不貢則修名。」韋昭注：「名謂尊卑職貢之名號。」〔註 28〕《禮記・內則》在談到父親給自己新生的孩子命名時說：「庶人無側室者，及頁，夫出居群室，其問之也，與（卿、大夫、士之）子見父之禮無以異也。」〔註 29〕由此可知，在命名之制上，卿、大夫、士和庶人一樣，都是「父執之右手（或「撫其首」），咳而名之。」庶人的孩子也有自己的名。

　　關於命名的原則，魯國大夫申繻曾概括爲「名有五：有信，有義，有象，有假，有類。」（《左傳・桓公六年》）並進一步解釋說：「以名生爲信，以德命爲義，以類命爲象，取於物爲假，取於父爲類。」杜預對「以名生爲信」解釋說「若唐叔虞，魯公子友。」意思是說，唐叔虞在出生時，手掌心有類似「虞」字的掌紋，所以才取名虞。「虞」字掌紋就是命名的依據。同樣魯季友在出生時，手掌心有類似「友」字的手掌紋，所以名之「友」。杜預對「以德命爲義」的解釋是「若文王名昌，武王名發」，據張守節《史記・正義》引《尚書・帝命驗》云：「季秋之月甲子，赤爵銜丹書入於酆，止於昌戶。其書云：『敬勝怠者吉，怠勝敬者滅，義勝欲者從，欲勝義者凶。凡事不強則枉，不敬則不正。枉者廢滅，敬者萬世，以仁得之，以仁守之，其量百世。以不仁得之，以仁守之，其量十世。以不仁得之，不仁守之，不及其世。』此蓋聖瑞。」〔註 30〕意思是說，周文王、武王出生時，其祥瑞預示著他們的德行將使其事業昌盛發達。「以類命爲象」，杜預解釋說「若孔子首像尼丘」。《史記・孔子世家》：「孔子生而首上圩頂，故因名曰丘。」〔註 31〕「取於物爲假」，

〔註 27〕〔清〕王聘珍撰，大戴禮記解詁（點校本）〔M〕，北京：中華書局，1983，59。
〔註 28〕國語〔M〕，上海：上海古籍出版社，1978，4。
〔註 29〕禮記正義〔M〕，十三經注疏本（影印本），北京：中華書局，1980，1470。
〔註 30〕史記（點校本）〔M〕，北京：中華書局，1959，115。
〔註 31〕史記（點校本）〔M〕，北京：中華書局，1959，1905。

杜預解釋爲「若伯魚生，人有饋之魚，因名之曰鯉」。「取於父爲類」，杜預解釋爲「若子同生，有與父同者」。魯莊公的生日與其父桓公的生日在同一天，所以取名曰「同」。這只是原則，實際上許多人名並不在它所總結的範圍之內。

幼名和自身的聯繫是終身的，它又帶有神秘的色彩，所以「周人以諱事神，名，終將諱之」（《左傳·桓公六年》）。杜預對此解釋爲「君父之名，固非臣子所斥然；禮既卒哭。以木鐸徇曰『舍故而諱新』，謂舍親盡之祖而諱新死者，故言『以諱事神，名，終將諱之。』自父至高祖，皆不敢斥言。」意思是說，周人與殷人不同，在名諱問題上，周人只諱死去的先人，所諱的世數，天子、諸侯諱其父、祖、曾祖、高祖之名。《禮記·曲禮》：「逮事父母，則諱王父母；不逮事父母，則不諱王父母。」鄭玄注：「此謂庶人，適士以下。」〔註32〕據此，卿大夫以下，只諱一代，即諱先父之名。如果父親健在，則諱祖父名，因爲父親諱祖父名，孫輩也就跟隨著諱祖父名了。

命名，周人是有禁忌的。按照魯大夫申繻的說法，命名「不以國，不以官，不以山川，不以隱疾，不以畜牲，不以器幣。」因爲「以國則廢名，以官則廢職，以山川則廢主，以牲畜則廢祀。」意思是說如果以國名爲名，就要更改其人之名，因爲國名是不能因爲和某個人的名號相同而更易的。以官名爲人名，就要改易官名，以山川名爲人名，就要改易山川名，以馬、牛、羊等爲人名，這些畜牲就不能用作祭祀的犧牲，用器物財幣之物爲人名，行禮儀時，就不能用這些器幣作爲器物。申繻還列舉若干實例以爲說明：「晉以僖侯廢司徒（晉僖侯名叫司徒，就改掌國家土地、百姓的官司爲中軍），宋以武公廢司空（宋武公名叫司空，就改掌管國家工程建設的官司爲司城），先君獻、武廢二山（魯獻公名具、魯武公名敖，由此改具、敖二山之名，並以其鄉名代替）。」總之，命名時「大物不可以命」（《桓公六年》）。所謂「大物」，即所舉國、官、山、川、畜牲、器幣等物。當然這些命名的禁忌，只是個原則，有些有權勢的人並不把它看在眼裏，放在心上，晉僖侯等人就是實例。也總有人出於各種原因找出種種理由爲突破命名規則辯解，如孔穎達就說：「名子不以國者，不以本國爲名，如他國則得爲名，故桓十三年『衛侯晉卒』，襄十五年『晉侯周卒』，是也。不以日月者，不以甲乙丙丁爲名。殷家得以爲名者，殷質，不諱名故也。然案《春秋》魯僖公名申，蔡莊公名甲午者，周末亂世，不能如禮，或以爲不以『日』、『月』二字爲名也，皆爲

〔註32〕禮記正義〔M〕，十三經注疏本（影印本），北京：中華書局，1980，1251。

其難避也。」〔註33〕孫希旦則認爲「日謂干支也，日以干支相配爲名。月謂晦、朔、弦、望。或謂曰十二月之名，《爾雅》『正月曰爲陬，二月爲如』之屬是也。」〔註34〕這些都是經學家對已有的現象做出「符合規則」的解釋罷了，規則是僵死固定的，人是活的。人們總是根據自己的思想，在已有規則的基礎上採取自己認爲完美的行動。王梓材在《世本集覽·通論》中舉出許多超出六大禁忌的命名實例：「晉悼公、宋公孫之名周，晉中行氏、蔡朝氏之名吳，周原伯之名魯，毛伯之名衛，周太子、衛宣公之名晉，周襄王、衛成公、宋公孫、向氏、晉丕氏、箕氏之名鄭，魯哀公之名蔣，滕昭公之名毛，成公之名原，曹武公之名滕，周公、魯林氏、鄭游氏之名楚，魯僖公、衛戴公、蔡文公、昭公之名申，魯定公、鄭公子之名宋，楚晉氏之名陳，郊敖之名麋，周簡王、晉昭公、鄭靈公、蔡惠公之名夷，魯、衛公子之名荊，魯陽氏、苫氏之名越，劉文公之名狄，非皆以國乎？晉僖侯之名司徒，宋武公之名司空，《傳》已言之。蔡桓侯之名封人，非亦以官乎？魯君獻公、武公之名具、名敖，傳注已詳。他若晉之鄂侯郤，宋之仲江，魯之卜楚邱，苫夷之子陽州，非山川之類乎？周桓公黑肩、晉成公黑臀，衛公子黑背、魯成公、鄭公孫與邾人之名黑肱，皆隱疾之類，而邾文公之名蘧除，不更爲隱疾乎？魯閔馬父之名馬，宋司寇牛父南宮牛之名牛，頓子牂之以羊名，鄭宛射犬、衛公子顒犬、史狗、晉新穉狗之名犬、名狗，魯公子魚公之魚、鄭公子魚臣、魯榮駕鵝之名魚名鵝，非以畜生乎？單穆公之名旗，鄎鼓父之名鼓，齊桓公之名環，陳宣公、齊景公、宋昭公之名杵臼，紀子帛之名帛，非以器幣乎？」〔註35〕這些都說明周人，特別是貴族都沒有把魯國申繻所倡導的命名規則當做必須遵循的法規，所以申繻所倡導的規則不是必須遵循的法規，只帶有指導性，並沒有規範性，只能供參考而已。

字的命名要比名的命名正式莊嚴一些，要和成人典禮同時進行。關於冠禮，《儀禮》有專門的一章詳論，《冠禮》對參加典禮的人員（冠者、主人——冠者之父母、賓——授冠人、相——典禮主持人等）、服裝、路徑、儀式等都有嚴格規定，加冠典禮最後命字，所謂「冠而字之，敬其名也。」〔註36〕

〔註33〕禮記正義〔M〕，十三經注疏本（影印本），北京：中華書局，1980，1241。
〔註34〕〔清〕孫希旦撰，禮記集解（點校本）〔M〕，北京：中華書局，15。
〔註35〕〔清〕秦嘉謨等輯，世本八種〔M〕，北京：商務印書館，1957，67。
〔註36〕儀禮注疏〔M〕，十三經注疏本（影印本），北京：中華書局，1980，958。

孔穎達在給《禮記・檀弓上》「冠字」作疏解時說：男子「冠字者，人年二十，有為人父之道，朋友等類不可復呼其名，故冠而加字。」《禮記・冠義》：「已冠而字之，成人之道也。」鄭玄注：「字所以相尊也。」孔穎達疏：「已冠而字之者，此明冠畢加字，見母及兄弟，及見君之節，以其成人而見人也。未冠之前以其名別之，既冠之後又改以字。且人二十以後有為人父之道，不可復言其名，故冠而加字之，成人之道也。」〔註37〕對女子，則另有規定。據《穀梁傳・文公十年》：「女子十五許嫁，二十而嫁。」〔註38〕《儀禮・士昏禮》：「女子許嫁，笄而禮之稱字。」鄭玄注云：「許嫁，已受納徵禮也；笄女之禮，猶冠男也。」〔註39〕所以女子命字是在笄禮上進行的，笄禮相當於男子的冠禮，該禮的儀式，文獻上並沒有具體的記載，鄭玄說是「猶冠男也」，估計和冠禮相仿。

無論男女，成年方有字，這一點是相同的。《白虎通・姓名篇》：「人所以有字何？所以冠德、明功，敬成人也。」〔註40〕這對庶人以下的芸芸眾生而言，顯得太遙遠而不可及，所以字和名不同，不是人皆有之的，只有可以「冠德、明功」並能受人「敬」的人方可擁有，在周代只有「士」以上的人，方可具有。

周代早期貴族男子字的前面往往加上排行，字的後面綴以表示性別的「父」或「甫」。這就構成了周代男性貴族的全稱，如：

衮職有闕，惟仲山甫補之。(《左傳・宣公二年》)

又可省作：

因商奄之民，命以伯禽，而封於少皞之虛。(《左傳・定公四年》)

又可省作：

昔我先王熊繹與呂伋、王孫牟、燮父、禽父並事康王。《左傳・昭公十二年》

從上面三個例證中，「仲山甫」三字，有排序「仲」，有表男性性別的「甫」，構成了周代貴族「字」的完整形式。但是在多數情況下，《左傳》男性人物的字，是僅有排序加上字、或字加上表男性特徵的「父」或「甫」，即上述例證

〔註37〕 禮記正義〔M〕，十三經注疏本（影印本），北京：中華書局，1980，1679。
〔註38〕 春秋穀梁傳注疏〔M〕，十三經注疏本（影印本），北京：中華書局，1980，2408。
〔註39〕 儀禮注疏〔M〕，十三經注疏本（影印本），北京：中華書局，1980，970。
〔註40〕 白虎通〔M〕，叢書集成本，上海：商務印書館，民國25年，229。

中的後兩例。

　　《左傳》中男子稱字最普遍的方式是在字前加上「子」字，如：楚子北師次於郔，沈尹將中軍，子重將左，子反將右（《左傳‧宣公十二年》）。這裏的子重是楚公子嬰齊的字，子反是楚公子側的字。又如：「齊簡公之在魯也，闞止有寵焉。及即位，使爲政。陳成子憚之，驟顧諸朝。諸御鞅言於公曰：『陳、闞不可並也，君其擇焉。』弗聽。子我夕，陳逆殺人，逢之，遂執以入」（《左傳‧哀公十四年》）。其中的子我，即齊大夫闞止的字。

　　《左傳》人物稱「某父（甫）」的數量不多，但「伯某」、「仲某」、「叔某」、「季某」的稱謂相當普遍，如伯夙（知盈字）、伯有（良宵字）、仲歸（子家）、仲遂（公子遂）、叔向（羊舌肸）、叔武（衛武）、季高（高柴）、季平子（意如）等。

二、名、字的由來

　　荀子曰：「名無固實，約之以命實，約定俗成謂之實名。」〔註41〕荀子的認識是完全正確的，名稱和人物等實物聯繫起來，是帶有偶然性的，是約定俗成的結果。《左傳》人物命名的大原則，前文已經討論過，這裏只將名、實聯繫的偶然條件，簡略歸納如下：

　　　　初，晉穆侯之夫人姜氏以條之役生大子，名之曰仇。其弟以千
　　畝之戰生，命之曰成師。師服曰：「異哉，君子之名子也！夫名以制
　　義，義以出禮，禮以體政，政以正民。是以政成而民聽，易則生亂。
　　嘉耦曰妃，怨耦曰仇，古之命也。今君命大子曰仇，弟曰成師，始
　　兆亂矣，兄其替乎？」（《左傳‧桓公二年》）

　　晉穆侯和夫人姜氏所生的兩個兒子，都是爲了紀念兩次戰役而名曰仇與成師。

　　　　九月丁卯，子同生。以大子生之禮舉之，接以大牢，卜士負之，
　　士妻食之。公與文姜、宗婦命之……公曰：「是其生也，與吾同物，
　　命之曰同。」（《左傳‧桓公六年》）

　　杜預注：「典物，類也。謂同日。」父子因爲同一日誕生，故名子爲「同」。

　　　　惠公之在梁也，梁伯妻之。梁嬴孕，過期。卜招父與其子卜之。
　　其子曰：「將生一男一女。」招曰：「然。男爲人臣，女爲人妾。」

〔註41〕章詩同注，荀子簡注〔M〕，上海：上海人民出版社，1974，248。

故名男曰圉，女曰妾。（《左傳‧僖公十七年》）

杜預注：「圉，養馬者。不聘曰妾。」這是根據占卜的結果命名。

（魯）公卜使叔孫得臣追之，吉，……冬十月甲午，敗狄于咸，獲長狄僑如，富父終甥舂其喉，以戈殺之，埋其首於子駒之門，以命宣伯。（《左傳‧文公十一年》）

杜預注：「得臣待事而名其三子，因名宣伯曰僑如，以旌其功。」叔孫得臣「敗敵於咸，獲長狄僑如」，因名其子爲「僑如」。這是爲了紀念戰果而名。

鄭文公有賤妾曰燕姞，夢天使與己蘭……既而文公見之，與之蘭而御之。辭曰：「妾不才，幸而有子，將不信，敢徵蘭乎？」公曰：「諾。」生穆公，名之曰蘭。（《左傳‧宣公三年》）

杜預注：「懼將不見信，故欲計所賜蘭爲懷子月數。」這是因其母接受贈蘭花並有孕而名。

若敖卒，（鬪伯比）從其母畜於鄖，淫於鄖子之女，生子文焉。鄖夫人使棄諸夢中，虎乳之……楚人謂乳穀，謂虎於菟，故命之曰鬪穀於菟。（《左傳‧宣公四年》）

這是因生而被棄，由虎乳養育而名。

宋芮司徒生女子，赤而毛，棄諸堤下，共姬之妾取以入，名之曰棄。（《左傳‧襄公二十六年》）

這是該女孩出生時「赤而毛」，被「棄諸堤下」而名棄。

叔孫莊叔於是乎敗狄于咸，獲長狄僑如及虺也、豹也，而皆以名其子。（《左傳‧襄公三十年》）

杜預注：「叔孫僑如，叔孫豹皆取長狄名。」

上述諸名之例，有的是因勝敵以志其功而名，有的是因參戰以志其事而名，有的是因爲父子生於同日，有的是依卜、依夢而名，有的則是依特殊遭遇而名。命名的依據都極具偶然性，這也正反映了荀卿的看法：「名無固實，約之以命實。」名是約定俗成的。

《白虎通‧姓氏篇》：「名或兼或單，何示非一也？或聽其聲以律定其名，或依其事旁其形，故或兼或單也。依其事，若后稷是也，棄之因名爲棄也。旁其形者，孔子首類魯國尼丘山，故名爲丘。」〔註42〕班固的依事而名、依形而名，只涵概了命名的少部分依據，實際上名、實聯繫起來的依據是多種

〔註42〕 白虎通〔M〕，叢書集成本，上海：商務印書館，民國 25 年，227。

多樣的。正如前文所提到的。

字是名的衍生物，名是字產生的基礎，這在前文已經論及。人在「未冠之前以其名別之，既冠之後又改以字。」這就是字、名的異同之處，由此引申出名的自謙意義和字的表尊敬之意。由此推而廣之，子孫後代也可以稱祖、父之字，就如顧炎武在《子孫稱祖父字》一文中所說：「子稱父字，屈原之言『朕皇考曰伯庸』是也，孫稱祖字，子思之言『仲尼祖述堯舜』是也。《儀禮》筮宅之辭曰：『哀子某為某父某甫筮宅。』又曰：『哀子某來日卜葬其父某甫。』字父也。……袝祭之祝曰：『適爾皇祖某甫以隮祔爾孫某甫。』兩字之也。字為臣子所得而稱，故周公追王其祖曰『王季』，王而兼字。」〔註43〕這也是表示尊敬的方法。

幼名是在父母面前使用的稱呼，由此在父（母）子之間使用幼名，在許多情況下帶有親昵的意思，這一點只要我們在文獻中略加體味便知。這正符合班固在《白虎通·姓名篇》中所說：「所以吐情自紀，尊事人者」中的「吐情」一類。

原則上，一個人只有一個名，而字卻不只有一個：有的人有一個與名相應的字，有的則有兩個，甚至幾個字，如子產又字子美，叔向又字叔譽、叔肹，子家又字季，子車又字子淵捷、公孫捷等。

三、名隨終身

《禮記·曲禮下》：「君子已孤不更名。」鄭玄注：「亦重本。」孔穎達疏：「已孤不更名者不復改易更作新名，所以然者，名是父之所作，父今已死，若其更名，似遺棄其父，故鄭注云亦重本也。」〔註44〕所以不改名是孝敬父母的具體表現之一。多數人都是一名隨終身的，但是例外總是有的。

（一）因故國君「賜名」

如《左傳·宣公四年》載，楚莊王帥師滅若敖氏，其時若敖氏之後，子文之孫箴尹克黃正出使齊國，在返回楚國途中，聽說若敖氏被滅的消息，人們勸克黃不要再回楚國。克黃認為「棄君亡命，獨誰受之？君，天也，天可逃乎？」於是回楚。楚莊王「使復其所，改命曰生。」這個改名，是國君給改的名，表示與過去劃清界限。這是不得已的事。

〔註43〕日知錄集釋〔M〕，上海：上海古籍出版社，2006，1310〜1311。
〔註44〕禮記正義〔M〕，十三經注疏本（影印本），北京：中華書局，1980，1257。

（二）因故易名

如晉大夫趙簡子名鞅，在《哀公二年》晉、鄭戚之戰中，趙鞅誓曰：「范氏、中行氏反易天明（命），斬艾百姓，欲擅晉國，而滅其君。寡君恃鄭而保焉。今鄭爲不道，棄君助臣，二三子順天明，從君命，經德義，除詬恥，在此行也。……志父無罪，君實圖之！……」杜預注：「志父，趙簡子之一名。服虔云：『趙鞅入晉陽叛後得歸，改名志父。《春秋》仍舊，尤書趙鞅。』」據杜注可知，趙鞅在入晉陽以叛，後得歸，之後才改鞅爲「志父」，這是用改名的方式和曾經的叛晉行爲做個了斷。由此可知改名的行爲絕非小事，它常常表示重新做人的意思。

（三）因弒君而易名

如《左傳·昭公十三年》載楚公子棄疾殺死太子祿，迫使楚王縊於芊尹申亥氏。奪得君位，名曰熊居。這是篡位後更名，是爲楚平王。

由此可知更名是重大的事，沒有極特殊的原因是很少更改自己的幼名的。

但「二名」和「易名」應該辨析清楚。

據《左氏傳》孔穎達疏：「《公羊》譏二名，謂二字作名，若魏曼多也。《左氏》說二名，楚公子棄疾弒其君，即位之後改爲熊居，是爲二名。」〔註45〕按照《公羊傳》的理解，「二名」是以二字構成的名字，按照《左氏傳》孔穎達疏的理解，「二名」則是先後兩個不同的名字。

我們認爲，訓詁學上所謂「二名」當以二字爲名爲是。在古代典籍中，所見更名者，爲數不多，但二字爲名者，數量要相對多很多。訓詁家在談到「二名」時，都是指此而言，如：《公羊傳·定公六年》：「季孫斯、仲孫忌率師圍運，此仲孫何忌也。曷謂之仲孫忌？譏二名。」何休注：「爲其難諱也。一字名會難言而易諱，所以長臣子之敬，不逼下也。春秋定、哀之間文致太平，欲見王者治定，無所復爲譏。唯有二名，故譏之，此《春秋》之制也。」徐彥疏：「指定、哀爲太平者，以昭公未譏二名也。云『唯有二名，故譏之』者文王臣散宜生、孔子門人宓不齊之屬，皆親事聖人而以二字爲名，是依古理」。〔註46〕

〔註45〕春秋左傳正義〔M〕，十三經注疏本（影印本），北京：中華書局，1980，2232。
〔註46〕春秋公羊傳注疏〔M〕，十三經注疏本（影印本），北京：中華書局，1980，2339。

又《公羊傳·哀公十三年》：「晉魏多帥師侵衛，此晉魏曼多也。」〔註47〕

對於這種現象，顧炎武在《古人二名止用一字》文中說：「晉侯重耳之名見於《經》，而定四年，祝佗述踐土之盟，共載書止曰『晉重』，豈古人二名可但稱其一與？《昭公二年》，呂展輿出奔吳，《傳》曰：『呂展之不立』。《晉語》：『曹僖負羈稱叔振鐸爲「先君叔振」，』亦二名而稱其一也。《昭公二十一年》，蔡侯朱出奔楚，《穀梁傳》作『蔡侯東出奔楚』，乃爲之說曰：『東者，東國也。』何謂之東也？王父誘而殺焉，父執而用焉，奔而又奔之，曰『東』，惡之，而貶之也。然則以削其一名爲貶也。」〔註48〕

楊樹達在《二字之名而省稱一字例》中說：「《左傳》『杞平公郁釐』，《穀梁傳》同。樵周《古史考》作『郁來』，《公羊傳》作『郁釐』，《史記·陳杞世家》則只作『郁』。蓋古人記述二名，本有省稱一字之例。《穀梁傳》削名爲貶之說不足據依。不然《春秋》諸侯被貶者多矣，未嘗有削名之例也，何獨於蔡侯東國而獨嚴乎？」又「曹叔振鐸，《晉語》只稱叔振。而《史記·管蔡氏家贊》云：『如公孫彊不修厥政，叔鐸之祀忽諸。』又只稱叔鐸，然則二字之中，任舉一字，不必皆舉二字中之首一字也。」〔註49〕

所以「二名」者，二字爲名也，因古人多單字名，所以在古典文獻中，時有將二字名省作單字名者，所作單字名，可能是二字名中的第一字，此類居多；當然，也可能是二字名中的第二字。兩種情況，楊氏文中都有例見。

四、不與世子同名

《禮記·曲禮下》云：「大夫、士之子……不敢與世子同名。」鄭玄注：「避僭偪也。其先之生，則亦不改。」孔穎達疏云：「世子謂諸侯之適子也。諸侯之臣爲其子作名，不得與君適子名同也。《白虎通》云：『生在稱世子何？繫於君也。』……《正義》曰：『若名字與世子同，則嫌其名自比擬於君，故云避僭偪也。世子貴，不得同，則與庶子同不嫌。又若其子生在君之世子前，已爲名，而君來同之，此是君來同，已不須易也。故《穀梁傳·昭七年傳》云：『何爲君臣同名？君子不奪人親之所名，重其所由來也，是臣先名，君後名同之，臣不改也。』」〔註50〕所以「不與世子同名」是指不與已有之世子同

〔註47〕同上，2352。
〔註48〕日知錄集釋〔M〕，上海：上海古籍出版社，2006，1306～1307。
〔註49〕〔清〕俞樾等著，古書疑義舉例五種〔M〕，北京：中華書局，1956，187～188。
〔註50〕禮記正義〔M〕，十三經注疏本（影印本），北京：中華書局，1980，1257。

名；「已爲名，而君來同之」，則不在此限。

但是，雖然大夫之子的名稱在先，諸侯之世子的稱名在後，如若同名也要避僭——孔穎達云：「與君之諱同則稱字，若先生與世子同名亦當然也。」〔註51〕名可以不改，但實際上不能使用，這和沒有幼名區別不大。

只要不和世子的幼名相同，和其它人的幼名是否相同在禮制上並沒有限制。如：

> 士文伯讓之，曰：「敝邑以政刑之不修，寇盜充斥，無若諸侯之屬辱在寡君者何？……寡君使匄請命。」（《左傳·襄公三十一年》）

杜預注云：「匄，本又作丐，……士文伯名也……或作丐字。」《經典釋文》說：「丐，本又作匄……士文伯名也。今傳本皆作此字，或作丐字。《釋例》亦然。解者云士文伯是范氏之族，不應與范宣子同名，作丐是也。案：士文伯字伯瑕，又春秋時人名字皆相配。楚令尹陽丐，字子瑕，即與文伯名字正同。又鄭有駟乞，字子瑕。匄與乞義同，則作匄者是。又案：魯有仲嬰齊，是莊公之孫。又有公孫嬰齊，是文公之孫。仲嬰齊於公孫嬰齊爲從祖，同時同名。鄭有公孫段，字子石，又云伯石，即段字伯石，《傳》又謂之二子石。然印段即公孫段從父兄弟之子，尚同名字，伯瑕與世子何廢同乎？」〔註52〕又《春秋·哀公四年》有「盜殺蔡侯申」之文，《經典釋文》解釋說：「蔡侯申，今本皆如此。案：宣十七年，蔡侯申卒，是文侯也。今昭侯是其玄孫，不容與高祖同名，未詳何者誤也。」〔註53〕陸德明在這裏是固守著避同名、避僭越的經典教條，以爲後代不該與先父先祖同名，否則就是「誤也」。這是用固有的教條去看待現有的事實，而不是以事實爲依據去糾正固有的教條。父子、祖孫同名，在同一家族內尚且屢有發生，說明同名避諱的條文並沒有多大的約束力。或者這種同名是因爲「不逮事父母則不諱王父母」的緣故。

五、不諱嫌名，二名不偏諱

嫌名，指用音同、義近的詞，鄭玄注解釋說：「若禹與雨，丘與區也。偏，謂二名不一一諱也。孔子之母名徵在，言『在』不稱『徵』，言『徵』

〔註51〕同上。
〔註52〕〔唐〕陸德明撰，經典釋文〔M〕，上海：上海古籍出版社，1985，20。
〔註53〕同上，17。

不稱『在』。」孔穎達進一步解釋說：「今謂禹與雨，音同義異，丘與區音異義同，此二者各有嫌疑，禹與雨有同音嫌疑，丘與區有同義嫌疑，如此者不諱。若其音異義異，全是無嫌，不涉諱限。必其音同義同，乃始爲諱也。」「不偏諱者謂兩字作名，不一一諱之也。孔子言『徵』不言『在』，言『在』不言『徵』。」並引《論語·八佾》：「夏禮吾能言之，杞不足徵也。殷禮吾能言之，宋不足徵也，文獻不足故也。足吾則能徵之」爲證。〔註54〕

六、稱名、稱字體現的禮制

第一，名和字雖然都是指代人的，但在實際使用中卻有著很多的不同。據《禮記·曲禮上》：「父前子名，君前臣名。」鄭玄注：「對至尊，無大小皆稱名。」〔註55〕是說至尊者，無論對方年令和身份都稱名而不稱字，賈公彥進一步解釋說：「名受於父母，爲質；字受於賓，爲文。故君、父之前稱名，至於他人則稱字。」〔註56〕

第二，「對君而言臣，對父而言子，則皆稱其名。」〔註57〕這是指，在國君面前，談話涉及到的人無論其身份、年齡，都只能稱名而不能稱字。子在父母面前談話涉及到其它兄弟，不論其身份、年齡，也只能稱名而不能稱字。這就是說，在國君面前談到自己的父母也只能稱父母的名，而不能稱字。在父母面前談到自己的兄長也只能稱兄長的名，而不能稱字。

第三，「國君不名卿老、世婦；大夫不名世臣、姪娣；士不名家相、長妾」（《禮記·曲禮下》）〔註58〕。孔穎達解釋說：「人君雖有國家之貴，猶宜有所敬，不得呼其名者也。」「卿老謂上卿，上卿貴，故曰卿老。世婦者謂兩媵也，次於夫人而貴於諸妾也。言諸侯雖貴，不得呼其名也。」「世臣父在時老臣也。姪是妻之兄女（姊），娣是妻之妹，從妻來爲妾也。大夫不得呼世臣及貴妾名也。」〔註59〕

漢何休注《公羊傳·桓公四年》時說：「君於臣不名者有五：諸父兄不名，《經》曰『王箚子』是也。《詩》曰『王謂叔父』是也。上大夫不名，『祭伯』

〔註54〕禮記正義〔M〕，十三經注疏本（影印本），北京：中華書局，1980，1251。
〔註55〕禮記正義〔M〕，十三經注疏本（影印本），北京：中華書局，1980，1241。
〔註56〕同上。
〔註57〕〔清〕孫希旦撰，禮記集解（點校本）〔M〕，北京：中華書局，49。
〔註58〕禮記正義〔M〕，十三經注疏本（影印本），北京：中華書局，1980，1256。
〔註59〕同上。

是也。盛德之士不名，『叔肸』是也。老臣不名，『宰渠伯糾』是也。」〔註60〕

這是說，在國君獨尊的情況下，國君爲了表示對年長者或資深者的尊重，也不稱名而稱字。

第四，在老者面前，爲了表示對對方的尊重，稱自己的師長也可稱名，如《論語・微子》：「長沮曰：『夫執輿者爲誰？』子路曰：『爲孔丘。』」〔註61〕長沮是一個隱居山野的隱士，子路面對這樣的隱士，又有求於他，爲了表示對對方的尊重而稱自己的老師爲「孔丘」，直呼其名。這實際上是所述第二種情況的靈活運用。

第五，諸侯在自己的封國內，其地位是至高的，所以是不能直稱其名的，但是《春秋》記載下列國君的情況時卻直書其名：

1、丟失國土者——《春秋・桓公十六年》：「衛侯朔出奔齊。」

按：朔是衛惠公的幼名，與其母共進讒言而取得君位。四年後被趕下臺，逃到母舅之國齊國避難，故《春秋》直稱其名。《左傳》則作「惠公奔齊。」

2、做大惡而有惡名者——《春秋・莊公六年》：「夏六月，衛侯朔入於衛。」

按：衛侯朔奔齊後，公子黔牟立，八年後，齊襄公又用武力將惠公朔送回衛國，重登國君寶座，將黔牟趕出國外。《公羊傳・莊公七年》：「朔之名，惡也，朔之逆，則出順矣。」〔註62〕惠公此行獲有惡名，所以《春秋》直記其名。

3、滅同姓國者——《春秋・僖公二十五年》：「春，王正月丙午，衛侯燬滅邢。」

按：燬爲衛文侯的幼名。《公羊傳・僖公二十五年》：「何以名？絕。曷爲絕之？滅同姓也。」燬曾滅邢，衛、邢同爲姬姓，所以《春秋》直書其名。《左傳》和《春秋》一樣，直書其名，並言明「同姓也，故名。」〔註63〕《穀梁傳》在同年傳文中也說：「燬之名何也？不正其伐本而滅同姓也。」〔註64〕《禮

〔註60〕 春秋公羊傳注疏〔M〕，十三經注疏本（影印本），北京：中華書局，1980，2215。

〔註61〕 〔魏〕何晏等注，〔宋〕邢昺疏，論語正義〔M〕，十三經注疏本（影印本），北京：中華書局，1980，2529。

〔註62〕 春秋公羊傳注疏〔M〕，十三經注疏本（影印本），北京：中華書局，1980，2378。

〔註63〕 同上，2259。

〔註64〕 春秋穀梁傳注疏〔M〕，十三經注疏本（影印本），北京：中華書局，1980，2401。

記‧曲禮下》：「諸侯失地，名；滅同姓，名。」〔註65〕

又《左傳‧昭公三十一年》：「冬，邾黑肱以濫來奔。賤而書名，重地故也。」

按：邾國大夫黑肱投奔到魯國，並把邾國一座叫做濫的城邑獻給魯國做見面禮，這對邾國來說是失地，所以史書要「賤而書名。」

幼名主要是父母親人在家庭內部使用的，從而引申出「名者，幼小卑賤之稱」〔註66〕的用法。古代文人就用這種名、字上的不同用法，在不該用名而該用字的地方故意使用幼名，來批評不被人們認可的行為，所謂的「《春秋》微言大義」，這是一種體現。《左傳‧昭公三十一年》引「君子之言」說：「名之不可不慎也如是。夫有所有名而不如其已。以地叛，雖賤，必書地，以名其人，終為不義，弗可滅已，是故君子動則思禮，行則思義，不為利回，不為義疚。或求名而不得，或欲蓋而名章，懲不義也。齊豹為衛司寇，守嗣大夫，作而不義，其書為『盜』。邾庶其、莒牟夷、邾黑肱以土地出，求食而已，不求其名，賤而必書。此二物者，所以懲肆而去貪也。若艱難其身，以險危大人，而有名章徹，攻難之士將奔走之。若竊邑叛君，以徼大利而無名，貪冒之民將實力焉。是以《春秋》書齊豹曰『盜』，三叛人名，以懲不義，數惡無禮，其善志也。故曰：『《春秋》之稱，微而顯，宛而辯。』上之人能使昭明，善人勸焉，淫人懼焉，是以君子貴之。」《春秋》就是用「書盜」、「稱名」的方法，戒惡勸善的，至少通過這種方法能表達作者對事件的看法。

在不能稱名的情況下，就可以稱字。稱字是有表示尊敬的意思。稱名則有賤視、謙卑之意。因為自謙，所以自稱要稱名。與他人之間的對稱，一般是要稱字的。

第三節　冠字排行與禮制

一、排行冠字中的嫡庶之別

班固《白虎通‧姓氏篇》：

> 所以五十乃稱伯仲者，五十知天命，思慮定也。能順四時長幼之序，故以伯仲號之。《禮‧檀弓》曰：「幼名冠字，五十乃稱伯仲。」

〔註65〕禮記正義〔M〕，十三經注疏本（影印本），北京：中華書局，1980，1267。
〔註66〕白虎通〔M〕，叢書集成本，上海：商務印書館，民國25年，227。

《論語》曰:「五十而知天命。」稱號所以有四何?法四時用事,先
後長幼兄弟之象也。故以時長幼號曰伯、仲、叔、季也。伯者,長
也。伯者子最長,迫近父也。仲者中也。叔者少也。季者幼也。適
長稱伯,伯禽是也。庶長稱孟,魯大夫孟氏是也。〔註67〕

通過班固的說明,可知伯(孟)仲叔季等長幼排序,確實在我國古代廣
泛使用。其原因就在於它是家族宗法制的衍生品:它將宗族內部的等級差異
標誌化,使宗法等級在排序的符號中體現出來,嫡庶之別、大小宗之差、宗
族內年齒長幼的區別等,都可以從標誌中體現出來。《左傳》人物稱謂中冠字
排行的記載很常見:

秋七月辛丑盟,吳、晉爭先。吳人曰:「於周室,我爲長。」晉
人曰:「於姬姓,我爲伯。」(《左傳·哀公十三年》)

杜預注:「爭歃血先後」。「吳爲大伯後,故爲長。」「爲侯伯。」據《史
記·吳太伯世家》:「吳太伯,太伯弟仲雍,皆周太王之子,而王季歷之兄也。」
〔註68〕故吳人以「伯」稱。

(魯公)公疾,問後於叔牙,對曰:「慶父材。」問於季友,對
曰:「臣以死奉般。」(《左傳·莊公三十二年》)

據《史記·魯世家》:「莊公有三弟,長曰慶父,次曰叔牙,次曰季友。」
〔註69〕

又據《左傳·莊公八年》:「夏,師及齊師圍郕,郕降於齊師,仲慶父請
伐齊師。」由此可知慶父就是仲慶父,在魯莊公等四兄弟中,莊公爲嫡長,
其弟依次爲仲慶父、叔牙、季友。

初,鄭武公娶于申,曰武姜,生莊公及共叔段。(《左傳·隱公
元年》)

杜預注:「段出奔共,故曰共叔,猶晉侯在鄂,謂之鄂侯。」這是以地爲
氏,叔指年少者,爲莊公之弟,鄭莊公爲嫡長。

女性的長幼排序與男性相同:

惠公元妃孟子。孟子卒,繼室以聲子,生隱公。宋武公生仲子,
仲子生而有文在其手,曰「爲魯夫人」,故仲子歸于我,生桓公而惠

〔註67〕白虎通〔M〕,叢書集成本,上海:商務印書館,民國25年,230。
〔註68〕史記(點校本)〔M〕,北京:中華書局,1959,1445。
〔註69〕同上,1532。

公薨。（《左傳‧隱公元年》）

杜預注：「聲，謚也，蓋孟子之姪娣也。諸侯始娶，則同姓之國以姪娣滕。元妃死則次妃攝治內事，尤不得稱夫人，故謂之繼室。」

按：據《史記‧宋世家》：「（宋戴公）三十四年，戴公卒，子武公司空立。武公生女爲魯惠公夫人，生魯桓公。」〔註70〕此女即《左傳》所言仲子，而孟子，排行爲孟，指庶出年長者。而聲子，杜氏只說「蓋孟子之姪娣也」，確切身份不詳。

閔公，哀姜之娣叔姜之子也，故齊人立之。（《左傳‧閔公二年》）

據《史記‧魯世家》：「齊桓公聞哀姜與樂父亂以危魯，乃召之邾而殺之。」〔註71〕由此推之，哀姜、叔姜姐娣二人均爲齊桓公之女，其娣以叔冠於母姓之前。

由此可知，在周代無論是兄弟之間的長幼排序，還是姐妹之間的長幼排序，多數是用伯（孟）、仲、叔、季標示。班固在前引關於稱字排序一文中還明確提出來「嫡長稱伯，伯禽是也。庶長稱孟，魯大夫孟氏是也。」〔註72〕這就說明同樣是最長者，有的稱伯，有的稱孟。魯公伯禽爲「周公元子，就封於魯，次子留項王室，代爲周公。」〔註73〕所以以「伯」名。魯之孟氏爲慶父之後，慶父爲桓公庶子，據《史記‧魯世家》：「莊公有三弟，長曰慶父，次曰叔牙，次曰季友。」〔註74〕故慶父爲仲氏，因爲在莊公時勢力強大，在庶出兄弟中年齒最長，所以又稱「孟氏」。這是從庶出的角度將其排在長位。這種區別性的排序，也是周代宗法制度的一種體現：首先這種排序明白無誤地表明了宗主繼承者之間的關係。其次，具有區分大小宗的作用。還能區別血緣集團內的分支間關係。〔註75〕所以伯（孟）仲叔季排序也是周代宗法制度的一個具體內容。

從上引《左傳》諸例中，兄弟排行中的伯序兄長，如果是一國之君，伯兄就很少與仲叔季諸弟兄一樣在名字前冠以序列字。魯莊公如此，鄭莊公也如此，這種現象絕非偶然，其原因就在於他們是一國之長，人們在稱他們的

〔註70〕同上，1622。

〔註71〕同上，1533。

〔註72〕白虎通〔M〕，叢書集成本，上海：商務印書館，民國25年，230。

〔註73〕史記（點校本）〔M〕，北京：中華書局，1959，1524。

〔註74〕同上，1532。

〔註75〕李曦撰，周代伯仲排行的宗法意義〔J〕，陝西師大學報1986，（1）。

時候，多以身份稱謂代之。

　　鄭莊公在《左傳》中被稱作鄭伯，那是鄭國的爵位，而與兄弟序列無關。
這種用法，《左傳》中還有：

　　　　王及公、侯、伯、子、男、甸、采、衛大夫，各居其列，所謂
　　　　周行也。(《左傳‧襄公十五年》)

　　杜預注：「自王以下，諸侯大夫各任其職，則是詩人周行之志也。甸、采、
衛，五服之名也。天子所居千里曰圻，其外曰侯服，次曰甸服，次曰男服，
次曰彩服，次曰衛服。五百里爲一服。不曰男，略舉也。」

　　　　在禮，卿不會公、侯，會伯、子、男可也。(《左傳‧僖公二十
　　　　九年》)

　　杜預注：「大國之卿，當小國之君，故可以會伯、子、男。」

　　　　獻公合諸侯之禮六。子產曰：「小國共職，敢不薦守。」獻伯、
　　　　子、男會公之禮六。(《左傳‧昭公四年》)

　　杜預注：「宋爵公，故獻公禮。」「鄭，伯爵，故獻伯、子、男會公之
禮。」

　　當然，在春秋時期是否存在公侯伯子男等五級爵位，史學界尚存在不同
意見，但是它確實出現在《左傳》的記敘當中。這不是本文要討論的內容。

　　「伯」的常用義是尊長義，如：

　　　　晉、楚爭先，晉人曰：「晉固爲諸侯盟主，未有先晉者也。」……
　　　　子木又語王曰：「宜晉之伯也。有叔向以佐其卿，楚無以當之，不可
　　　　與爭。」(《左傳‧襄公二十七年》)

　　　　昔周饑，克殷而年豐，今邢方無道，諸侯無伯，天其或者欲使
　　　　衛討邢乎？(《左傳‧僖公十九年》)

　　杜預注：「伯，長也。」

　　由尊長引申出諸侯的盟主，這個意義後來寫作「霸」：

　　　　疆場之邑，一彼一此，何常之有？王、伯之令也，引其封疆，
　　　　而樹之官。(《左傳‧昭公元年》)

　　所以「伯」的核心意義仍是「嫡親之長子」的意思，天子之「伯」可以
繼承先王的王位，諸侯的「伯」可以繼承國君的君位，卿大夫的「伯」可以
繼承卿大夫之位。庶子不但沒有繼承權，甚至連祭祀祖先的權利都沒有。據
《儀禮‧喪服》：「庶子不祭，明其宗也。庶子不得爲長子三年，不繼祖也。」

〔註76〕在血緣關係的基礎上，又加上苛刻的條件，「大子死，有母弟則立之，無則立長」（《左傳·襄公三十一年》），庶子最多是候補者。伯、孟之分，區別巨大。

至於說到「五十乃稱伯仲」，從文獻的具體記載看，應是無據之說，如：

公子呂曰：「國不堪貳，君將若之何？欲與大叔，臣請事之；若弗與，則請除之。」（《左傳·隱公元年》）

按：鄭武公十年娶申侯女武姜，「生太子寤生」，三年後，生少子叔段，十五六年後武公卒（據《史記·年表》）。段叛莊公時不滿二十歲而稱「太叔」。

昔先王之命曰：「王后無適，則擇立長。年鈞以德，德鈞以卜。王不立愛，公卿無私，古之制也，穆后及大子壽早夭即世，單、劉贊私立少，以間先王。亦唯伯仲叔季圖之。」（《左傳·昭公二十六年》）

杜預注：「伯仲叔季，總謂諸侯。」

按：這是周景王庶長子在沒有得到扶植爲王之後，向各地諸侯發出的聲明。他稱各地諸侯爲伯仲叔季，意思爲各位兄弟，當時在位諸侯，除齊景公稍爲年長外，其餘晉、蔡、衛、鄭、曹、杞、宋諸國在位者都還年輕，據《史記·十二諸侯年表》：魯昭公執政時間最長，此年也只有 45 歲，晉頃公執政 10 年，楚昭王、宋景公剛剛即位，蔡昭侯則剛剛繼位三年。〔註77〕執政時間長短和年齡固然沒有必然聯繫，但一般地說還是有一定的參考價值。

（豎）牛謂叔孫：「見仲而何？」叔孫曰：「何爲？」曰：「不見。既自見矣，公與之環而佩之矣。」（《左傳·昭公四年》）

按：仲，即魯仲壬，同年《左傳》記載：「初，穆子去叔孫氏……適齊，娶於國氏，生孟丙、仲壬。」穆子去叔孫氏當在魯襄公七年之後，到昭公四年，至多三十餘年，其子至多不過三十餘歲而稱「仲」。

從道理推論，男子二十而冠，冠而有字，而命字的方法是由名而衍生，同時在由名衍生的字前冠以伯（孟）仲叔季等排序。排序是生而就有的，老大、老二、老三……諸次序爲什麼要到五十歲以後才可使用？班固的「五十而伯仲」之說很可能是附會「五十而知天命」而臆造出來的，是不可信的。

班固《白虎通·姓名篇》還有下列說辭：

〔註76〕儀禮注疏〔M〕，十三經注疏本（影印本），北京：中華書局，1980，1100。
〔註77〕史記（點校本）〔M〕，北京：中華書局，1959，660。

男女異長，各自有伯仲，法陰陽各自有終始也。《春秋傳》曰：
「伯姬者何？内女也。」婦人十五稱伯仲何？婦人質，少變。陰道
促蚤成。十五通乎織紝紡績之事，思慮定，故許嫁，笄而字。故《禮
經》曰：「女子十五許嫁，笄。禮之稱字。」〔註78〕

「男女異長，各有伯仲」是說，兄弟和姐妹要各自依長幼順序排行，不
能混合排行，如果一位父親有二男二女四名子女，就要男分伯仲、女分伯仲
兩種不同的排序。另外，《禮記》所說「女子十五許嫁，笄禮之稱字」之說更
證明女子笄禮稱字和「婦人十五稱伯仲」相同，男人也不會二十而冠，冠而
有字，還待到「五十而伯仲」。無論男女，稱字之時，也是冠（笄）以排序之
日，已屬確實無誤。班固的「婦人質，少變」之說等，完全是穿鑿之言，無
據之說，不可信。

《左傳》中有下列文例：

> 冬十二月辛巳，臧僖伯卒。公曰：「叔父有憾於寡人，寡人弗敢
> 忘。」葬之加一等。（《左傳・隱公五年》）

按：臧僖伯，是魯孝公之子，魯惠公的同母弟，是隱公的叔父。由此看
來，這裏的「伯」既不是爵位，也不是嫡長的排序，而是尊長的意思。這種
用法在《左傳》中多見：

> 夏四月，費伯帥師城郎。（《左傳・隱公元年》）

杜預注：「費伯，魯大夫。郎，魯邑。」費伯當爲魯惠公舊臣，故尊稱
「伯」。

> 五月，叔弓如滕，葬滕成公，子服椒爲介。及郊，遇懿伯之忌，
> 敬子不入。（《左傳・昭公三年》）

杜預注：「忌，怨也。懿伯，椒之叔父。敬子，叔弓也。叔弓禮椒，爲之
辟仇。」由此可知，「伯」尚有尊長的意思。

二、排行冠字所體現的禮制

（一）嫡長的特殊權

在周代是「立嫡以長不以賢，立子以貴不以長」〔註79〕，「立太子之道三：

〔註78〕白虎通〔M〕，叢書集成本，上海：商務印書館，民國25年，230。
〔註79〕春秋公羊傳注疏〔M〕，十三經注疏本（影印本），北京：中華書局，1980，
2197。

—165—

身鈞以年，年同以愛，愛疑決之以卜、筮」〔註80〕（《國語・晉語一》）。所謂「身鈞以年」就是在嫡庶身份或才能高下方面如果區別不出來，就根據年齡決定。年齡上的排序和母親是否正妻，就決定一個人的政治地位和經濟權利。如是長子，母親又是正室，這個人就有了與生俱來的特殊權利和地位。正因為如此，社會上才十分看重一個人的排序和其母在家族中的地位。《左傳・莊公三十二年》有兩段記載關於慶父欲搶兄之君位而改稱「共仲」的事件：

> （魯莊）公疾，問後於叔牙，對曰：「慶父材。」問於季友，對
> 曰：「臣以死奉般」。（《史記・魯世家》：「莊公無適嗣，愛孟女，欲
> 立其子斑（般）。」〔註81〕）公曰：「向者牙曰慶父材」。成季使以君
> 命命僖叔（即叔牙），待於鍼巫氏，使鍼季酖之。曰：「飲此，則有
> 後於魯國。不然，死且無後。」飲之。歸，及逵泉而卒，立叔孫氏。

杜預注：「不以罪誅，故得立後，世繼其祿也。」

> 八月癸亥，公薨於路寢。子般即位，次于黨氏。冬，十月己未，
> 共仲使圉人犖賊子般於黨氏。成季奔陳。立閔公。

叔牙是擁護慶父繼承莊公之君位的，因為據《魯世家》載，「莊公無適嗣」，所以叔牙向莊公諫言：「一繼一及（杜預注：「父死子繼，兄死弟及。」）魯之常也。慶父在，可為嗣。」慶父和叔牙可謂是一唱一和，配合默契：一方面，叔牙當面向莊公從常理和才能兩方面推薦慶父，另一方面慶父在稱名上做好按「禮」接班的準備。叔牙的「一繼一及」的深意就在這裏。因為宗法制中嫡長繼承制還有補充規定：

> 大子死，有母弟則立之；無則立長；年鈞擇賢，義鈞則卜。(《左
> 傳・襄公三十一年》)

從慶父稱名的變化，我們還可以發現嫡長繼承制有關的另一問題「嫡長稱伯」和「庶長稱孟」。慶父是庶出，年紀又在魯莊公同之後，但他仍可稱「孟」（其後嗣稱孟孫氏），這就透露出兄弟間的長幼排序在長的位置上是嫡庶分開的。嫡庶長子各自排序，就是要突出嫡長的特殊地位。由於嫡長獨尊，從而引申出「伯」可為尊稱的意義。仲慶父稱「孟」，是因為他為魯桓公的庶子中的最長者，為了要完成接莊公君位的預想，以應「無則立長」的條件，所以又稱「仲」，以便「一繼一及」，弟承兄位。魯慶父在長幼排序中的這種變化，

〔註80〕國語〔M〕，上海：上海古籍出版社，1978，279。
〔註81〕史記（點校本）〔M〕，北京：中華書局，1959，1532。

正反映周代宗法制度中有關繼承關係的核心意義。

（二）排序和宗族的關係

　　根據現代研究，宗族內部關係是：天子爲嫡長子，諸侯則是庶兄弟，下一代中的諸侯又是嫡長子，卿大夫則又是嫡長之外的庶兄弟，其餘依此類推。其嫡長所主宗室爲大宗，其餘則爲小宗，這種宗族關係如下面圖示：

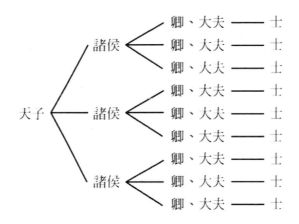

　　在諸侯這一層級中，對天子言，是庶兄、弟、子侄，屬小宗；但對下一級卿、大夫而言，諸侯又是嫡長子繼承，屬大宗；而卿大夫屬小宗，卿、大夫的繼任者又是嫡長子，屬大宗，其餘以此類推。在同一等級中，嫡長永遠是大宗，其餘只能是小宗。從而形成一棵側置的宗族樹系統：天子是主幹，是大宗，他所分封的庶兄、弟則爲小宗。對諸侯而言，他所分封的卿、大夫爲小宗，諸侯爲大宗。《禮記‧喪服小記》所謂「別子（諸侯之庶子）爲祖，繼別爲宗（大宗），繼禰者爲小宗。」〔註82〕《大傳》亦云：「別子爲祖，繼別爲宗，繼禰者爲小宗。有百世不遷之宗（大宗），有五世則遷之宗（小宗）。」〔註83〕說的正是諸侯及嗣子、諸子在宗法制度中的處境。諸子以下，即卿大夫與士的關係亦與此類似。

　　由此只要看其長幼排序，就可以知道其是大宗，還是小宗，如孟孫氏，雖然居長的地位，但屬庶長，在諸侯這一層面中，仍屬小宗，季孫、叔孫等在諸侯這一層級也是小宗。在同一宗族內，排序名稱成爲各宗族分支的標誌符號。

〔註82〕禮記正義〔M〕，十三經注疏本（影印本），北京：中華書局，1980，1495。
〔註83〕同上，1508。

第四節　《左傳》人物稱謂與諡法制度

一、諡是貴族自我約束的一種形式

　　周代開始，公卿貴族開始用「賜諡」的方法來勉勵和約束本族成員。爲說清這種方法，有必要弄清楚諡到底是什麼。

　　諡，本作「諡」，《說文》釋作「行之跡也」〔註84〕。《白虎通・諡篇》又說：「諡之言引也，引列行之跡也，所以進勸成德，使上務節也。」〔註85〕諡是「引列行之跡」，即據其生前之行爲事跡，所給出的評價。所以諡是其人生前的「行之跡」。其作用就是「所以進勸成德，使上務節也。」即以此勉勵有身份的人多做好事、有意義的事，使自己有一個好的節操和美好的名聲。所以我們認爲諡號是對貴族行事的一種勉勵和約束，這種勸勉和約束是通過對貴族生前行爲的綜合評價完成的。班固所言「諡明別善惡，所以勸人爲善，戒人爲惡」〔註86〕當是設置諡法的初衷。

　　諡是貴族死後所賜予的一種稱號。《白虎通・諡篇》：「《禮・郊特牲》曰：古者生無爵，死無諡。此言生有爵，死當有諡也。」〔註87〕這就是說，只有生前有爵位的人，才可在死後取得諡號，生前沒有爵位的人，死後是沒有諡的。諡號是在死後才可取得的。《左傳》等史料中有少數在世人物稱諡的情況，那是後代史家追記前代歷史時發生的，事件發生時，該人物在世，史家記事時，卻已成過去，人物去世，有了諡號，史家選用了諡號記錄人物，這並不能說明人物生前有諡。

　　關於諡與諡法的緣起，《史記》載《逸周書》中之《諡法解》云：「惟周公旦、太公望開嗣王業，建功於牧野，終將葬，乃制諡，遂敘諡法。」〔註88〕對此，清人崔述多有質疑。他認爲，「諡法之所爲制，意必將以勸善而懲惡也。善者諡以善，惡者諡以惡，大行受大名，細行受細名，然後人知所以勸懲。今此篇中，經天緯地曰『文』，錫民爵位亦曰『文』；聖聞周達曰『昭』，容儀恭美亦曰『昭』；使睿聖之君與小才小善者同科，固已不足爲

〔註84〕說文解字注〔M〕，上海：上海古籍出版社，1988，101頁。
〔註85〕白虎通〔M〕，叢書集成本，上海：商務印書館，民國25年，28。
〔註86〕同上。
〔註87〕白虎通〔M〕，叢書集成本，上海：商務印書館，民國25年，30。
〔註88〕史記（點校本）〔M〕，北京：中華書局，1959，後附張守節撰史記正義，13
　　　　〜31。

勸。至於克定禍亂曰『武』，誇志多窮亦謂之『武』；亂而不損亦謂之『靈』，死而志成亦曰『靈』，美惡同詞，聖狂一例。褒貶之義無存，勸懲之道安在？」〔註89〕崔氏據此認定此謚法並非起自周公旦、太公望時。他並且進一步提出破綻說：「衛康叔之後五世無謚，齊太公、宋微子、蔡叔度、曹叔振鐸皆四世無謚……晉唐叔子燮，父子皆無謚。周果制爲謚法，何以諸國之君皆無謚乎？」〔註90〕所以他認爲謚法是「由漸而起者」〔註91〕，即周人舉謚是有一個逐步發生、發展、完善過程的，一開始可能是局部、個別的，以後逐步擴大範圍，逐漸形成習俗，從而出現了規則，規範舉謚行爲，最後形成禮儀。崔氏此說可能揭示了謚和謚法形成的眞相，其根據就是周初諸王有謚者並不多，有的還是後人追稱的。至於卿大夫的謚更是沒有出現過，「周公有大功於天下，故其沒也，成王特賜之謚。召公曆相三朝，康王遂仿周公之例而亦謚之。」〔註92〕即使如此，這也是特事特辦，並不是按已成的章程辦事。「是以成、康、昭、穆之代，諸侯謚者寥寥。數世之後，欲彌尚文，遂無有不謚者。」「至周東遷以後，而卿大夫始漸有謚。」〔註93〕謚由天子而諸侯，逐漸擴展到卿、大夫身上。

對卿、大夫舉謚，開始是審愼的：因罪被誅者無謚，如先穀、三郤例；因作亂而死者無謚，如欒盈懷子例；出奔他國者無謚，如荀寅、士吉射例等。宋國因其爲商之胤，所以始終無謚。《禮記·曲禮下》：「已孤、暴貴，不爲父作謚。」孔穎達《正義》曰：「子本士庶，今起爲諸侯，非一等之位，故云暴貴。謚者列平生德行爲作美號。若父昔賤，本無謚；於今雖貴，忽爲造之，似鄙薄父賤，不宜爲貴人之父也。」〔註94〕看來謚只有世代，至少兩代、三代尊貴，才有資格擁有。

「《禮·謚法》曰：翼善傳聖，謚曰堯；仁聖盛明，謚曰舜；慈惠愛民，謚曰文；剛強理直，謚曰武」〔註95〕。這不是說遠在堯舜時期就已有謚，堯舜等人的謚，是後人尊加的。謚起於周代，並逐漸成爲貴族行事的風俗，出

〔註89〕〔清〕崔述著，崔東壁遺書〔M〕，上海：上海古籍出版社，1983，352。
〔註90〕同上，353。
〔註91〕同上。
〔註92〕〔清〕崔述著，崔東壁遺書〔M〕，上海：上海古籍出版社，1983，352。
〔註93〕同上。
〔註94〕周禮正義〔M〕，十三經注疏本（影印本），北京：中華書局，1980，1257。
〔註95〕白虎通〔M〕，叢書集成本，上海：商務印書館，民國25年，31。

於對古聖的尊重，周人便「以今律古」，按照周代的習俗，爲堯舜等舉諡。堯舜等古聖人的諡，是在原有名稱的基礎上，另作解說，而不是另造新名稱，這和周代的諡號是不同的。

關於舉諡的方法、步驟，班固在《白虎通》中說「天子崩，大臣至南郊諡之」，天子死後，卿大夫要到南郊向上天請諡，爲的是「明不得欺天也」〔註96〕。而「諸侯薨，世子赴告於天子，天子遣大夫會其葬而諡之」，因爲「臣當受諡於君也」。〔註97〕由中央朝廷對諸侯做出最後的評價。

至於卿大夫死後的諡號，《白虎通》沒有明確說明，只是說「卿大夫歸無過，猶有祿位」就有諡，以便於此「別尊卑，彰有德也」。天子之諡，是否需由大臣們到南郊去向上天請求，在《左傳》等歷史文獻中沒有正面記載。諸侯的諡號產生過程，《白虎通》記載語焉不詳。《左傳》中的記載未必是諸侯舉諡的通例：

> 楚子疾，告大夫曰：「不穀不德，少主社稷，生十年而喪先君，未及習師保之教訓而應受多福，是以不德，而亡師于鄢。以辱社稷，爲大夫憂，其弘多矣……請爲『靈』若『厲』，大夫擇焉。」莫對，及五命乃許。秋，楚共王卒，子囊謀諡，大夫曰：「君有命矣。」子囊曰：「君命以共，若之何毀之？赫赫楚國，而君臨之，撫有蠻夷，奄征南海，以屬諸夏，而知其過，可不謂共乎？請諡之『共』。」大夫從之。（《左傳·襄公十三年》）

這個舉諡過程是：先由楚共王自定，楚共王死後再由大夫議定。實際上並沒有經過向天子報告並獲批准的過程。

> 丁未，（楚成）王縊，諡之曰靈，不瞑；曰成，乃瞑。（《左傳·文公元年》）

這實際上是命諡過程的討價還價。

> 鄭人討幽公之亂，斲子家之棺而逐其族。改葬幽公，諡之曰「靈」。（《左傳·宣公十年》）

這是戰勝者給戰敗者強加諡號。

> 齊侯伐萊，萊人使正輿子賂夙沙衛以索馬牛，皆百匹，齊師乃還。君子是以知齊靈公之爲靈也。（《左傳·襄公二年》）

〔註96〕同上，32。
〔註97〕白虎通〔M〕，叢書集成本，上海：商務印書館，民國25年，32。

這裏說明齊靈公的謚是依據其惡行而起的。

> 六月癸亥，公之喪至自乾侯。戊辰，公即位。季孫使役如闞公
> 氏，將溝焉。榮駕鵝曰：「生不能事，死又離之，以自旌也。縱子忍
> 之，後必或恥之，乃止。」季孫問於榮駕鵝曰：「吾欲爲君謚，使子
> 孫知之。」對曰：「生弗能事，死又惡之，以自信也。將焉用之？」
> 乃止。(《左傳・定公元年》)

季孫氏在魯昭公死後，先是想在魯公墓地用挖溝的辦法分割出一塊地方
埋葬昭公，使之不能入魯公之墓，後又想用惡謚侮辱昭公，都被榮駕鵝勸止。
由此可知，《白虎通》所說的諸侯之謚由「天子遣大夫會其葬而謚之」的說法，
於史無徵。諸侯的謚可能有經過朝廷認可的，也有不經過上一級認可，而自
行決定的。在決定過程中，還可以根據某些條件做出更改，最後決定。諸侯
亡故後的謚經過周王廷認可的，可能是周初分封不久，謚號剛剛實行的時候
才有的。隨著王廷權威的衰微，這個程序就越來越少了。

下面是《左傳》等文獻中關於卿、大夫謚的產生過程：

> 公叔文子卒，其子戍請謚於君，曰：「日月有時，將葬矣。請所
> 以易其名者。」君曰：「昔者衛國凶饑，夫子爲粥與國之餓者，是不
> 亦惠乎！昔者衛國有難，夫子以其死衛寡人，不亦貞乎！夫子聽衛
> 國之政，修其班制，以與四鄰交，衛國之社稷不辱，不亦文乎！」
> 故謂夫子貞惠文子。(《禮記・檀弓下》)〔註98〕

這是國君根據公叔文子的業績特點命謚。諸侯賜謚，大約需由逝者家屬
提出申請，然後由諸侯根據其生前的成績，酌情頒賜。

> 無駭卒，羽父請謚與族。公問族於眾仲。眾仲對曰：「天子建德，
> 因生以賜姓，胙之土而命之氏。諸侯以字爲謚，因以爲族。官有世
> 功，則有官族。邑亦如之。」公命以字爲展氏。(《左傳・隱公八年》)

從文義看，「諸侯以字爲謚」當爲「諸侯以字爲氏」。羽父爲無駭請謚與
氏，隱公有決定權，所以卿大夫的謚是由諸侯命定的。根據杜預的注釋：「無
駭，公子展之孫也，故爲展氏。」是以王父字爲謚。又如：

> 衛侯賜北宮喜謚曰貞子，賜析朱鉏謚曰成子，而以齊氏之墓予
> 之。(《左傳・昭公二十年》)

杜預注：「皆死而（由衛侯）賜謚及墓田。」此一例卿大夫的謚號由諸侯

命定。可見，卿大夫的謚是在其人死後由其子或他人向國君提出請求，再由國君或獨自決定，或與其它人員商議後決定。不論是否與人商量，決定權都在諸侯手中。

二、命謚的原則

謚是貴族死後對其人的一種評價，人之已死，在人們的心目中，其行也善。《白虎通》說謚是「掩惡揚善者也」，〔註99〕人都已經死了，別人不願意去揭亡人家屬的瘡疤，再去批評死者，一般都是擇其善者而贊稱之，算是對死者和家人的慰藉。所以縱觀歷史上人物的謚號，總是以褒揚為主。它實際上主要是用褒揚的方法激勵人向善，而不是用批評的方法約束人做惡。謚法中有極少數幾個所謂批評性的謚號，其實多數也可以做出激勵性的解釋，如「不勤成名曰靈」，又說「死而志成曰靈」。「武而不遂曰莊」，又說「勝敵志強曰莊」、「叡圉克服曰莊」。「誇志多窮曰武」，又說「威強敵德曰武」、「克定禍亂曰武」。〔註100〕這些所謂批評性的謚號，都有積極正面的解釋，也可以理解為褒揚性的謚號。在全部近二百謚號中，批評性謚號不足百分之二、三，這些批評性的謚號中，大多還另有正面激勵性意義，只有極少數謚號是純批評性的，「掩惡揚善」，實際是正面褒獎，是命謚的基本原則。

舉謚時間是在死者下葬之後，如：

（魯）桓公葬而後舉謚，謚所以成德也。（《穀梁傳·桓公十八年》）〔註101〕

（魯）莊公葬而後舉謚，謚所以成德也。（《穀梁傳·閔公元年》）〔註102〕

（魯）僖公葬而後舉謚，謚所以成德也，於卒事乎加之矣。（《穀梁傳·文公元年》）〔註103〕

由上述記載可以推知，諸侯死後，多數由卿大夫議定謚號。並不是議定

〔註99〕白虎通〔M〕，叢書集成本，上海：商務印書館，民國25年，31～32。
〔註100〕史記（點校本）〔M〕，北京：中華書局，1959，後附張守節撰史記正義，13～31。
〔註101〕春秋穀梁傳注疏〔M〕，十三經注疏本（影印本），北京：中華書局，1980，2378。
〔註102〕同上，2386。
〔註103〕同上，2404。

之後即行公佈，而是在行葬禮並下葬完成之後再予公佈。在諡號公佈之後，整個葬禮才算最後完成，這就是「諡以成德」。公佈的具體時間是「日未明而明諡」〔註104〕。

　　諡多數是一言即一個字的，但也有二言和多言者。《白虎通・諡篇》云：「文者以一言爲諡，質者以兩言爲諡。故湯死後稱成湯，以兩言爲諡也。」〔註105〕班固將諡號的一言、二言和所謂的文、質聯繫起來，過於牽強。如果非要將諡號和文、質聯繫起來，那應該指諡的用詞，而不應該是一言還是多言，因爲用詞可以有文質之分，字數的多少和文質沒有必然的聯繫。退一步說，即使文質和一言、二言有聯繫，那麼「文」也應指兩言，而不是指一言，因爲所用字數越多，其义飾意義就越明顯，班氏之說除了諡有一言、兩言外，其它是不足信的。多字諡，稱說起來很是不便，漢語言有偶數音節述說起來和諧順暢的特點，爲了符合語言述說的這一特點，人們常把多字諡省讀作一、二字諡，這一情況，清人顧炎武有專門論述，顧氏在《古人諡止稱一字》文中說：

　　　　古人諡有二字、三字，而後人相沿止稱一字者。衛之睿聖武公，止稱武公。貞惠文子，止稱公叔文子。晉趙獻文子，止稱文子。魏惠成王，止稱惠王。悼武王，止稱武王，昭襄王，止稱昭王。莊襄王，止稱莊王。韓昭釐侯，止稱昭侯。宣惠王，止稱宣王。趙悼襄王，止稱襄王。〔註106〕

　　顧氏此說，歸納了眾多多字諡在稱說中省略的實例。至於所省之字爲首字，還是末尾之字並無一定規律可循。

　　孫希旦在《禮記集解》中說：

　　　　愚謂諡起於周公，皆取其行之至大者一字以爲諡，所謂「節以事惠」也。至戰國時，周有威烈王、愼靚王，秦有惠文、莊襄等王，而二諡始此。然據《檀弓》，則趙武在春秋時已有獻文之稱，而公孫拔諡至三字，尤古今所未有也。《左傳》敘齊豹作亂事甚詳，當時從公者爲公南楚、析朱鉏諸人，平亂者爲北宮喜。衛侯賜喜諡貞子、朱鉏諡成子，初不言拔有衛君之事，豈後人因喜及朱鉏賜諡事而誤

〔註104〕白虎通〔M〕，叢書集成本，上海：商務印書館，民國25年，34。
〔註105〕同上，30。
〔註106〕日知錄集釋〔M〕，上海：上海古籍出版社，2006，1309。

以爲拔斁！〔註107〕

孫氏一面認爲二字謚始於威烈王、惠文王等，一面又舉出《左傳》中二字謚的實例而不做出正面解釋，模棱兩可的態度正反映了孫氏的矛盾心理。

據《禮記·曲禮下》：「已孤，暴貴，不爲父作謚。」〔註108〕意思是父親已經故去，突然間自己顯貴起來也不給亡故的父親追作謚。謚是即葬即作的，不做追謚這也是命謚的一個原則。

婦女死後是否有謚，在古代是個有爭議的話題。從大量的事實看，在周代，婦女（上層人物）也是有謚的，這一話題留待後文討論。

《左傳》中有兩處下列用例：

孔丘卒，公誄之曰：「旻天不弔，不憗遺一老，俾屏余一人以在位，煢煢余在疚。嗚呼哀哉尼父，無自律！」（《左傳·哀公十六年》）

子贛曰：「君其不沒於魯乎！夫子之言曰：『禮失則昏，名失則愆。』失志爲昏，失所爲愆。生不能用，死而誄之，非禮也。稱一人，非名也。」（《左傳·哀公十六年》）

《說文》：「誄，謚也。」許慎以爲「誄」即是「謚」，但從《左傳》的用例看，誄和謚是有區別的：謚是死者生前的「行之跡」，但這種評價性的「行之跡」是概括在一、二字中；而「誄」則不是一、二字的評定，而是簡短、概括的評語。在這一點上，二者是有區別的。楊伯峻先生的解釋是正確的：「誄猶今之悼辭。」誄和謚雖然都是死者生前的「行之跡」，但一個是評論、評價，一個是評定。

《周禮·春官·大史》：「大喪，執法以涖勸防，遣之日讀誄；凡喪事改焉，小喪，賜謚。」〔註109〕按照鄭康成的解釋：「大喪，王、后、世子也。小喪，夫人以下小官、士也。」〔註110〕又《周禮·春官·小史》：「卿大夫之喪，賜謚、讀誄。」〔註111〕由此可知，謚和誄並非相互排斥的，夫人以下的低職人員有誄、謚，大夫以上官職的官員也同樣有誄有謚。大喪、小喪並不影響賜謚與讀誄。賈公彥說：「小史於大史賜謚之時，須誄列生時行跡而讀之，故

〔註107〕〔清〕孫希旦著，禮記集解（點校本）〔M〕，北京：中華書局，113。
〔註108〕禮記正義〔M〕，十三經注疏本（影印本），北京：中華書局，1980，1257。
〔註109〕周禮注疏〔M〕，十三經注疏本（影印本），北京：中華書局，1980，818。
〔註110〕同上，656。
〔註111〕同上，818。

云其讀誄。」〔註112〕誄者，累也，累列生前的行跡而讀之。謚是賜予的稱號，
誄是讀給眾人聽的評價，稱號入名稱，評價不能入名稱。

第五節 名稱類型

一、男性名稱類型

《左傳》記述的是以男性為中心的社會生活，歷史事件基本上是以男性
為主線展開的，他們在社會中所充當的各種重要角色為政為官，為尊為長，
為父為子，配合這些不同的身份和地位，他們被冠以不同的名稱（這裏說的
名稱，指包括姓、氏、名、字、謚在內的稱名方式。）因此《左傳》中男性
人物的名稱非常複雜。經過筆者的考察與歸納，大致能夠分為以下若干種類
型：

（一）以氏、名、字為主的各種組合類型

這類稱謂在《左傳》男性稱謂中所佔比重最大，這主要是因為《左傳》
在記述事件過程中對人物遵循了男必稱氏，女必稱姓的原則。氏是身份的標
誌，《左傳》中涉及到的人物絕大多數都是有一定社會地位的人，因此都有
「氏」，名和字更是每一個人必須擁有的稱謂。氏、名、字之間的各種組合方
式較多，我們可以再細加分類。

1. 單稱氏、名、字之類。

《左傳》中有些時候在提及某一個人時，只單稱其氏、名或字。如：

> 夷之蒐，晉侯將登箕鄭父、先都，而使士縠、梁益耳將中軍。

先克曰：「狐、趙之勳，不可廢也。」從之。先克奪蒯得田於董陰。

> 故箕鄭父、先都、士縠、梁益耳、蒯得作亂。（《左傳·文公八年》）

杜預注：「狐偃、趙衰有從亡之勳」。文中狐、趙分別用氏指稱狐偃、趙
衰二人。

又如：

> 鮑叔帥師來言曰：「子糾，親也，請君討之。管、召，讎也，請
> 受而甘心焉。」乃殺子糾於生竇，召忽死之。管仲請囚，鮑叔受之，
> 及堂阜而稅之。歸而以告曰：「管夷吾治於高傒，使相可也。」公從

〔註112〕同上。

之。(《左傳‧莊公九年》)

根據上下文，此處管即指管仲。召，指召忽。

以上兩段文爲單稱「氏」例。單稱「氏」一般來看都是述說的事件發生在兩人或兩人以上，爲了敘述簡便，或說話對方熟悉該事件人物時使用。單稱「氏」有時是指一個人，有時是指整個家族，這應該根據該稱謂所處語境區分開來。如《左傳‧襄公二十九年》：「宋無饑人。叔向聞之，曰：『鄭之罕，宋之樂，其後亡者也。二者其皆得國乎！民之歸也。施而不德，樂氏加焉，其以宋升降乎！』」杜預注：「得掌國政。」鄭國罕氏和宋國樂氏都是幾代人執掌國政的大家族，在這裏罕、樂並不是指某一個人，而是指整個家族，即罕氏家族和樂氏家族。

單稱「名」例，如：

> 宋公疾，大子茲父固請曰：「目夷長且仁，君其立之。」公命子
> 魚。子魚辭曰：「能以國讓，仁孰大焉？臣不及也，且又不順。」遂
> 走而退。(《左傳‧僖公八年》)

茲父爲宋太子，嫡生。目夷較茲父年長，但是庶生。在宗法制度下，茲父爲太子理所應當。但茲父卻以「長且仁」的理由，想讓位給自己的庶兄目夷（其字「子魚」），稱「目夷」（名）而不稱字，是家人之間親近的表示。

《左傳‧宣公十六年》：「晉侯請於王。戊申，以黻冕命士會將中軍，且爲大傅。於是，晉國之盜逃奔於秦。」這一年春天，晉國的士會率師滅赤狄甲氏，是有功之臣，所以晉侯向他賜禮服，並任命他爲太傅。因士會知政，所以連盜賊都愧處晉國。作爲中軍主帥、太傅，其位至尊，卻不稱其字（字「季」）而稱其名，在這裏並不是以之爲卑賤，而是《左傳》作者對功績卓著者帶有贊許的親切表示。

又如：

> 楚子反救鄭，鄭伯與許男訟焉。皇戌攝鄭伯之辭，子反不能決
> 也，曰：「君若辱在寡君，寡君與其二三臣共聽兩君之所欲，成其可
> 知也。不然，側不足以知二國之成。」(《左傳‧成公四年》)

這裏鄭國的子反自稱自己的名「側」，是一種自謙，也是對聽話人的恭敬。

《左傳》中直接稱名的情況不多，主要是因爲名一般只限於家庭內使用，而字才是人們在社會交際中廣泛使用的稱謂，因此《左傳》中稱字的情況較爲普遍。如《左傳‧襄公十一年》：「晉侯使叔肸告於諸侯。」杜預注：「叔肸，

叔向也。」又《左傳·襄公十六年》:「平公即位,羊舌肸爲傅,張君臣爲中軍司馬,祁奚、韓襄、欒盈、士鞅爲公族大夫,虞丘書爲乘馬御。」杜預注:「肸,叔向也。」羊舌肸名肸,字叔肸,又字叔向。由此而知,春秋時期一個人可以有兩個以上的字,《左傳》中這樣的例子不少。如:

> 子展命師無入公宮,與子產親御諸門。陳侯使司馬桓子賂以宗
> 器。陳侯免,擁社。使其眾,男女別而纍,以待於朝。子展執縶而
> 見,再拜稽首,承飲而進獻。子美入,數俘而出。」(《左傳·襄公
> 二十五年》)

杜預注:「子美,子產也。」文中子產、子美爲一人,都爲鄭國公孫僑之字。

> 四月,鄭人侵衛牧,以報東門之役。衛人以燕師伐鄭。鄭祭足、
> 原繁、泄駕,以三軍軍其前,使曼伯與子元潛軍軍其後。(《左傳·
> 隱公五年》)

鄭國對衛國的這場戰爭,一是對衛國幫助鄭莊公之弟共叔段發動叛亂的報復,二是爲報衛國州吁率衛、燕聯軍伐鄭,圍困鄭國都城東門五日的仇恨。在這次戰鬥中,真正打敗威嚴聯軍的是曼伯和子元率領的軍隊。所以對祭足、原繁、洩駕稱名,對曼伯(名忽)、子元(名突)稱字。又如《左傳·隱公元年》:「祭仲曰:『都城過百雉,國之害也。』」祭仲的意見是從宗法制度維護嫡長的正統思想出發的,和鄭莊公的想法完全一致,只是鄭莊公認爲除掉對手的時機尚待時日,而不同意祭仲的立即採取行動的主張。仲是排行作字,《左傳》在這裏用字稱呼他,而沒有如前例那樣稱「祭足」,是表示對他的敬意。

2. 氏、字、名連稱之類

《左傳》男性稱謂中還有一種類型,就是氏、字和名連稱。如《左傳·僖公三十三年》:「夏,四月辛巳,敗秦師于殽,獲百里孟明視、西乞術、白乙丙以歸,遂墨以葬文公。」據《僖公三十二年》傳文杜預注,百里孟明視即孟明。其中百里爲氏,孟明爲字,視爲名。

又如《左傳·文公十六年》:「(楚)使廬戢黎侵庸,及庸方城。庸人逐之,囚子揚窗。」杜預注:「窗,戢黎官署也。」窗爲其名,子揚爲其字。

除單稱氏、名、字的類型之外,與之相近的還有以人物的氏、字後面綴以「氏」字的類型。如:

> 初,公築臺,臨黨氏,見孟任,從之。閟,而以夫人言許之,

割臂盟公。生子般焉。雩，講於梁氏，女公子觀之。（《左傳·莊公三十二年》）

楊伯峻注：「梁氏，魯大夫。其家蓋近於雩門，故於此講肄也。」這是以梁氏稱魯大夫其人，其中「梁」是該大夫的氏，而後綴「氏」字則是個人名號的標誌詞。〔註113〕

晉陳之族呼於國曰：「鄢氏、費氏自以爲王，專禍楚國，弱寡王室，蒙王與令尹以自利也。令尹盡信之矣，國將如何？」令尹病之。（《左傳·昭公二十七年》）

文中鄢氏、費氏分別指楚臣鄢將師、費無極二人。

夏，六月，晉殺祁盈及楊食我。食我，祁盈之黨也，而助亂，故殺之。遂滅祁氏、羊舌氏。（《左傳·昭公二十八年》）

杜預注：「楊，叔向邑。食我，叔向子伯石也。」祁氏、羊舌氏分別指以祁盈、叔向子伯石爲首的兩個家族。

晉侯賞桓子狄臣千室，亦賞士伯以瓜衍之縣。曰：「吾獲狄土，子之功也。微子，吾喪伯氏矣。」（《左傳·宣公十五年》）

《左傳·宣公十二年》記載楚國攻打鄭國，晉國以荀林父爲統帥去解救，因軍內意見不合導致這次戰役失敗，晉侯要殺掉荀林父，士伯從中勸諫，荀林父才沒有被殺，晉侯此次賞賜士伯原因也在於此。荀林父即文中的桓子，又稱荀伯、中行伯，桓子爲其謚，伯爲其字，中行本爲其官稱，後以官爲氏，稱中行氏。伯氏，是字後綴「氏」字。

冬，晉侯使士會平王室……王聞之，召武子曰：「季氏，而弗聞乎？王享有體薦，宴有折俎。公當享，卿當宴，王室之禮也。」（《左傳·宣公十六年》）

杜預注：「武，士會謚；季，其字。」季是以兄弟排序爲字，季氏即以字後綴以「氏」稱謂其人。

鄭伯有使公孫黑如楚，辭曰：「楚、鄭方惡，而使余往，是殺余也。」伯有曰：「世行也。」子晳曰：「可則往，難則已，何世之有？」伯有將強使之。子晳怒，將伐伯有氏，大夫和之。（《左傳·襄公二十九年》）

楚國和鄭國交惡，這時伯有派公孫黑出使楚國必當引來殺身之禍，而伯

〔註113〕參見陳絜著，商周姓氏制度研究〔M〕，北京：商務印書館，2007，256。

有一再堅持，使公孫黑惱怒，想要對伯有家族動用武力。此處伯有氏，是用字綴以「氏」的稱謂表示整個家族。

綴以「氏」字的人物稱謂，有時並不是姓氏的含義，如女性稱謂中常有「×氏」，這裏的「氏」字只是指代某姓的這個人物，並沒有姓氏的含義，這種稱謂類型一般都用於女性。如《左傳·隱公元年》：「初，鄭武公娶於申，曰武姜，生莊公及共叔段。莊公寤生，驚姜氏，故名曰『寤生』，遂惡之。」這裏的姜氏，姜爲其父家姓，氏只是綴在父姓之後的稱呼形式而已。

3. 氏＋名（字）之類

《左傳》男性稱謂中以氏＋名（字）類型出現的情況非常多，因爲這一類型是男性稱謂的一個基本類型，出現頻率較高的重要人物自不必說，就是在《左傳》中只出現一兩次的人物也基本上是以這種氏＋名（字）的稱謂出現。如：

> （宋平）公見棄也，而視之，尤。姬納諸御，嬖，生佐。惡而婉。大子痤美而很，合左師畏而惡之。寺人惠牆伊戾爲大子內師而無寵。（《左傳·襄公二十六年》）

杜預注：「惠牆，氏；伊戾，名。」伊戾爲宋國太子內師，內師即爲宦官，這個人物在《左傳》中只出現了一兩次，在其出現時稱以氏和名來區別身份。

> 冬十月，慶封田于萊，陳無宇從。丙辰，文子使召之。請曰：「無宇之母疾病，請歸。」慶季卜之，示之兆，曰：「死。」奉龜而泣。乃使歸。慶嗣聞之，曰：「禍將作矣！」謂子家：「速歸！禍作必於嘗，歸猶可及也。」（《左傳·襄公二十八年》）

杜預注：「季，慶封。」又注：「子家，慶封字。」文中慶氏即慶封之氏，封爲其名，季、子家爲慶封之字。齊國的慶封在《左傳》中是一個剛愎自用、無知而又貪得無厭的人，他與齊國崔杼先結盟，後又趁亂背信棄義滅掉崔氏家族，取得獨掌齊國內政的權力。在家族統治即將受到威脅時，仍不聽勸阻，即使逃亡到異國，仍然不思悔改，繼續斂財，後終爲楚靈王所殺。《左傳》對於這樣一個惡貫滿盈的人是持否定態度的，因此對慶封多達幾十次的稱謂中，多以氏＋名來稱呼，只有少數幾次稱字，表現了作者對慶封其人的貶斥之意。

《左傳》男性稱謂中字的構成有一種類型，即排行爲字。如《春秋·僖公十六年》：「三月壬申，公子季友卒。」杜預注：「稱字者，貴之。」可知，

季友是排行+名構成的稱名形式。公子友爲魯莊公的幼弟，按伯仲叔季的排行稱季，友爲其名。類似的稱謂還有魯公子牙，字叔牙；魯公子遂，字仲遂等等。以排行爲字的，如上文慶封字季，士會字季均爲排行作字之例。

《左傳》中除了氏+名（字）的稱謂類型之外，還有以封地或采邑名加人名（字）的稱謂構成方式，所以對於氏、封地還是采邑應該加以區分。如《左傳·文公十三年》：「十三年，春，晉侯使詹嘉處瑕，以守桃林之塞。」杜預注：「詹嘉，晉大夫，賜其瑕邑。」又《左傳·成公元年》：「元年，春，晉侯使瑕嘉平戎於王，單襄公如晉拜成。」這兩段引文中的詹嘉和瑕嘉實爲同一人，據杜預注可知，瑕本爲晉侯賜予詹嘉的采邑，故《左傳》中又稱其爲瑕嘉。

又如：

> 晉郤至與周爭鄇田，王命劉康公、單襄公訟諸晉。郤至曰：「溫，吾故也，故不敢失。」（《左傳·成公十一年》）

> 晉侯使郤至獻楚捷於周，與單襄公語，驟稱其伐。單子語諸大夫曰：「溫季其亡乎！位於七人之下，而求掩其上。怨之所聚，亂之本也。多怨而階亂，何以在位？」（《左傳·成公十六年》）

從這兩段引文中可見，郤至和溫季爲一人，溫爲郤至之故，即爲其原有的采邑，因此郤至又被稱爲溫季，季爲其字。類似的稱謂在《左傳》中非常多見。

氏和封地、采邑是有很大區別的，氏的產生要經過命氏的環節確認，他是人物身份地位的標識，而在人名中冠以封地和采邑之名，只是因爲此人在某一地曾經居住過，或某地爲此人所有。當然，也有以邑爲氏、以居住地爲氏的情況。

4. 國名+名（字）之類

以氏、名、字爲主體構成的稱謂類型最爲常見，另外還有一些人物稱謂是以國名+名（字）構成。如《左傳·桓公二年》：「二年，春，宋督攻孔氏，殺孔父而取其妻。公怒，督懼，遂弒殤公。」宋督即爲宋國之華父督，督爲其名。又如《左傳·莊公十二年》：「十二年，秋，宋萬弒閔公於蒙澤。遇仇牧於門，批而殺之。」宋萬即爲宋國之南宮長萬，南宮爲其氏，萬爲其名，長爲其字。此處也是以國名加人名來稱呼其人。

國名+字類，如：

鄭伯使許大夫百里奉許叔以居許東偏，曰：「天禍許國，鬼神實
不逞于許君，而假手于我寡人。……寡人之使吾子處此，不唯許國
之爲，亦聊以固吾圉也。」《左傳・隱公十一年》

據杜預注，許叔爲許莊公之弟，名鄭，叔是兄弟排序，爲其字。

5. 官職+名（字）之類

在人名前冠以官職是《左傳》敘事中男性稱謂的又一種類型。《左傳》中
所提及的各諸侯國的官職，即使掌管的事物相近，稱謂也都不盡相同；或是
稱謂相同，所掌管的事物又有所不同，因此官稱數量很多。《左傳》稱謂中人
名冠以官稱的情況，很多都是發生的事件與其人的官職有關。如：

卜偃曰：「畢萬之後必大。萬，盈數也；魏，大名也；以是始賞，
天啓之矣。天子曰兆民，諸侯曰萬民。今名之大，以從盈數，其必
有眾。」《左傳・閔公元年》

卜偃爲晉國執掌卜筮的大夫，他通過占卜認爲晉國人畢萬的後代一定能
夠昌盛、強大。卜偃其人據《國語・晉語四》[註114]，其氏本爲郭，即郭偃，
但在《左傳》中因其與占卜的事件有關，因此稱謂都冠以官職。又如《左傳・
莊公三十二年》：「神居莘六月。虢公使祝應、宗區、史嚚享焉。」祝、宗、
史都是主持祭祀的官員，在這次祭祀神的儀式上，他們是事件的主角，因此
在名前冠以官職名。

秋，吳人侵楚，伐夷，侵潛、六。楚沈尹戍帥師救潛，吳師還。
楚師遷潛於南岡而還。吳師圍弦。左司馬戍、右司馬稽帥師救弦，
及豫章。吳師還。始用子胥之謀也。(《左傳・昭公三十一年》)

這是一次吳國入侵楚國的戰爭，楚國弦地被圍，左司馬戍和右司馬稽率
領軍隊解救，迫使吳軍撤軍。左司馬和右司馬是楚國掌管軍隊的官員，在敘
述與之有關的戰事時，他們被冠以官職名。

《左傳》中有很多官職是世襲的，即幾代人都擔任同一官職，因此就有
了以官爲氏的情況。如《左傳・僖公二十八年》：「晉侯作三行以禦狄，荀林
父將中行，屠擊將右行，先蔑將左行。」又《左傳・襄公二十三年》：「中行
氏以伐秦之役怨欒氏，而固與范氏和親。知悼子少，而聽於中行氏。」中行
本是晉國軍隊的編制名稱，荀林父在擔任中行軍統帥之後，其後代即以中行

〔註114〕韋昭注：「郭偃，卜偃。」見《國語》，上海古籍出版社，1987，386。

爲氏，稱爲中行氏。《左傳‧昭公十五年》中有一段記載：

> 王曰：「叔氏，而忘諸乎？……且昔而高祖孫伯黶，司晉之典籍，
> 以爲大政，故曰籍氏。及辛有之二子董之晉，於是乎有董史。女，
> 司典之後也，何故忘之？」

這是《左傳》中人物談及的關於先祖以管理典籍爲官，後世即以官爲氏的例證。

（二）以謚、氏、名、字爲主的各種組合類型

《左傳》男性稱謂中以謚、氏、名、字組合而成的稱謂類型也很常見。謚是周代貴族們在死後被賜予的一種稱號。謚由天子、諸侯後來逐漸擴大到卿、大夫身上，因此《左傳》中所涉及的很多人物，包括女性在內，在其死後都有謚號。謚和名、字一樣，在春秋時期的人際交往中，在使用時是有差別的，《左傳》記述人物對話時，大致體現出這些差別。謚是在人死之後才被賜予的稱呼，因此《左傳》在敘述歷史事件時，如果某位人物當時還在世，而在其它人物對話中出現了該人物的謚號，這顯然是《左傳》作者的失誤，因爲對話雙方不可能知曉所談論的人物死後的謚號。而在敘事時，出現謚、氏、名、字互見的稱謂則可以理解，它反映了作者對歷史事件超然的態度，因爲所記敘的已經是以前的歷史事件，和敘述者沒有直接的關係。當然，歷史家對待歷史人物、事件並非完全漠然，毫無是非觀，作者在敘述歷史事件時多數是含有對該事件的評判的。

關於謚與謚法的起源及命謚的原則等問題已經在前面談過，這裏我們說的是《左傳》男性人物稱謂中帶謚的一些稱謂類型。

1. 諸侯帶謚的稱謂類型

謚最早是針對天子、諸侯所賜予的稱號，出於對他們身份地位的尊重，《左傳》中周天子和諸侯稱名帶謚的情況最爲多見。周天子如：周共王、周懿王、周孝王、周厲王等；諸侯如魯惠公、晉文公、齊桓公、衛莊公等。有時對諸侯的稱謂是去掉國名直接稱×公或單稱公，這是一種尊稱或是爵位。楚國諸侯帶謚的稱謂比較特殊，是在謚號後加「王」，如楚武王、楚莊王等，這可能是與楚國地處偏遠，自視獨尊的一種僭越行爲。

2. 卿、大夫稱謂帶謚的類型

（1）（氏＋）謚＋子之類型

《左傳》男性人物稱謂中謚後加「子」字的情況很多，如：

> 范獻子取貨于季孫，謂司城子梁與北宮貞子曰：「季孫未知其罪，而君伐之。請囚、請亡，於是乎不獲，君又弗克而自出也。……」
>
> （《左傳‧昭公二十七年》）

杜預注：「子梁，宋樂祁也。貞子，衛北宮喜。」北宮貞子，北宮為氏，名喜，謚為貞子。稱謚本身就有對提及人肯定、贊許的意思，在謚後加「子」字就更帶有恭敬的含義。

（2）（氏＋）謚＋長幼排序之類型

在謚後加上伯（孟）仲叔季等長幼排序的稱名類型，排行往往就是人物的字。如：

> 為高氏之難故，高豎以盧叛。十月庚寅，閭丘嬰率師圍盧。高豎曰：「苟使高氏有後，請致邑。」齊人立敬仲之曾孫酀，良敬仲也。
>
> （《左傳‧襄公二十九年》）

杜預注：「敬仲，高傒。」這裏的敬仲，敬為高傒的謚，仲為其字，傒為其名。

> 韓厥言於晉侯曰：「成季之勳，宣孟之忠，而無後，為善者其懼矣。三代之令王皆數百年保天之祿。夫豈無辟王？賴前哲以免也。《周書》曰：『不敢侮鰥寡。』所以明德也。」乃立武，而反其田焉。（《左傳‧成公八年》）

成季、宣孟分別指趙衰、趙盾二人，他們被晉人看作是朝廷的有功之臣、忠義之臣，成、宣分別為二人的謚，季、孟為二人的排行，也就是字。以謚稱之，體現了說話人對他們二人的尊重。

謚後加字的形式除長幼排序外，還有其它字，如：

> 宋人圍曹，鄭桓子思曰：『宋人有曹，鄭之患也，不可以不救。』
>
> 冬，鄭師救曹，侵宋。（《左傳‧哀公七年》）

杜預注：「桓，謚。」杜預在《左傳‧哀公六年》中還有關於子思的注釋：「子思，子產子國參也。」可見，子思為鄭國大夫子產的兒子，子思為其字，桓為其謚，鄭為其國名。

《左傳》中還有謚＋長幼排序（字）＋名的稱名類型，如穆伯敖、文伯穀、夷仲年等。還有以國名、地名、官名加謚，以及單稱謚的稱謂類型，這些類型的稱謂出現較少，但和其它帶謚稱謂一樣，史家在敘述歷史事件時，

對歷史人物使用諡號稱謂，一般是包含著肯定、尊重的意味的。〔註115〕

（三）帶公、伯、子等的稱謂類型

《左傳》男性人物稱謂中帶有「公」、「伯」、「子」的情況也很多見。公侯伯子男在稱謂各國諸侯時使用顯然是代表爵位，侯和男在《左傳》中出現都是表爵位，無其它含義，而公、伯、子的使用則還有不同的含義在裏面，有時需要仔細辨認才行。

《左傳》中無論大、小國的國君一般都稱公，而周王的卿士亦稱公，則有表示其身份尊貴的含義。如：

> 辛未，鞏簡公敗績于京。乙亥，甘平公亦敗焉。（《左傳·昭公二十二年》）

杜預注：「甘、鞏二公，周卿士。」甘為甘平公采邑。類似的還有召穆公、召戴公、王叔文公等，皆為周臣，地位尊貴。

縣尹、一邑之長也可稱公，因此有地名＋公的稱名類型：

> 秋，申公鬥班殺子元，鬥穀於菟為令尹，自毀其家以紓楚國之難。（《左傳·莊公三十年》）

楊伯峻注：「楚子自稱王，稱其縣尹為公。」〔註116〕申是楚國縣名。

「伯」除了代表爵位之外，還表示家族內兄弟排行中的老大，這些內容我們在前文（第四章第三節）已經談到，因此，在男性人物稱謂中出現伯或伯×，很多都是人物的字。除此之外，×伯的稱謂也有表示尊貴的身份之意：

> 十有四年春，齊人、陳人、曹人伐宋。夏，單伯會伐宋。（《春秋·莊公十四年》）

杜預注：「單伯，周大夫。」

> 冬十二月丙子朔，晉滅虢，虢公醜奔京師。師還，館于虞，遂襲虞，滅之，執虞公及其大夫井伯，以媵秦穆姬。（《左傳·僖公五年》）

大夫稱伯，表示其地位尊貴。類似的還有（氏＋）諡＋伯的類型，意義也是如此。

《左傳》男性人物，有相當數量的稱名中帶有「子」字，這些帶有「子」

〔註115〕見拙作，《左傳》人物稱謂中「諡」的社會意義〔J〕，古籍整理研究學刊，2009，（3）。

〔註116〕《春秋左傳注》〔M〕，北京：中華書局，1980，247。

字的稱名，都包涵著特有的意義。男性人物稱名帶有「子」字的，大體上可以分為：×子（如楚子、邾子、杞子等）和子×（如子封、子呂、子突等）兩種類型。

國名＋子的稱名方式，這種稱名方式在《左傳》中出現很多，有這種稱呼的人物，有的是帶有子爵的國家君主。如：

> 九月，邾子來朝，禮也。（《左傳·襄公元年》）

杜預注：「（邾子，）邾宣公。」按《左傳·隱公元年》：「公及邾儀父盟于蔑——邾子克也。」杜預注：「其後儀父服事齊桓，以獎王室，王命以為邾子。」孔穎達疏：「由事齊桓，乃得王命也。」由此可知「邾子」之「子」為爵名。

另有一種國名後加「子」的稱謂，則與上述情況不同，如：

> 九年春，宋桓公卒，未葬而襄公會諸侯，故曰「子」。凡在喪，
> 王曰「小童」，公侯曰「子」。（《左傳·僖公九年》）

宋襄公之稱「宋子」，是因其父剛亡故。楊伯峻注：「《春秋》之例，舊君死，新君立，當年稱子，踰年稱爵。」〔註117〕這樣的實例，楊注舉出很多。

《左傳》中，對中國以外的所謂夷狄之君和小國之君也統以「子」稱呼。如《僖公二十七年》：「杞桓公來朝，用夷禮，故曰子。」杞桓公朝魯公時用夷禮，被視為不恭，所以《春秋》稱之為「杞子」。

地名＋子的稱呼在《左傳》中也有相當多的數量。如：

> 晉郤至與周爭鄇田，王命劉康公、單襄公訟諸晉。郤至曰：「溫，
> 吾故也，故不敢失。」劉子、單子曰：「昔周克商，使諸侯撫封，蘇
> 忿生以溫為司寇，與檀伯達封于河。」（《左傳·成公十一年》）

此劉子、單子即是劉康公、單襄公的美稱。康公，據杜注：「即王季子也」，是周匡王或周定王之子。襄公，是周卿士單朝。劉、單分別是王季子康公和單朝襄公的食邑，而康、襄則為諡。

另有一種以諡號入名的「子」字稱名方式，即「國（氏）＋諡＋子」的稱名。如：

> 及陳之初亡也，陳桓子始大於齊。（《左傳·莊公二十二年》）

杜預注：「桓子，敬仲五世孫陳無宇。」

> 秋，季文子將聘於晉，使求遭喪之禮以行。（《左傳·文公六年》）

〔註117〕《春秋左傳注》〔M〕，北京：中華書局，1980，135。

杜預注：「季文子，（魯）季孫行父也。」

《左傳》人物中還有「子×」的稱名類型，其中有相當數量是指諸侯的諸公子。

> 十一月己亥，同盟于戲，鄭服也，將盟，鄭六卿公子騑、公子發、公子嘉、公孫輒、公孫薑、公孫舍之及其大夫門子皆從鄭伯」。

（《左傳·襄公九年》）

杜預對上述六卿分別注爲：「公子騑，即子駟。公子發，即子國。公子嘉，即子孔。公孫輒，即子耳。公孫薑，即子蟜。公孫舍之，即子展。」由此可知，上述子駟等人全是鄭公子，時任鄭國卿士。

另外，在「子×」的稱名前可以加上諡號。

> 宋人圍曹。鄭桓子思曰：「宋人有曹，鄭之患也。不可以不救。」

《左傳·哀公七年》

杜預注：「桓，諡。」像這種稱名，顯然是後人對前人的稱呼，人物在世時是不可能有這種稱名的。

稱「子×」爲其字的人，即是公子、公孫之輩，也就是周王、諸侯的宗親貴族，都是上層政權的主要參與者。可見，在人物稱名中，無論是「×子」還是「子×」，差不多都具有標誌其尊貴身份的作用。〔註118〕

《左傳》男性人物中還有許多以王子、太子、公子、公孫入名的情況，如：王子克、太子申生、公子友、公孫敖等。周王之子稱王子，諸侯之子稱公子，公子之子稱公孫，諸侯的君位繼承者稱太子，其嫡子稱世子，這些稱謂體現了人物的特殊身份。

二、女性名稱類型

（一）《左傳》女性人物的名和字

人皆有名，女性也應毫無例外的有名。但是由於周人認爲名是人很重要的組成部分，所以女子的名是不可輕易示於父母以外的外人的。所以在《左傳》等文獻中很少直書女子的名，《禮記·曲禮》稱「婦諱不出門」〔註119〕，女子多以字、諡等稱謂出現在文獻當中。

〔註118〕見拙作，左傳人物稱名中「子」字的解說〔J〕，古籍整理研究學刊，2008，（1）。

〔註119〕禮記正義〔M〕，十三經注疏本（影印本），北京：中華書局，1980，1251。

《左傳》中直書女子之名的有：

（晉）惠公之在梁也，梁伯妻之。梁嬴孕，過期。卜招父與其
子卜之。其子曰：「將生一男一女。」招曰：「然，男爲人臣，女爲
人妾。」故名男曰圉，女曰妾。(《左傳・僖公十七年》)

初，宋芮司徒生女子，赤而毛，棄諸堤下，共姬之妾取以入，
名之曰棄。長而美。平公入夕，共姬與之食。公見棄也，而視之，
尤。姬納諸御，嬖，生佐，惡而婉。(《左傳・襄公二十六年》)

冬，公如齊，齊侯請饗之。子家子曰：「朝夕立於其朝，又何饗
焉，其飲酒也。」乃飲酒，使宰獻，而請安。子仲之子曰重，爲齊
侯夫人，曰：「請使重見。」子家乃以君出。(《左傳・昭公二十七年》)

可知女子名和男子之名相同，都是以單字爲常。但是也有二字名者，如
孔丘的母親名「徵在」，即是二字名。

「二名不徧諱，夫子之母名徵在。言在不稱徵，言徵不稱在。」〔註120〕
(《禮記・檀弓下》)按照《禮記》的記載，所謂「二名」，是二字之名，爲了
避諱，二字之中只能舉稱一個字：「言在不稱徵，言徵不稱在。」按照周人的
習慣，女性在多數情況下是稱字的。但是《禮記》爲什麼非要稱孔母之名，
而不稱字呢？孔子的母親是本來就沒有字，還是有字而不舉稱，今天已經不
得而知了。

女人的名，也是在出生三月，由父親親自命名的，這個名字一直在家庭
內部使用到「許嫁而笄」，並且有了字之後，就不能隨便使用了。據《禮記・
曲禮上》記載：「男女非有行媒，不相知名。」〔註121〕成年男女之間通報姓名
是要通過中間媒人的，彼此之間不可直接通告。

《禮記・曲禮上》：「女子許嫁，笄而字。」〔註122〕這和男子的「冠而字」
的禮俗相同。另外，《禮記・喪大記》：「凡復，男子稱名，婦人稱字。」孔穎
達解釋說：「周則天子稱天子，諸侯稱某甫，且字矣。大夫、士稱名，而婦人
並稱字。」〔註123〕孔氏將一個一般性的規定，擴大到周天子和各個諸侯。在
呼叫已病危的人時，若是天子就直呼天子，諸侯就直呼某甫，大夫、士直呼

〔註120〕同上。
〔註121〕禮記正義〔M〕，十三經注疏本（影印本），北京：中華書局，1980，1241。
〔註122〕同上。
〔註123〕同上，1572。

其名，婦女就直呼其字。從中可知，女子除名以外，確實有字。

按照《禮記‧喪服小記》的記載，婦人的字就是「婦人書姓與伯仲」。〔註124〕按照這種理解，婦人的字是由兩部分構成：父家之姓和伯仲排序。事實到底是什麼樣呢？

王國維是首先對此做出回答的人，他在《女字說》中說：

> 余讀彝銘文字而得周之女字十有七焉，……，此皆女子自作器或為他人作器，而自稱曰某母者也。余謂此皆女字，女子之字曰『某母』，猶男子之字曰『某父』……男子字曰『某父』，女子曰『某母』，蓋男子之美稱莫過於父，女子之美稱莫過於母，男女既冠笄，有為父母之道，故以某父、某母字之也。」〔註125〕

據此，可以結論為：女子有字；女子之字為某母，簡稱某。但是王國維所示證據皆出自彝器銘文，在《左傳》中尚未見。這可能是因為春秋時期，女性的字已經簡化，或是省稱。

但是我們在談男性的字時曾說，放寬尺度講，過去把伯（孟）、仲、叔、季諸排序，可視作「字」。對女子而言也可以用同一尺度看待。據此，《左傳》中之「惠公元妃孟子」，「宋武公生仲子」，「紀季姜歸於京師」，「公會杞伯姬於洮」等之孟、仲、季、伯分別為孟子、仲子、季姜、伯姬的字。孔穎達在《左傳正義》中說「孟仲叔季，兄弟姊妹長幼之別字也。」〔註126〕又說「孟子」為「子為宋姓，婦人以字陪姓，故稱孟子。」在周代鍾鼎彝器之外的其它文獻中，女字只以這種方式出現。

「嫡長稱伯，庶長稱孟」的原則同樣適用於女子的排序之間。但是見於周代文獻中的「孟」要比「伯」多很多。其原因可能和周代的媵婚制有關。周代諸侯嫁女，需由二國往媵。由於媵妾之女並不是正妻，不可為正室夫人，地位相對低下，所以往媵之國不肯將嫡女，特別是嫡長女隨嫁。為了與所嫁嫡長女相應，常以庶長女相媵，於是出現了「孟」多「伯」少的情況。另外，正室夫人只有一名，而旁庶眾多，所生子女人數自然眾寡懸殊，這也是「伯」少「孟」多的重要原因。

楊樹達以為「古文母、女二字本通用」、「古人於女子不但以母為其字，

〔註124〕禮記正義〔M〕，十三經注疏本（影印本），北京：中華書局，1980，1499。
〔註125〕王國維撰，觀堂集林〔M〕，北京：中華書局，1959，163～165。
〔註126〕春秋左傳正義〔M〕，十三經注疏本（影印本），北京：中華書局，1980，1712。

亦以女爲其字」〔註127〕。所以女子之字除「某母」形式之外，尚有「某女」形式。這在金文中都有例證，但在《左傳》中未見。

按照楊寬先生的說法，女性的字通常是不可以用全稱的：有省去伯、仲等行輩稱呼的；有的省去「×母」中的「母」字；有的省去伯、仲和姓，連同官名稱呼的；也有省去伯、仲和姓，而單稱「某母」或「某女」的。還有省去「某母」或「某女」，單用伯、仲和姓連稱的，這種省稱在彝器銘文中最爲常見。〔註128〕而《左傳》中常見的女字，正是這種省稱，如孟姬、季姒等。

（二）女子笄而字

男子的字是在冠禮上產生的，女子的字則和笄禮有關。

笄禮是古代女子的成人禮，它相當於男子的冠禮。《儀禮・士昏禮》：「女子許嫁，笄而醴之稱字。」鄭玄注云：「許嫁，已受納徵禮也。笄女之禮，猶冠男也。」〔註129〕這個典禮是「使主婦女賓執其禮。」〔註130〕女子什麼時候行笄禮呢？《禮記・內則》：「十有五年而笄。」鄭玄注：「謂應年許嫁者，女子許嫁，笄而字之。未許嫁，二十則笄。」〔註131〕所以女子行笄禮有兩個不同的年齡，十五歲當年即已許嫁，就要行笄禮，並行命字。如果雖年當十五，但沒有許嫁，直至二十歲，也要行笄禮。十五歲至十九歲之間的笄禮，表示女子已許嫁，而許嫁的標準是「已受納徵」。二十歲的笄禮是純粹的成人禮，它只表示女子已成年，和是否許嫁的婚姻狀況無關。《禮記・雜記下》：「女雖未許嫁，年二十而笄。禮之，婦人執其禮。」鄭注云：「雖未許嫁，年二十亦爲成人矣。禮之，酌以成之。言婦人執其禮，明非許嫁之笄。」〔註132〕兩類笄禮，無論哪一種，都伴有命字程序，即笄禮後，婦人也始有字。而笄禮的主持人是「女賓」。

笄禮上，執禮之人有一套祝頌之辭和叮囑告誡的話語。《禮記・冠義》說：「禮義之始，在於正容體，齊顏色，順辭令。容體正，顏色齊，辭令順，而後禮義備。以正君臣，親父子，和長幼。君臣正，父子親，長幼和，而後禮

〔註127〕楊樹達著，積微居金文餘說〔M〕，北京：科學出版社，1959，196。
〔註128〕參見楊寬著，古史辨〔M〕，北京：中華書局，1979，244。
〔註129〕儀禮注疏〔M〕，十三經注疏本（影印本），北京：中華書局，1980，970。
〔註130〕同上。
〔註131〕禮記正義〔M〕，十三經注疏本（影印本），北京：中華書局，1980，1471。
〔註132〕同上，1569。

義正。故冠而後服備，服備而後容體正、顏色齊、辭令順。故曰：冠者，禮之始也。」〔註133〕這是男子冠禮上的說辭。《禮記・昏義》說：「婦順者，順於舅姑，和於室人，而後當於夫，以成絲麻布帛之事，以審守委積蓋藏。是故婦順備，而後內和理。內和理，而後家可長久也。故聖王重之，是以古者婦人先嫁三月，祖廟未毀，教之公宮，祖廟既毀，教於宗室。教以婦德、婦言、婦容、婦功。教成祭之，牲用魚，芼之以蘋藻，所以成婦順也。」〔註134〕這和《孟子・滕文公下》所說的「丈夫之冠也，父命之，女子之嫁也，母命之。往送之門，戒之曰：往至女家，必敬必戒，無違夫子，以順爲正者，妾婦之道也」〔註135〕是完全一致的。

總之，在笄禮上對女子行完囑託、勸誡之後，即表示該女子已經成年，在名之外，還要另加字，名、字俱全，就可以在家庭內外都有稱謂了。

（三）女性名、字的社會功能

女子的名和男子名的功用差不多，「父前子名」，因女性不參與政事，「君前臣名」的機會少之又少。但總的原則仍然是在尊貴者、年長者面前，要自稱名，在師長、兄長面前也要稱名。在彝器銘文中也有自稱字的。這可能是因爲對外人而言，女名不易外露，故以字代之。《左傳》這類史書中，就是在敘述史實時，也極少直書女子其名。這原因就在於在男性中心的周代社會，女子是男人的配角，她們的活動多限於家庭內部。一個未出嫁的少女，更是沒有社會活動，所以她們的名字更是不爲外人所知，也不會讓外人知曉。正因爲如此，《儀禮・士昏禮》才規定到女子家要「賓執雁，請問名」。〔註136〕可知女孩子的名，不能隨便告訴外人，就是到婚嫁時在媒人面前，也得通過一定的儀式，才可得知。女子在未嫁之前，名是不可走出家門的。只有在談婚論嫁時，才可「書歲、月、日名焉」。〔註137〕但是，即使可以將「歲、月、日名」書於許嫁之家，也不等於從此就可以通行於社會。女性自有一套可以通行於社會的稱謂，我們名之爲「官名」。

〔註133〕禮記正義〔M〕，十三經注疏本（影印本），北京：中華書局，1980，1679。

〔註134〕同上，1681。

〔註135〕〔漢〕趙岐注，〔宋〕孫奭疏，孟子注疏〔M〕，十三經注疏本（影印本），北京：中華書局，1980，2710。

〔註136〕儀禮注疏〔M〕，十三經注疏本（影印本），北京：中華書局，1980，962。

〔註137〕〔漢〕鄭玄注，〔唐〕賈公彥疏，周禮注疏〔M〕，十三經注疏本（影印本），北京：中華書局，1980，732。

（四）女性人物的諡號

周代女性的諡號是個有爭議的話題。班固以爲「無爵故無諡。」〔註138〕所以「公妾及太子夫人俱無諡。」〔註139〕《通典》引《五經通義》：「婦人以隨從爲義，夫貴於朝，妻榮於室，故得蒙夫之諡。」〔註140〕《春秋‧隱公元年》：「天王使宰咺來歸惠公仲子之賵。」杜預注云：「仲子者，桓公之母。女人無諡，故以字配姓。」孔穎達《正義》云：「男子之有諡者，人君則配王配公，大夫或配子配字，皆不以字配姓。婦人於法無諡，故以字配姓，言其正法然也。《釋例》曰：『婦人無外行，於禮當繫夫之諡，以明所屬』，是言婦人不合諡也。繫夫諡者夫人而已，眾妾不合繫夫，正當以字配姓也。」〔註141〕又《左傳‧隱公元年》「孟子卒。」杜預注云：「無諡，先夫死，不得從夫諡。」孔穎達《正義》云：「魯之夫人皆稱薨，舉諡。此獨無諡，公卒，故特解之。定十五『姒氏卒』，《傳》曰：『不成喪』，則知此不稱薨，亦不成喪也。案《傳》例，不赴則不稱薨，然則此云不成喪者，正謂不赴於諸侯也。《周禮‧小史》：『卿大夫之喪，賜諡，讀誄』。『止賜卿大夫，不賜婦人，則婦人法不當諡，故號當繫夫。』《釋例》曰：『諡者興於周之始王變質從文，於是有諱焉。』《傳》曰：『周人以諱事神，名終將諱之，故易之以諡。』末世滋漫，降及匹夫，爰暨婦人。婦人無外行，於禮當繫父之諡，以明所屬。《詩》稱莊姜、宣姜即其義也。是言婦人於法無諡，故取其夫諡冠於姓之上。生以夫國冠之，韓姞、秦姬是也。死以夫諡冠之，莊妻、定姒是也。直見此人是某公之妻，故從夫諡，此諡非婦人之行也。夫諡已定，妻即從而稱之。先夫而死則夫未有諡，或隨宜稱字，故云無諡，言婦人法無諡也。」〔註142〕《春秋‧隱公五年》：「九月，考仲子之宮，初獻六羽。」杜預注：「成仲子宮，安其主而祭之。惠公以仲子手文娶之，欲以爲夫人。諸侯無二嫡，蓋隱公成父之志，爲別立宮也。公問羽數，故書羽。婦人無諡，因姓以名宮。」孔穎達進一步解釋說：「婦人法不當諡，仲子無諡，故因姓以名宮也。」〔註143〕

〔註138〕白虎通〔M〕，叢書集成本，上海：商務印書館，民國 25 年，32。

〔註139〕同上。

〔註140〕〔唐〕杜佑撰，通典〔M〕，萬有文庫本，上海：商務印書館，民國 27 年，549。

〔註141〕春秋左傳正義〔M〕，十三經注疏本（影印本），北京：中華書局，1980，1714。

〔註142〕同上，1712。

〔註143〕同上，1726。

　　按照杜預、孔穎達的觀點，婦人本來無諡，如《左傳·隱公三年》之衛莊公「又娶于陳，曰厲嬀，生孝伯，早死。其娣戴嬀生桓公」中之厲嬀、戴嬀都是「非婦人之行」，因爲「厲」、「戴」都是諡，是違反了周制。實際情況並非如此：魯桓公婦人諡文姜、魯宣公夫人諡穆姜、魯莊公夫人諡哀姜、魯僖公夫人諡聲姜、齊靈公夫人諡顏懿姬、衛襄公夫人諡宣姜、衛靈公夫人諡釐夫人、晉襄公夫人諡穆嬴等。如此眾多的夫人都有諡，不可能都是「非婦人之行」，只能說明這些夫人有諡是當時的常態。由此可知，以爲「婦人無諡」是沒有根據的。這麼多夫人都有諡，就是「非婦人之行」，就是違背周制，那麼不爲人們遵守的周代禮制也就失去了存在的價值，而爲眾人所行的規則也就成爲新制度。

　　不但諸侯的夫人有諡，滕妾也可以有諡，如魯成公妃嬴氏諡敬嬴，莊公妃嬀氏諡戴嬀、衛定公妃姒氏諡敬姒等。卿大夫的夫人也有諡，如公孫敖妻己氏諡戴己、聲己，公甫靖妻姜氏諡敬姜等。

　　《春秋》中無論男性人物，還是女性人物，直書其諡者，較《左傳》中要少很多，所書諡號多出現在人物亡故之後的葬禮記事中。就女性人物的諡號言，如：

　　　　夏，四月癸亥，葬我小君聲姜（魯僖公夫人）。（《春秋·文公十七年》）

　　　　夏，四月癸亥，葬聲姜。（《左傳·文公十七年》）

　　　　冬，十月己丑，葬我小君敬嬴（魯文公夫人）。（《春秋·宣公八年》）

　　　　冬，葬敬嬴。（《左傳·宣公八年》）

　　　　己丑，葬我小君齊姜（魯成公夫人）。（《春秋·襄公二年》）

　　　　夏，齊姜薨。（《左傳·襄公二年》）

　　對齊姜，杜預特別注釋說：「齊，諡也。」因爲齊是姜姓國，女子在姓前可以冠丈夫所在國名，卻不能冠父母所在國名。《春秋》是記錄史實較爲嚴謹的史書，在《春秋》記載中，出現女人逝後的諡號，應該可以證明在周代，女子死後是可以有自己的諡的。《春秋》中對女性人物諡號的記錄中我們還看到了這樣的信息：諡號確如王國維所說，是人死後的美稱〔註144〕。《春秋》作

────────────

〔註144〕王國維撰，觀堂集林（影印本）〔M〕，北京：中華書局，1984，895。

為歷史著述，他確是魯國的歷史綱要。《春秋》對魯國以外的他國夫人亡故，均以「卒」字表述，不稱諡。而對魯國夫人亡故則稱諡，正說明了上述兩點。

《左傳》女性人物可以有自己的諡號，也可以加上丈夫的諡號，這是女性人物稱謂的又一特點。如：

> 衛莊公娶於齊東宮得臣之妹，曰莊姜，美而無子。(《左傳·隱公三年》)

「莊姜」取衛莊公諡。

> 冬，十二月丙子朔，晉滅虢，虢公醜奔京師。師還，館於虞，遂襲虞，執虞公及其大夫井伯，以媵秦穆姬。(《左傳·僖公五年》)

杜預注：「秦穆姬，晉獻公女。」為秦穆公夫人，取穆公諡。

> 衛宣公烝於夷姜，生急子……為之娶於齊而美，公取之，生壽及朔……宣姜與公子朔構急子。(《左傳·桓公十六年》)

杜預注：「宣姜，宣公所取急子之妻。」衛宣公妻取宣公諡。

> 秦伯納女五人，懷嬴與焉。(《左傳·僖公二十三年》)

杜預注：「懷嬴，子圉妻，子圉諡懷公，故號為懷嬴。」懷嬴曾為晉懷公妻子，取懷公諡。

當然，女子稱夫諡，表明該女的丈夫已經逝去，否則哪有諡？《左傳·隱公五年》：「天王使宰咺來歸惠公仲子之賵」。孔疏：「景王未崩，妻稱穆后」。孔穎達認為女子稱自己的諡號是因為先於丈夫而死，如周景王的王后稱穆后就是。〔註145〕但是我們前面所舉《春秋》的三個例證都明白無誤地證明，這種看法是站不住腳的，魯僖公夫人聲姜是在文公十六年八月逝去的，是在僖公死後十六年才去世，在正史上仍然稱聲姜的諡號。魯定公夫人敬嬴是在定公死後八年才去世的，仍稱敬嬴的諡號。魯成公夫人齊姜也是在丈夫死去兩年後才去世。以丈夫是否在世來區別婦人是稱己諡還是稱夫諡，是沒有根據的。《左傳》女性人物稱謂中有的稱夫諡，有的稱己諡，其原因還需進一步的研究。

我們所探討的女性人物的諡，局限於貴族婦女之中，換句話來說，不是所有周代婦女都有諡。賈公彥在給《儀禮·士冠禮》：「死而諡，今也。古者生無爵，死無諡」經文疏解時說：「周士有爵。雖有爵，死猶不諡。卿大夫以上則有諡也。」〔註146〕由此可知周代士雖有爵也不能在死後舉諡，因為士沒

〔註145〕春秋左傳正義〔M〕，十三經注疏本（影印本），北京：中華書局，1980，1717。
〔註146〕儀禮注疏〔M〕，十三經注疏本（影印本），北京：中華書局，1980，959。

有公職，其地位較爲低下，只有卿大夫職位以上的人有爵方可有諡。至此我們可以推知：有爵者未必有諡，只有卿大夫職位以上的人才可有諡；沒有爵位的肯定在死後沒有諡。就婦人的諡號言，丈夫沒有爵位的，肯定在死後不能取得諡號，這應該是周代婦女的絕大多數。雖有爵位，但沒有公職，地位相對低下的士的妻子，也不會有諡。那些不見經、傳的眾多婦女，就更不可能有諡了。「掩惡揚善」不適用於士、庶人等的妻子、婦人。

貴族婦女的諡由誰命賜，沒有文獻記載。諡作爲「行之跡」，婦人又不參與政事，她們的所作所爲少爲外人知曉，所以婦人諡號的產生就是個難題，《白虎通》云：「后、夫人於何所諡之？以爲於朝廷，朝廷裏所以治政之處，臣子共審諡，白之於君，然後加之。」〔註147〕《通典》作「后夫人諡，臣子共於廟定之。」〔註148〕這些婦人只是婦女中的極少數，后夫人以外的婦女諡號需由什麼途徑、方式產生，還不得而知。

（五）女性官名類型

在周代，女性人物是有名、有字、有諡的。由於名諱的原因，在公開場合女性的幼名很少出現，所以在文獻中很少能夠見到。前文中曾舉二人爲例，此二人中，一個是宋平公的妾，名棄，一個是齊景公的夫人，名重。這種情況，文獻中極少見。女性人物的字，在《左傳》中未見，但王國維根據彝器銘文，斷定周代女子有字。女性諡號見於文獻者頗多，這裏不予徵引。這裏所談的是女性人物所特有的稱謂。這種稱謂不是「名」，也不是「字」。我們姑且將它稱之爲「官名」，即在公共場合下使用的稱呼符號。

這種稱謂符號特點之一，就是必帶有娘家（父）的姓，這是女性「官名」區別於男性稱謂最大之處。按其稱謂的構成大致可以分爲下列幾類：

1. 長幼排序十姓

關於長幼排序，春秋時期有如下規則：第一，「男女異長」〔註149〕，即家中的男人、女人各自單獨排序，男、女不混合在一起排序。第二，「嫡長稱伯，庶長稱孟」〔註150〕。即在女性排序中按其嫡、庶身份，其年長者分別以伯、孟相區別。

〔註147〕白虎通〔M〕，叢書集成本，上海：商務印書館，民國25年，34。
〔註148〕通典（萬有文庫本）〔M〕，上海：商務印書館，民國27年，549。
〔註149〕禮記正義〔M〕，十三經注疏本（影印本），北京：中華書局，1980，1241。
〔註150〕同上。

初，公築臺，臨黨氏，見孟任，從之。閟。而以夫人言，許之，

割臂盟公。(《左傳·莊公三十二年》)

杜預注：「黨氏，魯大夫。」「孟任，黨氏女。」孟為排序。任，黨氏姓。

狄人伐廧咎如，獲其二女叔隗、季隗，納諸公子。公子取季隗，

生伯儵、叔劉，以叔隗妻趙衰，生盾。(《左傳·僖公二十三年》)

杜預注：「廧咎如，赤狄之別種也，隗姓」。

子叔姬妃齊昭公，生舍。叔姬無寵，舍無威。(《左傳·文公十

四年》)

在女子稱謂前加「子」，杜預在《春秋·文公十二年》注釋中說：「即嫁
成人」，〔註151〕即以「子」加在稱謂前以表該女子已經出嫁。這是表示齊昭公
之妻為魯國的女子，排序為「叔」。昭公死後，因接繼君位的矛盾，其子舍被
其叔父所殺，叔姬也在要求回到魯國的過程中被禁閉。

但是並不是所有的出嫁後的女子都在其稱謂前加「子」。前文所舉例文中，
叔隗、季隗都明確為趙衰、重耳之妻，並育有趙盾、伯儵等子息，文獻中卻未
見在叔隗、季隗前加「子」的情況，所以在名稱前加「子」以示出嫁的情況屬
於個案，並非通例。只有在特別標示其為已嫁女子，並在行文中沒有交待的情
況下，才用此特殊稱謂法。這在《左傳》女性稱謂實例中，隨處可見：

(魯)惠公元妃孟子。孟子卒，繼室以聲子，生隱公。(《左傳·

隱公元年》)

仲子生而有文在其手，曰為魯夫人，故仲子歸於我，生桓公而

惠公薨。(《左傳·隱公元年》)

這是《左傳》開卷起始的一段傳文，孟子、聲子、仲子均為魯惠公的妻
子。除聲子為諡綴以姓外，都是長幼排序後綴以姓，卻沒有在其稱謂之前加
「子」字。

2. 出生國名＋姓

出生國名亦即父母所在國名，這種稱謂有強調其所自出的意思。

初，祭封人仲足有寵於莊公，莊公使為卿。為公娶鄧曼，生昭

公。故祭仲立之。(《左傳·桓公十一年》)

杜預注：「曼，鄧姓。」鄧，為曼姓國。

〔註151〕春秋左傳正義〔M〕，十三經注疏本（影印本），北京：中華書局，1980，1851。

晉獻公娶於賈，無子。烝於齊姜，生秦穆夫人及大子申生。（《左傳·莊公二十八年》）

杜預注：「齊姜，（晉）武公妾。」齊姜，是齊國的女子，齊國爲姜姓。齊姜是晉獻公的庶母，杜預以爲「上淫曰烝」，所以《左傳》用「烝」表示他們的關係。

齊侯好內，多內寵，內嬖如夫人者六人，長衛姬生武孟，少衛姬生惠公，鄭姬生孝公。（《左傳·僖公十七年》）

衛姬分長、少。從年齡序列上區分二衛姬。這是「出生國十姓」稱名的一種變化。

（齊侯內寵）宋華子生公子雍，公與管仲屬孝公於宋襄公，以爲大子。（《左傳·僖公十七年》）

杜預注：「宋華子，華氏之女，子姓。」這種稱謂是在出生國和姓之間加入氏稱。

3. 丈夫所在國名＋姓

這種稱謂有強調其已經嫁給某國君爲妻子的意思。如：「芮伯萬之母芮姜惡芮伯之多寵人也，故逐之，出居於魏。」（《左傳·桓公三年》）據《詩·大雅·桑柔》序：「《桑柔》，芮伯刺厲王也。」鄭氏注：「芮伯，畿內諸侯，王卿士也。」〔註152〕可知，芮在周初就是諸侯國。另據酈道元《水經·河水注》引《竹書紀年》：「晉武公七年，芮伯萬之母芮姜逐萬，萬出奔魏。」〔註153〕此「芮伯」即指萬，其母芮姜即是在丈夫所在國名後綴以父姓。

又如：《左傳·莊公十一年》：「蔡哀侯娶於陳，息侯亦娶焉。息媯將歸，過蔡。蔡侯曰：『吾姨也。』」《隱公十一年》中有「息侯伐鄭」一句，杜預注：「息國，汝南新息縣」。可知，息爲國名，媯，陳之姓。

這種稱謂構成也有變化的形式：

冬，杞伯姬來，歸寧也。凡諸侯之女，歸寧曰來，出曰來歸。（《左傳·莊公二十七年》）

杜預注：「伯姬，莊公女。」這是指魯莊公長女嫁於杞侯（杞成公）爲妻者。是在丈夫所在國和父姓之間加入長幼排序。

鄫季姬來寧，公怒，止之，以鄫子之不朝也。夏，遇於防而使

〔註152〕毛詩正義〔M〕，十三經注疏本（影印本），北京：中華書局，1980，558。
〔註153〕〔北魏〕酈道元撰，水經注〔M〕，上海：商務印書館，民國24年，65。

來朝。(《左傳·僖公十四年》)

季姬，魯僖公的女兒，鄫侯的妻子。這也是在丈夫所在國和父姓之間加入長幼排序。

4. 丈夫諡＋姓

丈夫死後取得諡號，也可以成為婦女的稱謂組成成分：

> 初，鄭武公娶於申，曰武姜，生莊公及共叔段。(《左傳·隱公元年》)

「武姜」之「武」，取之「武公」之「武」的諡號。申，姜姓國。

> 衛莊公娶於齊東宮得臣之妹，曰莊姜，美而無子，衛人所為賦《碩人》也。(《左傳·隱公三年》)

「莊姜」之「莊」，取之「衛莊公」之「莊」。杜預注：「得臣，齊太子也。太子不敢居上位，故常處東宮。」

有時在丈夫諡號前，又加丈夫所在國名，成為該稱謂的變化形式：

> (秦) 師還，館於虞，遂襲虞，滅之。執虞公及其大夫井伯，以媵秦穆姬。而修虞祀。(《左傳·僖公五年》)

杜預注：「秦穆姬，晉獻公女。」嫁給秦穆公為妻。此稱又作「穆姬」：「穆姬聞晉侯將至，以大子罃、弘與女簡璧登臺而履薪焉。」(《左傳·僖公十五年》)

二者本為同一人。

5. 丈夫的氏＋姓

男人的「氏」從宗法制的角度看，和「姓」一樣，同樣表示一個人的地位。所以有時女人的官方稱謂，有的就有丈夫的「氏」在其中：

> 文公妻趙衰，生原同、屏括、樓嬰，趙姬請逆盾與其母，子餘辭。(《左傳·僖公二十四年》)

趙姬是晉文公女，嫁給趙衰後稱趙姬，趙是衰的氏。

> 祭仲專，鄭伯患之，使其婿雍糾殺之。將享諸郊，雍姬知之。(《左傳·桓公十五年》)

雍姬是鄭大夫祭仲之女，雍糾是其丈夫。

6. 父親的氏＋姓

> 宋雍氏女於鄭莊公，曰雍姞，生厲公。雍氏宗，有寵於宋莊公，

故誘祭仲而執之。(《左傳‧桓公十一年》)

雍氏,姞姓。宋雍氏爲宋大夫,很得宋公的信任。

有的在氏之前還加上父親所在的國名:

> (齊桓公內嬖如夫人者)宋華子,生公子雍。公與管仲屬孝公於宋襄公,以爲大子。(《左傳‧僖公十七年》)

杜預注:宋華子爲「華氏之女,子姓。」

7. 女子自己的諡號+姓

女人亡故之後的諡號也可以是其官稱的組成部分:

> (衛莊公)又娶於陳,曰厲媯,生孝伯,早死。其娣戴媯生桓公,莊姜以爲己子。(《左傳‧隱公三年》)

杜預注:「媯,陳姓也。厲、戴皆諡。」

> 公將有行,遂與姜氏如齊……公會齊侯於濼,遂及文姜如齊。(《左傳‧桓公十八年》)

文姜是魯桓公夫人,諡號爲「文」。這次回齊之行害死了她的丈夫魯桓公,卻有美諡曰「文」。

上述女性都是諸侯、卿大夫的子女。如果是周王的女兒,其稱謂又有新的結構形式:

> 秋,築王姬之館于外。(《左傳‧莊公元年》)

杜預注:「王姬不稱字,以王爲尊,且別於內女也。」

周王之女多以「王姬」稱之。而如果周王之女亡故,也可以有諡號,這時也可以將諡號入稱:

> 冬,齊侯來逆共姬。(《左傳‧莊公十一年》)

清代高士奇《左傳紀事本末》:「魯主王姬之嫁舊矣,故桓公之娶王姬,亦逆於魯,蓋魯爲王室懿親也。」〔註154〕《春秋》對此事記爲「冬,王姬歸於齊。」可知,共姬即此王姬。

8. 特殊原因+姓

少數女性的「官方稱謂」超出上面所列的各種形式,而是以較爲特殊的形式構成:

> 夫人姜氏歸於齊,大歸也。將行,哭而過市,曰:「天乎!仲爲

〔註154〕〔清〕高士奇著,左傳紀事本末〔M〕,北京:中華書局,1979,2。

不道，殺嫡立庶。」市人皆哭，魯人謂之哀姜。(《左傳‧文公十八年》)

魯文公死後，夫人姜氏的兒子非但沒能接繼君位，反而被季氏殺害，她也只好大歸齊國，「哭而過市」，所以稱「哀姜」。《史記‧魯世家》之司馬貞《索隱》說：「此哀非諡，蓋以哭而過市，國人哀之，謂之哀姜。」〔註155〕

同爲一人因丈夫死去，孩子被殺，自己只能回到母國而「大歸」，所以又稱出姜：

> 逆婦姜於齊，卿不行，非禮也。君子是以知出姜之不允於魯也。
> (《左傳‧文公四年》)

出，同「黜」，即被廢黜，被拋棄，就是大歸。「出姜」也好，「哀姜」也好，都因特殊原因而得名。

女性人物還有一個較爲籠統的稱謂，即「×氏」的形式，其中「×」常指婦女的父親之姓，如：「鄭公子忽如陳逆婦嬀。辛亥，以嬀氏歸」(《左傳‧隱公八年》)。陳爲嬀姓，陳國的子女稱嬀氏。又如：

> 丙子晨，鄭文夫人芊氏、姜氏勞楚子於柯澤。楚子使師縉示之俘馘。(《左傳‧僖公二十二年》)

杜預注：「鄭文公夫人芊氏，楚女；姜氏，齊女也。柯澤，鄭地。」

有的則是「丈夫的諡+夫人」：

> 公子鮑美而艷，襄夫人欲通之，而不可，乃助之施。(《左傳‧文公十六年》)

> 宋襄夫人，襄王之姊也。(《左傳‧文公八年》)

> 楚令尹子上侵陳、蔡……將納公子瑕，門於桔柣之門。瑕覆于周氏之汪，外僕髡屯禽之以獻。文夫人斂而葬之鄶城之下。(《左傳‧僖公三十三年》)

文夫人，杜預以爲「鄭文夫人也。」據《宣公三年》：「文公……又娶於蘇，生子瑕、子俞彌。」文夫人很可能即公子瑕的母親，所以才將瑕「斂而葬之」。

> 逆婦姜於齊，卿不行，非禮也。君子是以知出姜之不允於魯也。
> (《左傳‧文公四年》)

〔註155〕史記（點校本）〔M〕，北京：中華書局，1959，1536。

婦姜，即姜姓女。

元年，春，王正月，公子遂如齊逆女，尊君命也。三月，遂以
夫人婦姜至自齊。（《左傳·宣公元年》）

周王的妻姜，以「王」字與其母家姓連綴，如：

初，王姚嬖於莊王，生子頹。（《左傳·莊公十九年》）

這是姚姓女嫁給周莊王。

女性人物稱謂構成簡單，所以造成稱謂的重複，即同一稱謂，卻指稱不
同的人；也可以造成同一個人不同時期有幾個不同的稱謂。前者如鄭文公夫
人，公子瑕的母親稱「文夫人」，楚文王的夫人息嬀也稱「文夫人」（《莊公二
十八年》：「楚令尹子元欲蠱文夫人。」）又如同一「宣姜」之稱，既可指衛宣
公夫人（《閔公二年》：「齊人使昭伯烝於宣姜，不可，強之。」），也指稱衛襄
公夫人（《昭公二十年》：「公子朝通於襄夫人宣姜，懼而欲以作亂。」），二人
相距一百多年。同一「陳嬀」之稱，既可指周惠王夫人惠后（《莊公十八年》：
「陳嬀歸於京師，實惠后。」），又可指稱鄭子儀之妻（《宣公三年》：「文公報
鄭子之妃曰陳嬀。」）。一人多稱，如齊桓公內嬖中之長衛姬，又稱衛共姬。
齊昭公妻子魯女子叔姬，又稱昭姬。魯文公妻子，齊女出姜，又稱哀姜。這
些人的不同稱謂並沒有改變她們作爲某人妻子的事實狀況。有的人改變稱謂
是因爲她們已經改嫁，如秦穆公女兒嫁給晉懷公時稱懷嬴，改嫁給晉文公重
耳後又改稱辰嬴。從嚴格意義上講，這並不屬一人同時有多稱的情況。

每個人有兩個或兩個以上的「官名」稱謂，其使用並無明顯的差別規律。
以帶有「謚」的稱謂爲例，「謚」是死後才有的，帶「謚」的稱謂一定是人物
本人或丈夫死後才可能有的。但是《左傳》是歷史傳記，它所記的人或事，
不是筆者當時、當世發生的人物事件，而是歷史事件。筆者在記述歷史事件
時，也可能選用帶「謚」的稱謂來指稱事件發生時還健在的人物：《僖公十七
年》傳記齊桓公內嬖長衛姬，生武孟。爲了讓武孟立爲繼承君位的太子，長
衛姬通過和齊桓公關係密切的雍巫和寺人貂以給桓公奉獻美饌的機會，替武
孟說好話；桓公在美味的公關之下，竟答應改立武孟爲太子，對此，《左傳》
是這樣敘述的：

公與管仲屬孝公於宋襄公，以爲大子（因孝公其母宋華子爲宋
女）。雍巫有寵於衛共姬，因寺人貂以薦羞於公，公許之立武孟。（《左
傳·僖公十七年》）

雍巫和寺人貂遊說齊桓公是衛共姬的公關內容，衛共姬一定是在幕後靜等佳音的，可是《左傳》卻用了「衛共姬」這帶有謚號的稱謂。又如：

> 秋，聲姜以公故，會齊侯于卞。九月公至。(《左傳·僖公十七年》)

魯僖公夫人和齊桓公在卞地會面，說明她當時健在，《左傳》卻用「聲姜」這一帶「謚」的稱謂。由此可以證明《左傳》在使用某人的幾個稱謂中的帶「謚」稱謂，並無特殊的意義，更不意味事發當時，該人已亡故。

有的記敘在選擇稱謂時，照顧「為尊者諱」的原則，如：「(宋)公子鮑美而艷，襄夫人欲通之，而不可，乃助之施」(《左傳·文公十六年》)。據《左傳·文公八年》傳：「宋襄夫人，襄王之姊也。」可知，在這裏用「襄夫人」而不用「王姬」之稱，就是為周王室避諱。

《左傳·文公十四年》)載「子叔姬妃齊昭公，生舍」，後昭公亡故，舍即位為君，但是不久即被其異母弟商人殺害，自己也被困齊國。魯襄仲「使告於王，請以王寵求昭姬於齊，曰：『殺其子，焉用其母？請受而罪之。』冬，單伯如齊請子叔姬，齊人執之。」襄仲在向周王報告此事時，稱魯女為「昭姬」，意在強調魯女是齊昭公正室，公死後，其子被殺，在政治上和生活上都是孤家寡人，讓魯女回歸魯國合情合理。

女子在出嫁前後，可供使用的「官名」是有差別的。在出嫁之前其「官名」只有「排序+父姓」、「自己所在國+父姓」等名稱的可能，至多再加上「自己的謚+父姓」。出嫁之後，還可以增加「丈夫國+父姓」、「丈夫氏+父姓」、「丈夫謚+父姓」等命名方式，如魯莊公的長女史稱「伯姬」，嫁給杞成公後，《左傳》就稱「杞伯姬」。

女子「官名」中綴以「丈夫國名」或「自己所在國名」並無特殊區別身份的意義，如鄧曼是鄭莊公夫人(《左傳·桓公十二年》)，息媯是息侯夫人(《左傳·莊公十年》)，都是諸侯的正室，卻有不同的稱名方式。

由上述分析可以看出，《左傳》中的女性人物的「官名」，在使用上帶有很大的隨意性。作者在寫作時遇到女性人物時，選用「官名」完全是作為人物符號，多數沒有表達人物特殊身份的其它意義。顧炎武所謂女子「在室也稱姓，冠之以序，叔隗、季隗之類是也；已嫁也，於國君則稱姓，冠之以國，江芊、息媯之類是也；於大夫則稱姓，冠之以大夫之氏，趙姬、盧蒲姜之類是也。在彼國之人稱之，或冠以所自出之國若氏，驪姬、梁嬴之於晉，顏懿

姬、饋聲姬之於齊是也；既卒也，稱姓，冠之以諡，成風、敬嬴之類是也；亦有無諡而仍其在室之稱，仲子、少姜之類是也」〔註 156〕，今天看來，並未盡然。

女性「官名」中都冠以父姓，其原因過去都以爲是別婚姻。女性稱名中冠以姓，其實並不是起於周代，如夏代鯀之妻名脩己（己，姓），殷時紂之愛妾妲己（己姓）等。夏殷時代的女性稱名中冠以姓，並無別婚姻的意義。上古時期女性稱名中冠姓，很可能是因爲姓因女性而來，女性是姓的代表人。這種習慣由夏商而到周代，因襲而成俗。別婚姻的作用是後人添加上的，並非女性稱名冠姓的本意。而周代實行「同姓不婚」的習俗，女性「官名」中的父姓就是爲了區別女子的血緣出身。這種婚姻制度在春秋時期，特別是中、後期執行的程度也是大打折扣的，不少人並未將「姓」別放在心中，「不知其姓則卜之」只是一種稍作掩飾的手段，是用來給別人解釋的口實罷了。但無論如何，這種現象也只是社會潮流的例外，否則給別人的口實就沒有存在的價值。索緒爾說：「一切都是不能論證的語言是不存在的。」〔註 157〕稱謂語言有許多可以成爲社會的一面鏡子。

〔註 156〕顧亭林詩文集〔M〕，北京：中華書局，1983，11。
〔註 157〕〔瑞士〕索緒爾著，普通語言學教程〔M〕，北京：商務印書館，1982，184。

結　語

　　「稱謂」是「人們由於親屬和別方面的相互關係，以及由於身份、職業等得來的名稱」〔註1〕。我們對《左傳》人物的主要稱謂做了比較全面地分析。我們儘量不做或少做對稱謂的一般性描寫，著重分析稱謂在交際過程中的禮俗意義。如「婦稱夫之父曰舅，稱夫之母曰姑」〔註2〕（《爾雅・釋親》），我們著重分析爲什麼「婦」要「稱夫之父曰舅」，「稱夫之母曰姑」，很少涉及夫之父母爲什麼稱「舅」、稱「姑」，而不稱做別的什麼稱謂，這是我們和《釋名》、《爾雅》作者分析稱謂的差別所在。

　　稱謂可以分爲泛稱稱謂和特指稱謂。泛稱稱謂指向寬泛，同一稱謂可以指向某甲，也可以指某乙。如王、君、臣和官職稱謂等。特指稱謂指向單一，只能指向與之聯繫的單一個體。如共叔段、公子忽、虢公忌父等。特指稱謂從不同方面反映了當時社會的方方面面，具有分析、研究的價值，這不待說明。泛指稱謂在具體語境中也能確定指向實體，所以對泛稱，我們不做靜止狀態的分析，因爲這項工作，以往的訓詁學家已經做過許多。我們看重的是其語境意義。據此，對下文中的稱謂，我們取不同的態度：

　　　　楚令尹子元欲蠱文夫人，爲館於其宮側，而振《萬》焉。夫人
　　聞之，泣曰：「先君以是舞也，習戎備也。今令尹不尋諸仇讎，而於
　　未亡人之側，不亦異乎！」御人以告子元。（《左傳・莊公二十八年》）

　　「楚令尹子元」中的「令尹」除了表示楚國的除楚王以外的最高官員這一意義外，再無其它別的意義。但是文夫人所說「今令尹不尋諸仇讎，而於

〔註1〕現代漢語詞典〔M〕，北京：商務印書館，2005，170。
〔註2〕爾雅今注〔M〕，天津：南開大學出版社，1987，162。

未亡人之側，不亦異乎」中的「令尹」卻傳達出又一層含義：楚文夫人批評子元在其兄死後不去「尋諸仇讎」，卻要「蠱惑其嫂」。文夫人認爲他令尹子元的所作所爲太與眾不同了。從稱謂習慣上，還稱子元爲「令尹」這一官職，但卻批評他做了不該做的事。這裏提到子元「令尹」一職，完全是出於一種習慣，和他當時所做的事沒有必然的聯繫。

但是如果交談雙方中的一方當面稱對方的官職，則表達的是尊敬對方的意思：

> 韓宣子問其位於子產。子產曰：「君之羈臣，苟得容以逃死，何位之敢擇？卿違，從大夫之位，罪人以其罪降，古之制也。朔於敝邑，亞大夫也，其官，馬師也。獲戾而逃，唯執政所寔之。得免其死，爲惠大矣，又敢求位？」（《左傳・昭公七年》）

據《左傳・襄公十年》杜預注，「執政」爲「秉政」，即掌國家政事者，是朝廷的高級官吏。子產面對朝廷的掌政者回答：對於一個他國來奔的馴馬人，聽從您的處置就是了，還要求什麼職位呢？由此我們從中發現，面稱對方職務時，多數帶有尊敬的意思。

姓氏之學是歷史學家研究的重點之一，因爲它涉及到遠古的社會與家庭形態。但是姓氏只是人物稱謂的一個組成部分，所以我們注意分析姓氏形成的原因和其基本含義，卻不做全面深入探求。我們認爲姓氏作爲人物稱謂的一個組成部分，它具有標誌血緣關係的作用。在春秋時期，特別是在初期，血緣關係有一定的凝聚向心力，但是隨著人口的繁衍，社會利益關係的不斷調整，這種向心力逐漸削弱，血緣凝聚力讓位給利益凝聚力。統治者中父子、兄弟相殘等內部的爭鬥就是社會凝聚力轉向實際利益的標誌。隨著社會的發展，姓氏由血緣的標誌，轉化爲純粹的人物稱謂的組成符號。人物的稱謂也逐漸走向符號化。

稱謂符號化並不是說它完全沒有文化內涵。稱謂符號的產生、變化，乃至使用，都含有深厚的文化印跡。我們的目的就是要通過對稱謂符號的分析，揭示其文化內涵，給瞭解春秋時期的社會禮俗，全面解讀古典文獻，做一個方面的準備。

在分析了《左傳》人物稱謂之後，我們會發現，春秋乃至周代的人物稱謂是和當時的社會意識形態緊密地聯繫在一起的。它具備如下特點：

一、宗親稱謂的分別細、密

在家族稱謂中，「宗族」類稱謂最多。以《爾雅・釋親》中的宗族類稱謂為例，「宗親」稱謂共有四十五種，其中和自己有直系血緣關係的有上至四代的高祖王父、曾祖王父和王父、父（考），下至八代的子、孫、曾孫、玄孫、來孫、昆孫、仍孫和雲孫，及其上四代王父、考等配偶。如果將子嗣等八代的配偶也計算在內，「宗族」類稱謂就不止五、六十種之多了。這個數字明白無誤地告訴我們，周代是個以宗族為骨幹組成的社會。相對「母黨」、「妻黨」的稱謂，其數量之比是相當懸殊的。《左傳》人物稱謂和上述分析的情況大體相同。春秋時代是個宗族為核心的社會。

二、性別明晰的長幼區別

周代親屬稱謂中，平輩間的長幼區分，其性別區分特徵是明晰的。如兄和弟、姐和妹的區分分明。語言是社會現實的反映，稱謂也是社會現實的反映。在人類的思想認識中，平輩間首先區分的是長幼，而不是性別，發展到兩者都要區分是語言向精細化發展的結果。世界上很多語言都經歷了這個過程，漢語大約也經歷了由只區分長幼到也區分性別這樣一個過程。我們可以看看這樣的記載：

> 彌子之妻與子路之妻，兄弟也。（《孟子・萬章上》）〔註3〕

彌子瑕的妻子和子路的妻子是兄弟，這明白無誤地表明平輩間長幼區分是早於性別區分的。另外，《釋名・釋親屬》：「兄，荒也。荒，大也。」兄就是「大」。它應該包括男女兩性。當然，到了周代平輩間已經有了性別區分，上引文獻，只是古代稱謂的一種殘餘。《左傳》中的人物稱謂不但長幼區分清晰，如伯（孟）仲叔季、兄弟等，性別區分也十分清晰，如兄—姊、弟—妹（娣）。這種區分貫徹到所有親屬關係之中：伯父、叔父、伯舅、叔舅、姒、娣等。

三、嫡庶區分

嫡庶的差別是一夫多妻的產物，它涉及一個男人的妻子和子女：在妻子層面上有嫡妻（正室）和庶室（媵妾）；在子女層面有嫡子和庶子。嫡子，特別是嫡長子有天然的特權：可以繼承父親的爵位，是父親的天然繼承人。庶

〔註3〕孟子注疏〔M〕，十三經注疏本（影印本），北京：中華書局，1980，2739。

子最多也只是個候補者。嫡長子還可以參與宗廟活動，庶子是不能參與宗廟活動的。嫡妻可以稱「夫人」，庶妻是不可以稱「夫人」的。同一血緣系統也要分出尊卑高下，就是用這一方法。

四、權位決定之稱謂

《左傳》人物稱謂中，有不少稱謂是由權位決定的，如：

天子：《禮記・曲禮下》：「君天下曰天子。」孔穎達解釋說：「天下，謂七千里外也，天子若接七千里外，四海之諸侯，則擯者稱天子以對之也。所以然者，四海難伏，宜尊名以威臨之也。不言王者，以父天母地，是上天之子，又為天所命，子養下民，此尊名也。」〔註4〕

君：《儀禮・喪服》：「君，至尊也。」鄭玄注：「天子、諸侯及卿大夫有地者皆曰君。」〔註5〕所以君就是國家的統治者，這是統治者給自己命一個好聽的名稱。

卿：字「象二人向食之形。」〔註6〕由此引申近身陪伴義，天子、諸侯身邊的陪伴者為卿，所以卿為「上大夫」。〔註7〕

臣：《說文》：「牽也，事君也。象屈服之形。」郭沫若《甲骨文字研究》：「（甲金文）均像一豎目之形，人首俯則目豎，所以「象屈服之形」者，殆從此也。」楊樹達《臣牽解》：「臣之所以受義於牽者，蓋臣本俘虜之稱……囚俘人數不一，引之者必以繩索牽之，名其事則曰牽，名其所牽之人則曰臣矣。」〔註8〕由俘囚引申為奴僕。在最高統治者治下的官員、僕隸，都是其奴僕，所以都稱臣。

五、尊卑區分明晰

（一）重男輕女

周代是個重男輕女的社會，《詩・小雅・斯干》說：「乃生男子，載寢之床，載衣之裳……朱芾斯黃，室家君王。」「乃生女子，載寢之地，載衣之裼……

〔註4〕禮記正義〔M〕，十三經注疏本（影印本），北京：中華書局，1980，1260。

〔註5〕儀禮注疏〔M〕，十三經注疏本（影印本），北京：中華書局，1980，1100。

〔註6〕孫海波著，古文聲系，孫海波集〔M〕，北京：來薰閣書店，民國二十四年，陽部11。

〔註7〕禮記正義〔M〕，十三經注疏本（影印本），北京：中華書局，1980，1321。

〔註8〕轉引自《漢語大字典》，湖北、四川出版社，1986，2801。

唯酒食是議。」男、女從出生就有極大的差別：男子出生後可以睡在床上，女子就只能睡在地上。長大之後，男子可以為君為王，女子只能「唯酒食是議」，操持家務，服侍舅姑。有的人物稱謂可以直接反映這種思想：

　　婦：金文「婦」字「從女持掃」（說文），意思是說女子只是在家裏從事打掃衛生之類家務的人。有的將「女」字省去，直接將婦女和掃除用的掃帚畫上等號。《左傳‧僖公二十四年》：「女德無極，婦怨無終。」婦與女對文，正是「女子謂之婦人」〔註9〕的佐證。從詞源學角度看，所以要女子稱作「婦」，是因為「婦，服也，服家事也。」〔註10〕《禮記‧郊特牲》更進一步解釋「服家事」就是「婦人從人者也。幼從父兄，嫁從夫，夫死從子。」〔註11〕這個詞從誕生時就充滿了輕視女性的意味。

　　妻：根據《廣韻聲系》〔註12〕的統計，「妻」聲字大致可分為兩組：

（一）	萋	草盛貌	（二）	淒	寒也
	棲（棲）	鳥棲		悽	悲也，痛也
	緀	文章相錯貌			
	凄	雲貌			
	霋	霽謂之霋			

　　第一組若干詞有寄居某地繁育繽紛義；第二組若干詞有清冷、冷落義。

　　按「妻」字義多偏向第一組。雖然「婦人謂嫁曰歸」〔註13〕，但到了丈夫家後，是處於寄居他處的地位，自有清冷之感。夫之於妻並無平等可言，因為「婦者服也」，「事於家事，事人者也。」夫如天，妻如地，「妻受命於夫」，「妻不奉夫之命則絕」〔註14〕，從詞源方面考察，「妻」這一詞在造詞時，就有被輕視之義。

　　稱謂上的重男輕女還體現在女性官稱與男性稱謂的比較要簡化許多。其結果就是同一稱謂同時指向不同的人物，給社會交往帶來極大地不便。這正好體現了「男不言內，女不言外」〔註15〕的原則，女性沒有參與社會事務的

〔註 9〕見《廣雅‧釋親》，廣雅疏證〔M〕，上海：上海古籍出版社，1983，791。
〔註10〕篆字釋名疏證〔M〕，叢書集成本，上海：商務印書館，民國二十五年，89。
〔註11〕禮記正義〔M〕，十三經注疏本（影印本），北京：中華書局，1980，1456。
〔註12〕沈兼士主編，廣韻聲系〔M〕，北京：中華書局，1985，353～354。
〔註13〕春秋公羊傳注疏〔M〕，十三經注疏本（影印本），北京：中華書局，1980，2203。
〔註14〕〔清〕蘇輿撰，春秋繁露義證〔M〕，北京：中華書局，1992，421～422。
〔註15〕禮記正義〔M〕，十三經注疏本（影印本），北京：中華書局，1980，1462。

權利，她們的生存意義就是操持家務，「唯酒食是議」，服侍丈夫、孩子和舅姑。

（二）稱謂上的尊卑

從稱謂上看，名、字是官、民俱有的，但是氏、諡卻不是士以下的人所俱有的。所以沒有取得官方公職的人，只能稱名或字。《左傳》人物無論男性、女性，凡是有正式稱謂的，都是統治階級的成員，就是寺人披這樣低職的官員，他可以面見國君，說明他也不是一般的普通百姓所能比的。宣公十五年所記晉武士魏顆在輔氏之役中得到一位無名老者的暗中幫助，俘獲了秦國力士杜回。那位老者就是一個名不見經傳的普通人，雖有戰功卻是無名之輩。而成公二年齊、晉兩國在鞌地交戰時，齊國頃公的車夫邴夏，邴氏名夏，其也不是一個普通人。

社會地位的尊卑，還體現在人物名、字的使用上，這一點我們在前文有關部分中已經涉及。總而言之，人物稱謂的有無和使用，是體現著人物地位的不同的。

綜合起來看，所謂稱謂及其使用特點大體上是圍繞著宗法制形成的。換句話說，是宗法製造成了當時的大部分的人物稱謂，同時，也是宗法制促成、限制了當時稱謂的使用。

對《左傳》人物稱謂的分析，我們的工作還僅僅是粗略的，但是我們仍從中看出宗法制度的深深印跡。《左傳》人物稱謂體現了血緣、封邑在人生中的價值，也體現了長幼、尊卑和嫡庶對人生的深刻影響。人物個體稱謂的構成是各有所指的。一個人在家族和社會中的地位，通過他的稱謂，大體都有表露，這正是稱謂研究的實用價值。

參考文獻

著作類：

1. 〔戰國〕左丘明傳，〔晉〕杜預注，〔唐〕孔穎達疏，春秋經傳正義〔M〕，十三經注疏本（影印本），北京：中華書局，1980。

2. 〔漢〕何休注，〔唐〕徐彥疏，春秋公羊傳注疏〔M〕，十三經注疏本（影印本），北京：中華書局，1980。

3. 〔晉〕范甯注，〔唐〕楊士勳疏，春秋穀梁傳注疏〔M〕，十三經注疏本（影印本），北京：中華書局，1980。

4. 〔晉〕杜預撰，〔清〕莊述祖、孫星衍校，春秋釋例〔M〕，叢書集成初編，上海：商務印書館，民國 25 年。

5. 〔後蜀〕馮繼先撰，春秋名號歸一圖〔M〕，文淵閣四庫全書（影印本）。

6. 楊伯峻編著，春秋左傳注〔M〕，北京：中華書局，1980。

7. 〔清〕洪亮吉撰，春秋左傳詁〔M〕，北京：中華書局，1987。

8. 〔清〕俞樾撰，春秋名字解詁補義〔M〕，皇清經解續編，上海：上海書店，1988。

9. 〔清〕高士奇撰，左傳紀事本末〔M〕，北京：中華書局，1979。

10. 〔清〕顧棟高撰，春秋大事表〔M〕，皇清經解續編，上海：上海書店，1988。

11. 〔清〕李貽德撰，春秋左傳賈服注輯述〔M〕，皇清經解續編，上海：上海書店，1988。

12. 洪業等編，春秋左傳集解〔M〕，上海：上海人民出版社，1977。

13. 洪業等編，春秋左傳引得〔M〕，上海：上海古籍出版社，1983。

14. 楊伯峻、徐提等編，春秋左傳詞典〔M〕，北京：中華書局，1985。

15. 方朝暉著，春秋左傳人物譜〔M〕，濟南：齊魯書社，2001。

16. 童書業著，春秋左傳研究〔M〕，北京：中華書局，2006。

17. 陳彥輝著，春秋辭令研究〔M〕，北京：中華書局，2006。

18. 〔漢〕鄭玄注，〔唐〕賈公彥疏，儀禮注疏〔M〕，十三經注疏本（影印本），北京：中華書局，1980。

19. 〔清〕胡培翬撰，儀禮正義〔M〕，皇清經解續編，上海：上海書店，1988。

20. 〔漢〕鄭玄注，〔唐〕賈公彥疏，周禮注疏〔M〕，十三經注疏本（影印本），北京：中華書局，1980。

21. 〔漢〕鄭玄注，〔唐〕孔穎達疏，禮記正義〔M〕，十三經注疏本（影印本），北京：中華書局，1980。

22. 〔清〕孫希旦撰，禮記集解（點校本）〔M〕，北京：中華書局，1981。

23. 〔清〕王聘珍撰，大戴禮記解詁（點校本）〔M〕，北京：中華書局，1983。

24. 〔漢〕毛亨傳，〔漢〕鄭玄箋，〔唐〕孔穎達等疏，毛詩正義〔M〕，十三經注疏本（影印本），北京：中華書局，1980。

25. 〔晉〕郭璞注，〔宋〕邢昺疏，爾雅注疏〔M〕，十三經注疏本（影印本），北京：中華書局，1980。

26. 〔清〕郝懿行撰，爾雅義疏〔M〕，北京：中國書店，1982。

27. 〔清〕邵晉涵撰，爾雅正義〔M〕，皇清經解本，上海：上海書店，1988。

28. 徐朝華注，爾雅今注〔M〕，天津：南開大學出版社，1987。

29. 〔魏〕何晏等注，〔宋〕邢昺疏，論語正義〔M〕，十三經注疏本（影印本），北京：中華書局，1980。

30. 〔漢〕孔安國傳，〔唐〕孔穎達等正義，尚書正義〔M〕，十三經注疏本（影印本），北京：中華書局，1980。

31. 〔漢〕趙岐注，〔宋〕孫奭疏，孟子注疏〔M〕，十三經注疏本（影印本），北京：中華書局，1980。

32. 〔西漢〕司馬遷著，史記（點校本）〔M〕，北京：中華書局，1959。

33. 〔唐〕魏徵等撰，隋書〔M〕，二十五史本，上海：上海古籍出版社，1988。

34. 國語（點校本）〔M〕，上海：上海古籍出版社，1988。

35. 戰國策（點校本）〔M〕，上海：上海古籍出版社，1988。

36. 〔北魏〕酈道元撰，水經注〔M〕，上海：商務印書館，民國24年。

37. 〔唐〕杜佑撰，通典〔M〕，萬有文庫本，上海：商務印書館，民國27年。

38. 〔宋〕鄭樵撰，通志〔M〕，萬有文庫本，上海：商務印書館，民國27年。

39. 〔清〕秦嘉謨等輯，世本八種〔M〕，北京：商務印書館，1957。

40. 〔清〕王先謙撰，荀子集解〔M〕諸子集成本，北京：中華書局，1954。

41. 曹礎基撰，莊子淺注〔M〕，北京：中華書局，1982。

42. 章詩同注，荀子簡注〔M〕，上海：上海人民出版社，1974。

43. 陳奇猷校注，韓非子集釋〔M〕，上海：上海人民出版社，1974。

44. 王利器撰，顏氏家訓集解〔M〕，上海：上海古籍出版社，1980。

45. 〔漢〕班固著，白虎通〔M〕，叢書集成初編，上海：商務印書館，民國25年。

46. 〔漢〕應劭撰，風俗通〔M〕，叢書集成初編，上海：商務印書館，民國27年。

47. 〔戰國〕屈原等著，〔漢〕王逸注，楚辭章句〔M〕，北京：中華書局，1982。

48. 〔清〕馬國翰輯，玉函山房輯佚書〔M〕，上海：上海古籍出版社，1990。

49. 〔清〕崔述撰，崔東壁遺書〔M〕，上海：上海古籍出版社，1983。

50. 〔清〕顧炎武撰，顧亭林詩文集〔M〕，北京：中華書局，1983。

51. 〔清〕劉師培著，左盦集（影印本）〔M〕，南京：江蘇古籍出版社，1997。

52. 王國維撰，觀堂集林（影印本）〔M〕，北京：中華書局，1995。

53. 黃汝成注，日知錄集釋〔M〕，長沙：嶽麓書社，1994。

54. 吳其昌著，金文曆朔疏證〔M〕，北京：北京圖書館出版社，2004。

55. 〔漢〕劉熙撰，篆字釋名疏證〔M〕，叢書集成初編，上海：商務印書館，民國25年。

56. 〔三國〕張揖著，廣雅〔M〕，文淵閣四庫全書，影印本。

57. 〔唐〕陸德明撰，經典釋文〔M〕，上海：上海古籍出版社，1985。

58. 〔清〕錢繹撰集，方言箋疏〔M〕，上海：上海古籍出版社，1983。

59. 〔清〕王先謙撰集，釋名疏證補（影印本）〔M〕，上海：上海古籍出版社，1984。

60. 〔清〕王念孫撰，廣雅疏證〔M〕，上海：上海古籍出版社，1983。

61. 〔清〕胡承珙撰，小爾雅義證（載於小學名著六種）〔M〕，北京：中華書局，1998。

62. 〔清〕段玉裁撰，說文解字注（影印本）〔M〕，上海：上海古籍出版社，1988。

63. 〔清〕朱駿聲撰，說文通訓定聲（影印本）〔M〕，武漢：武漢市古籍書店，1983。

64. 〔清〕王引之撰，經義述聞〔M〕，南京：江蘇古籍出版社，1985。

65. 〔清〕俞樾等撰，古書疑義舉例五種〔M〕，北京：中華書局，1956。

66. 楊樹達著，積微居金文餘說〔M〕，北京：科學出版社，1959。

67. 漢語大字典，湖北、四川辭書出版社，1986。

68. 朱芳圃著，殷周文字釋叢〔M〕，北京：中華書局，1962。

69. 〔明〕陳士元著，姓觿〔M〕，叢書集成初編，上海：商務印書館，民國25年。

70. 〔清〕陳廷煒著，姓氏考略〔M〕，叢書集成初編，上海：商務印書館，民國25年。

71. 〔清〕周廣業撰，經史避名彙考〔M〕，臺北：明文書局，中華民國75年。

72. 〔清〕梁章鉅撰，稱謂錄〔M〕，長沙：嶽麓書社，1991。

73. 楊寬著，古史新探〔M〕，北京：中華書局，1955。

74. 郭沫若著，郭沫若全集〔M〕，北京：人民出版社，1982。

75. 袁庭棟著，古人稱謂漫談〔M〕，北京：中華書局，1994。

76. 吉常宏著，古人名字解詁〔M〕，北京：語文出版社，2003。

77. 雁俠著，中國早期姓氏制度研究〔M〕，天津：天津古籍出版社，1996。

78. 朱鳳瀚著，商周家族形態研究〔M〕，天津：天津古籍出版社，1990。

79. 傅亞庶著，中國上古祭祀文化〔M〕，長春：東北師大出版社，1999。

80. 張岩著，從部落文明到禮樂制度〔M〕，上海：三聯書店，2004。

81. 謝維揚著，周代家庭形態〔M〕，哈爾濱：黑龍江人民出版社，2005。

82. 陳絜著，商周姓氏制度研究〔M〕，北京：商務印書館，2007。

83. 夏先培著，左傳交際稱謂研究〔M〕，長沙：湖南師範大學出版社，1994。

84. 現代漢語詞典〔M〕，北京：商務印書館，2005。

85. 〔法〕列維·布留爾著，原始思維〔M〕，北京：商務印書館，1981。

86. 〔德〕恩格斯著，家庭、私有制和國家的起源〔M〕，北京：人民出版社，1969。

87. 〔美〕摩爾根著，古代社會〔M〕，北京：商務印書館，1995。

88. 〔英〕詹喬·弗雷澤著，金枝〔M〕，北京：新世界出版社，2006。

89. 〔瑞士〕索緒爾著，普通語言學教程〔M〕，北京：商務印書館，1982。

論文類：

1. 云博中，《春秋》與《春秋左傳》反映的原始婚俗考略〔J〕，中南民族學院學報，1988.2。

2. 朱正義，《左傳》姓氏名字例釋——上古姓名研究之一〔J〕，渭南師專學

報，1990.7。

3. 汪受寬，《左傳》史學理論初探〔J〕，蘭州大學學報（社會科學版），1996.1。

4. 田恒金，從《春秋》《左傳》看先秦時期女性的名字及其文化内涵〔J〕，
   河北師範大學學報（哲社版），1998.3。

5. 陳延嘉，關於《左傳》中的「烝」「報」婚問題〔J〕，社會科學戰線，1994.3。

6. 嚴軍，《左傳》姓氏相關問題的探索〔J〕，浙江學刊，1994.4。

7. 李廷安，《左傳》所見諸侯婚姻中同姓婚姻的一般禁忌原則〔J〕，山東社
   會科學，1999.6。

8. 張淑亞，《左傳》婦女稱謂述略〔J〕，台州師專學報，2000.4。

9. 袁鳴，《左傳》姓氏名號研究述要〔J〕，阿壩師範高等專科學校學報，
   2000.12。

10. 傅亞庶，論《左傳》中的委婉語〔J〕，東北師大學報：哲社版，2001.1。

11. 浦衛忠，《左傳》中的婚姻家庭生活〔J〕，中國社會科學院研究生院學報，
    2001.3。

12. 夏先培，《左傳》的「我」和「吾」〔J〕，湖南社會科學，2002.1。

13. 白顯鵬，論《左傳》家族人物群像〔J〕，内蒙古民族大學學報（社會科
    學版），2002.1。

14. 黃覺宏，《左傳》先秦授受世系之由來辨僞〔J〕，江漢大學學報，2002.6。

15. 張群，當代《左傳》人物研究概述〔J〕，呼蘭師專學報，2002.4。

16. 韓再鋒，《左傳》士人的歷史形象與藝術形象〔J〕，佳木斯大學社會科學
    學報，2003.1。

17. 貫雯鶴，《左傳》人名三考〔J〕，宜賓學院學報，2003.6。

18. 胡安蓮，論《左傳》「行人」及其辭令特色〔N〕，周口師範學院學報，2003.4。

19. 劉麗文，《左傳》「繼室」考〔J〕，學術探索，2003.9。

20. 曹道衡，《左傳》人名與春秋卿大夫采邑制度〔J〕，文史知識，2004.11。

21. 夏維新，從《左傳》看「禮」在春秋時期的社會價值〔J〕，伊犁教育學
    院學報，2005.1。

22. 王紅霞，《春秋》稱名管見〔J〕，齊魯學刊，2004.5。

23. 秦佳慧，試論《春秋左傳》中的尊稱和謙稱〔J〕，浙江社會科學，2005.6。

24. 邵英，《左傳》之「非禮」窺探〔J〕，西北大學學報（哲學社會科學版），
    2006.3。

25. 閏麗、唐曉天，《左傳》女性人物稱名的文化意義〔J〕，古籍整理研究學
    刊，2006.4。

26. 閏麗，《左傳》人物稱名中「子」字的解說〔J〕，古籍整理研究學刊，2008.1。

27. 李華，《左傳》中的稱謂表達〔J〕，甘肅社會科學，2009.5。

28. 楊璞，試論《左傳》中禮儀評判的價值標準〔J〕，内蒙古民族大學學報，2009.3。

29. 閆麗，《左傳》人物稱謂中「謚」的社會意義〔J〕，古籍整理研究學刊，2009.3。

30. 李學勤，《左傳》是研究古代歷史文化的基礎〔J〕，中國文化研究，2009.4。

31. 劉寧，從《左傳》看嫡長子繼承制與春秋動亂之關係〔J〕，牡丹江師範學院學報（哲學社會科學版），2009.6。

32. 黃瑤妮、張筱文，從《左傳》中魯國社會看先秦禮治的轉型〔J〕，南昌教育學院學報，2007.1。

33. 許志剛，周代的禮與周代貴族的性格〔J〕，孔子研究，1989.1。

34. 歐陽宗書，字輩：中國古代宗法制社會的一種禮制〔J〕，江西大學學報，1989.4。

35. 葛英會，周祭卜辭中的直系先妣及相關問題〔J〕，北京大學學報，1990.1。

36. 李唐，古代的禮制〔J〕，唐都學刊，1990.1。

37. 羅家湘，論春秋時代禮文化特徵的形成〔J〕，楚雄師專學報，1994.4。

38. 曹瑾，忠義尚禮的「春秋」大義精神〔J〕，運城高專學報，1995.1。

39. 李峰，試論春秋戰國時期的君臣倫理觀〔J〕，唐都學刊，1996.2。

40. 郝文勉，禮儀溯源〔J〕，史學月刊，1997.2。

41. 于省吾，春秋名字解詁商誼〔J〕，考古學社社刊，1936。

42. 郭沫若，彝銘名字解詁〔C〕，金文叢考，北京：人民出版社，1952。

43. 曹濤，中國姓氏的沿革〔J〕，江西師院學報，1974.1。

44. 王育成，從兩周金文探討婦女稱國規律〔J〕，考古，1982.1。

45. 盛冬鈴，西周銅器銘文中的人名及其對斷代的意義〔C〕，文史，17 輯，北京：中華書局，1983。

46. 楊希枚，論先秦所謂姓及其相關問題〔J〕，中國史研究，1984.3。

47. 朱永康，簡談我國古人的姓、名、字、號〔J〕，蘭州學刊，1985.6。

48. 朱仲玉，中國古代皇帝有哪幾種稱謂〔J〕，文史知識，1986.1。

49. 趙龍君，謚號、廟號、尊號、年號〔J〕，歷史知識，1986.1。

50. 李曦，周代伯仲排行稱謂的宗法意義〔J〕，陝西師範大學學報，1986.1。

51. 劉信芳，中國傳說帝王的姓氏、婚配及世系變遷〔J〕，東南文化，1988.2。

52. 朱積孝，論姓氏制度的淵源及其演變的關係〔J〕，河北師範大學學報，1988.3。

53. 李衡眉，周代的同姓不婚禮俗〔J〕，齊魯學刊，1988.5。

54. 楊希枚，論周初諸王之生稱謚〔J〕，殷都學刊，1988.12。

55. 韓玉德，齊國陳公子完世家姓氏流變考述〔J〕，河南大學學報，1990.4。

56. 焦國標，從親屬稱謂看中國古代社會〔J〕，開封大學學報，1991.4。

57. 李學勤，先秦人名的幾個問題〔J〕，歷史研究，1991.5。

58. 萵生華，試析西周「同姓不婚」制〔J〕，蘭州學刊，1992.1。

59. 葛志毅，先秦賜姓制度考源〔J〕，社會科學戰線，1992.3。

60. 楊希枚，再論先秦姓族和氏族〔J〕，中國史研究，1993.1。

61. 王泉根，試釋中國姓氏學中的「姓」與「氏」〔J〕，學術論壇，1994.1。

62. 楊繩信，行第及其演變〔J〕，西北大學學報，1994.2。

63. 劉榮升，中國古人的名、字、號〔J〕，山西大學學報，1995.2。

64. 李衡眉，歷代昭穆制度中「始祖」稱呼之誤釐正〔J〕，求是學刊，1995.3。

65. 熊焰，上古漢語親屬稱謂與中國上古婚姻制度〔J〕，暨南學報，1996.1。

66. 侯強，周代貴族命名散考〔J〕，學術論壇，1997.5。

67. 張淑一，周代女子的姓氏制度〔J〕，史學集刊，1999.2。

68. 曹定雲，周代金文中女子稱謂類型研究〔J〕，考古，1999.6。

69. 錢杭，論中國古史上的「姓」與「氏」〔J〕，學術月刊，1999.10。

70. 張淑一，周代男子的姓氏制度〔J〕，華南師範大學學報，2000.2。

71. 張淑一，周天子諸侯、卿大夫階層的姓氏特徵〔J〕，求是學刊，2000.6。

72. 張淑一，先秦姓氏制度研究的歷史和現狀〔J〕，中國史研究動態，2001.3。

73. 李衡眉，我國原始社會婚姻形態研究〔J〕，歷史研究，1986.2。

74. 程德祺，亂婚與群婚〔J〕，廣西民族研究，1987.4。

75. 王文錦，我國遠古的一種婚姻形態〔J〕，文史知識，1987.11。

76. 文功，春秋時期婚姻狀況中的原始遺存〔J〕，廣西民族研究，1988.2。

77. 李林，「掠奪婚」遺跡在古代文獻中的反映〔J〕，宜春師專學報，1990.4。

78. 薛理勇，試論春秋媵制〔J〕，江漢論壇，1991.8。

79. 劉興均，「姪從媵」考〔J〕，四川師範大學學報，1995.2。

80. 陸光華，從古代婚姻文化看女性的人格及地位〔J〕，黔南民族師專學報，1995.2。

81. 張彥修，論西周春秋貴族的一夫多妻婚姻〔J〕，殷都學刊，1998.2。

82. 陳筱芳，春秋婚姻形態的特點〔J〕，史學月刊，1998.4。

83. 薛平，論「姑舅表婚制」的歷史存在〔J〕，西南師範大學學報，1999.1。

84. 朱柳郁，從媵妾烝制度看周代政治婚姻〔J〕，天津師大學報，2000.4。

85. 蔡鋒，春秋時期宋國「內婚制」考察〔J〕，河北師範大學學報（哲學社

會科學版），2004.3。

86. 高兵，春秋諸侯媵妾婚有關問題考述〔J〕，海南師範學院學報（社會科學版），2004.3。

87. 高兵，君權對春秋轉房婚的干預作用〔J〕，貴州民族學院學報（哲學社會科學版），2005.3。

88. 劉宗棠、張泰，論春秋時期「烝」婚制的合「禮」性〔J〕，學術論壇，2006.2。

89. 陳睿，春秋時期的媵嫁婚及其中的女性〔J〕，安徽教育學院學報，2007.1。

90. 余全有，戰國以前的媵與妾〔J〕，天中學刊，2007.6。

91. 李啟謙，君的家族組織及其與宗法制度的關係〔J〕，東嶽論叢，1988.2。

92. 白鋼，中國古代的宗族制度〔J〕，文史知識，1988.4。

93. 李文治，中國封建社會土地關係與宗法宗族制〔J〕，歷史研究，1989.5。

94. 徐喜辰，論周代的世卿巨室及其再封制度〔J〕，東北師大學報，1989.5。

95. 唐友波，論「昭穆之常」及與宗法廟制的關係〔J〕，歷史教學問題，1994.4。

96. 王剛，試論周代宗法制形成、發展及其確立〔J〕，南昌職業技術師院學報，1995.4。

97. 劉海文，西周昭穆制度中的幾個問題〔J〕，史學月刊，1995.4。

98. 張懷承，中國上古家庭形態探微〔J〕，湖南師範大學社會科學學報，1995.5。

99. 張弘、張為民，簡論中國古代宗族宗法制的演變與特徵〔J〕，濟南大學學報，1999.4。

100. 周書燦，西周王朝國家結構探論〔J〕，社會科學輯刊，2001.2。

101. 張淑一，先秦卿大夫家族「立後」述論〔J〕，北方論叢，2005.1。

102. 薛麗芳，春秋時期婚姻形態略論〔J〕，蘭州學刊，2009.7。

103. 邵先鋒，從春秋時期的婚姻關係看社會轉型〔J〕，管子學刊，2011.4。